10/18

12, AVENUE D'ITALIE. PARIS XIIIe

[Note de l'éditeur] :

Cette nouvelle édition du *Journal* de Kurt Cobain contient
13 documents inédits : p. 26-29, p. 50-53, p. 102-113,
p. 238-241, p. 284-285.

[Note de la traductrice] :

Je remercie pour leur aide précieuse Sabrina Abdourahamany,
Nick Kent et Élisabeth Vincentelli ainsi que Charles R. Cross,
auteur de la biographie de Cobain *Heavier Than Heaven*.
Je tiens à préciser que cette traduction est conforme au manuscrit de Kurt Cobain confié à Oh! Éditions par Riverhead Books.
Afin de faciliter la lecture, je n'ai pas tenu compte de l'ortho-
graphe parfois fantaisiste de Cobain, rétablie dans la plupart des
cas, et ai choisi de reproduire telles quelles les B.D. généralement
assez explicites.
Outre les lettres rédigées par Cobain (brouillons ou missives
jamais envoyées?), un autre mystère excitant plane sur ce
Journal : des pages inédites, dérobées ou gardées secrètes, pour-
raient-elles réapparaître?
Ce jour-là, je serai prête : j'ai appris le Cobaïen!

KURT COBAIN

JOURNAL

Traduit de l'américain
par Laurence ROMANCE

10/18

« *Musiques & Cie* »

dirigé par Jean-Claude Zylberstein
OH! ÉDITIONS

Édition originale : © The End of Music, LLC, 2002, 2003.
Tous droits réservés y compris la reproduction en totalité ou en partie.
Publié en accord avec Riverhead Books, membre de Penguin Putman Inc.
ISBN 2-264-03688-5

mead

If you read
You'll Judge

notebook
11 In. x 8½ In. 70 Sheets
College Ruled
06540

> Don't read my diary when I'm gone.
>
> OK, I'm going to work now, when you wake up this morning, please read my diary. Look through my things, and figure me out.

Ne lis pas mon journal quand je serai parti.

OK, je pars travailler.

Quand tu te réveilleras ce matin, lis mon journal s'il te plaît.

Fouille dans mes affaires et devine-moi.

Dale[1], compte combien de fois j'emploie le mot *fuck*[2].

Hello, c'est moi, pour dire que « tout est pluvieux, morose, et OK ».

Putain on était à deux doigts d'aller voir les Melvins jouer le 29, mais comme l'histoire se répète, Shelli[3], la dominatrice implacable de Chris[4], a décrété qu'elle ne voulait pas y aller à la dernière minute. Et vu que l'argent de l'essence est partagé en deux avec Tracy[5], ça aurait fait trop cher.

Vous venez à Seattle jouer un de ces quatre ? VOUS AVEZ INTÉRÊT À JOUER « VILE VERMILLION VACANCY » BANDE D'ENCULÉS ! Ou au moins mettez-le sur le prochain album. Vous avez trouvé un label ? Alchemy a l'air en piteux état. Et du côté d'Ever Rat, le label subcore de Dave Portnow ? Déshumanisant ? Je dis ça parce qu'ils doivent être désespérés, puisqu'ils ont signé DangerMouse ! PUTAINDEBORDELDE-SEIGNEURTOUTPUISSANT !

Ces deux derniers mois, notre démo a été piratée, enregistrée et commentée par toutes les huiles de la *SCÈNE* de Seattle. Et donc le Dude[6] Jonathan Poneman[7] (Tu te souviens de ce type qui m'a appelé quand t'étais là l'autre fois ?), M. Big en personne – riche héritier, bras droit de Bruce Pavitt[8]. Le financier de Sub Pop Records nous a également trouvé un concert au Vogue[9] dans le cadre des dimanches soir du label. Grosse affaire. Mais j'imagine que la hype et le fait de passer régulièrement sur KCMU[10] ont sans doute aidé à remplir la salle de gens venus nous JUGER sur pièces. Pas pour rester au bar, se bourrer la gueule, voir n'importe quel groupe et se marrer. Mais bien pour regarder le concert. Une heure. Un représentant de chaque groupe de Seattle était là →

---

1. Dale Crover, batteur des Melvins d'Aberdeen et, à l'occasion, de Nirvana avant l'arrivée de Dave Grohl. – 2. Il utilise le mot « fuck » huit fois, traduit en français selon le contexte par putain, bordel… – 3. Shelli Dilly, fiancée (et plus tard épouse) de Chris Novoselic, bassiste de Nirvana. – 4. Chris Novoselic, bassiste de Nirvana ; a repris en 1992 son prénom croate originel, « Krist ». – 5. Tracy Marander, première fiancée « sérieuse » de Cobain. – 6. « Dude » (mec), expression d'usage dans le milieu hard rock. – 7. L'un des deux fondateurs du label indépendant Sub Pop. – 8. L'autre fondateur de Sub Pop et sa moitié la plus « artistique ». – 9. Petit club de Seattle situé sur First Avenue. – 10. La station radio de l'université de Washington.

OH OUR LAST AND FINAL NAME
IS __NIRVANA__ not eerie mystical Doom

We felt like they should have had score cards.
And so After the set Bruce excitedly shakes our
hands and says "wow Good job lets do A Record".
~~and then~~ then flashes of cameras go
off And this Girl from BACK lash says "Gee can
we do an interview?" yeah sure why not. And
then people say Good job you Guys Are Great And
Now were expected to be total socialites.
meeting people, introducing etc. Fuck I'm in
High SCHOOL AGAIN! I want to move back
to Aberdeen. NAH olympiA is just As boring and
I can proudly say ive only been in the Smithfield About
5 times this year. and so because of this
Zoo-event weve at least gotten a contract for
3 song A single to be put out by end of August and an EP out
in sept or oct. Were gonna try to talk them into An LP.
NOW Johnathan is our manager, he gets us shows remotely
in oregon & Vancouver. He's paying for All recording & distribution
costs d now we don't have to have outrageous phone
bills. Dave is working out OK. Sometime next
year sub pop is gonna have A caravan of 2 or 3 seattle
bands go ontour. yeah well see. ~~the~~ Thru your
past experiences Do you think it would be wise to
demant receipts for recording, pressing costs?
Enough About Records oh except this
one night last month, Chris And I dropped Acid
And we were watching the late show (rip off of Johnny Carson)
And Paul Revere And the Raiders were on there, they
were so fucking stupid! Dancing Around with
moustaches, trying to Act comical And Goofy.
It really pissed us off and I Asked chris
Do you have Any paul Revere & the Raiders albums?

11

OH NOTRE DERNIER ET ULTIME NOM EN DATE EST *NIRVANA*

ooh étrange mystique maudit

On se disait qu'ils auraient dû brandir des pancartes avec les notes dessus. Et donc après le concert Bruce nous a serré la main tout excité et a dit « Wow, joli boulot, faisons un disque » et puis des flashes d'appareil photo ont crépité et cette fille de *Backlash* a demandé « Hey, on peut faire une interview ? ». Ouais sûr pourquoi pas. Ensuite, des gens nous ont encore dit du bon boulot vous êtes géniaux les mecs et maintenant on attend de nous que nous soyons parfaitement sociables, à rencontrer des gens, en présenter d'autres, etc. PUTAIN JE SUIS DE RETOUR AU BAHUT! Je veux retourner à Aberdeen[1]. Naan, Olympia[2] est tout aussi chiant, et je suis fier de pouvoir affirmer que je suis allé seulement cinq fois cette année au Smithfield[3]. Et donc grâce à tout ce cirque nous avons finalement dégoté un contrat pour un single de trois chansons qui sortira à la fin du mois d'août et un EP[4] en septembre ou octobre. On va essayer de les embobiner pour un album. Jonathan est notre manager à présent, il nous trouve des concerts dans des petits bleds de l'Oregon et à Vancouver. Il prend en charge tous les frais d'enregistrement et de distribution et *nous* n'avons plus de notes de téléphone exorbitantes. Dave[5] s'en sort bien. L'an prochain Sub Pop va organiser une tournée avec deux-trois groupes de Seattle. Ouais on verra bien. D'après ton expérience, est-ce que tu crois qu'il serait avisé de demander des reçus pour les frais d'enregistrement et de pressage ? Bon, assez parlé de disques. Oh sauf que, une nuit du mois dernier, Chris et moi avons pris de l'acide et on a regardé le *Late Show* (plagiat de celui de Johnny Carson)[6], Paul Revere and the Raiders étaient invités, et ils avaient vraiment l'air con ! À danser partout avec leurs moustaches, essayant d'être drôles et de faire les clowns. Ça nous a vraiment énervés et j'ai demandé à Chris, t'as des disques de Paul Revere and the Raiders ?

---

1. Située dans l'État de Washington à environ 150 kilomètres au sud-ouest de Seattle, la ville natale de Kurt Cobain vit essentiellement de l'exploitation forestière. – 2. Ville universitaire et capitale de l'État de Washington. – 3. Smithfield Café, bar branché local. – 4. Single comprenant quatre titres. – 5. Dave Foster, deuxième batteur de Nirvana. – 6. Talk-show américain historique animé par Johnny Carson.

RAH punctuation, I was stoned a lot when I was learning that stuff.

OUAIS la ponctuation, j'étais souvent défoncé quand j'apprenais ce truc.

Il a dit ouais, alors j'ai regardé dans sa *grosse* collection de disques et j'ai trouvé ceux des Revere et je les ai bousillés. Il s'est foutu en rogne, puis il a rigolé et j'ai inspecté le reste de la pile et j'ai trouvé les Eagles, les Carpenters, Yes, Joni Mitchell, et j'ai dit très frustré « mais pourquoi t'as ces putains de disques ? ». Du coup, tout le reste de la nuit, on a bousillé environ 250 disques merdiques de Chris Novoselic. Non seulement on a fait de la place dans le salon, mais Chris a déclaré qu'il se sentait purifié et revitalisé.

Je ne traîne pas avec Ryan[1] ou les autres types d'Aberdeen mais quand j'irai en ville je te choperai ton disque de Soundgarden. On continue à faire des films, le dernier qu'on a fait c'était au NEVER NEVER LAND de Tacoma, un endroit de conte de fées surréaliste pour les gamins. On a fait porter à Shelli un masque de la tête de Cher découpé dans un album et on a dansé autour de gros champignons et enculé le loup qui se penche pour souffler sur la maison des trois petits cochons. Comme autres stars, il y a aussi Rick Derringer et le pénis de John Lennon. *Pas de commentaire* sur le groupe de Matt[2] Mudhoney, pour plus de sécurité. En parlant de sécurité, ma copine Tracy a une Toyota Turcell « 88 » flambant neuve, un micro-ondes, un robot, un mixeur et une machine à café, moi je n'aurai un boulot que le mois prochain *via* TYSS Youth Service[3], un temps partiel dans une imprimerie. Je suis un glandu totalement assisté et gâté. Dans ma prochaine lettre, il y aura moins de trucs emmerdants sur les deals de maisons de disques et plus de bavardage idiot.

SALUT DALE ÉCRIS BIENTÔT

On ne joue plus la première chanson de la démo. Elle est crétine et flanque la nausée. Fous-la en l'air, c'est nul. Dans le style Whitesnake et Bon Jovi.

---

1. Ryan Aigner, voisin de Cobain à Aberdeen, et brièvement manager de la première mouture de Nirvana. – 2. Matt Lukin, devenu bassiste de Mudhoney après s'être fait virer des Melvins. – 3. TYSS Youth Service, organisation d'aide aux jeunes en difficulté.

14

La fin des années 80

Voici l'illustration subliminale d'une société qui s'est foutue en l'air toute seule en s'enfonçant dans un système réchauffé de cupidité.

Subliminale dans le sens où ne figurent pas ici de collages punk rock de Michael J. Fox léchant le cul de Bruce Springsteen accroché à un missile. À la place, on a le sentiment général d'avoir payé beaucoup trop cher pour absolument rien de stimulant. Vous pouvez vous dire ouais, mais si on met de côté les photocopies, la maquette n'est pas dénuée d'un certain professionnalisme. Conneries. Vous faites les frais de cette plaisanterie.

alors
suicidez-vous

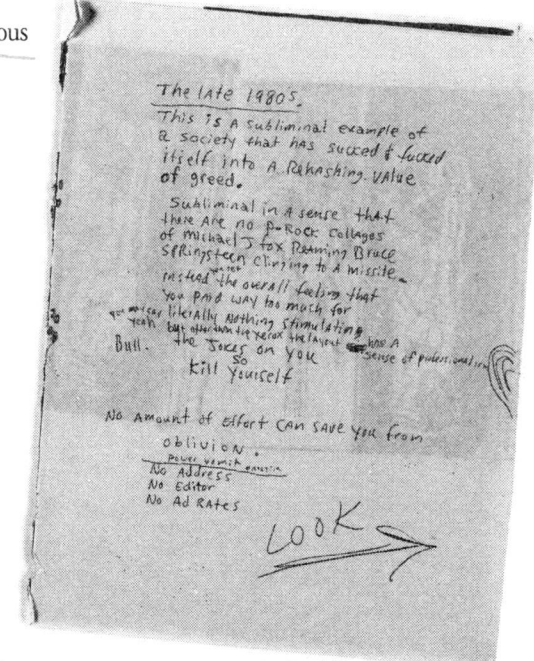

Aucun effort ne pourra vous sauver de l'oubli
Le magazine *Puissance du vomi*
Pas d'adresse
Pas de rédac'chef
Pas de tarif pour les petites annonces

Regardez

Bande-son de *H.R. Pufnstuf* [1] avec Mama Cass et Jack Wilde

Marlène Dietrich chante « Lili Marlène »

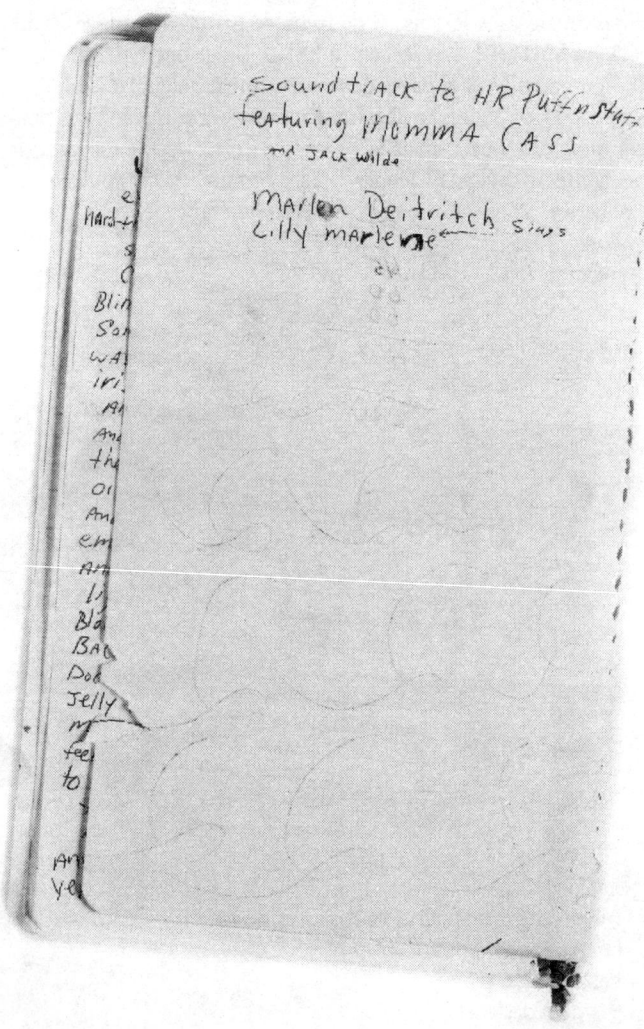

1. L'une des émissions télévisées préférées de Cobain enfant.

We Are willing to pAy
for the majority of
pressing of 1000 copies of
our LP, And All of the
recording costs. We
basically just want to
be on your label.
    Do you think you could
PleAse! send us A reply
of Fuck off, or NoT interested
So we don't have to waste
more money sending more tapes?
thanks.
NiRUANA.

Nous sommes prêts à payer l'essentiel *du* pressage *de* 1 000 copies *de* notre album, et l'intégralité des coûts d'enregistrement. Nous voulons seulement être sur votre label.

Pensez-vous pouvoir *s'il vous plaît!* nous répondre d'aller nous faire foutre, ou aucun intérêt, afin que nous arrêtions de perdre du fric en vous envoyant d'autres maquettes?

Merci.

Nirvana

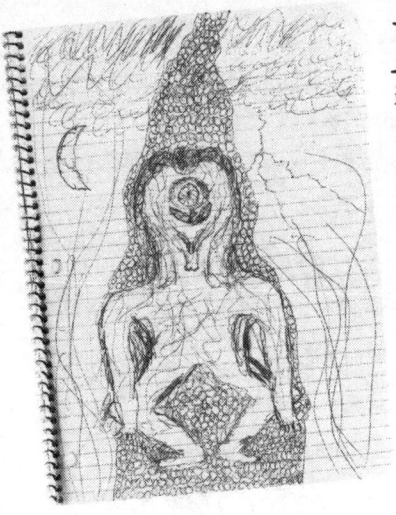

Ils n'ont pas été aussi dégoûtants que G.G. Allin[1] mais ils ont assuré, pour ne pas dire plus. La tension est montée à cause d'un retard occasionné par la sono, et s'est relâchée quand les premières notes de «School» ont retenti, les gens commençant immédiatement à bouger d'avant en arrière, yeux fermés, bières empoignées puis renversées. Cinq copains roadies ont dû se poster derrière la sono, faire barrage avec leurs bras et repousser la foule dans l'espoir que le groupe ne soit pas blessé. Il l'a été. Kurdt[2] le chanteur/guitariste hurlait comme un perdu sur la deuxième chanson et bam, la foule lui a balancé le micro en pleine bouche. Du sang est apparu sur ses lèvres et ils ont démarré «Floyd The Barber» après avoir essuyé le visage de Kurdt. Chris, le bassiste, a heurté accidentellement l'œil de Kurdt avec le manche de sa basse, la plaie n'était pas trop profonde jusqu'à ce que Kurdt se cogne la tête dans le mur d'à côté en guise de protestation. Là, elle s'est ouverte davantage. Du coup, Kurdt a saisi sa guitare et l'a balancée en plein dans la tronche de Chris, lui entaillant largement la lèvre. À ce stade, ils étaient plutôt sanguinolents, Chris était le pire, et avec une seule blessure. Ils étaient à l'évidence un peu assommés et ils avaient mal. Mais ils ont continué à jouer, assez désaccordés.

1. Le performer le plus extrême et autodestructeur du punk hardcore américain, aujourd'hui 18 décédé. – 2. Cobain orthographie parfois son prénom de cette façon et son nom Kobain.

20 School Zones
25 Streets of Cities & towns
50 County Roads
55 Highway

PASS within **200** ft of approaching car

Follow 20 ft for every **10** mph

TURN signal **100** ft before

Lane use signals

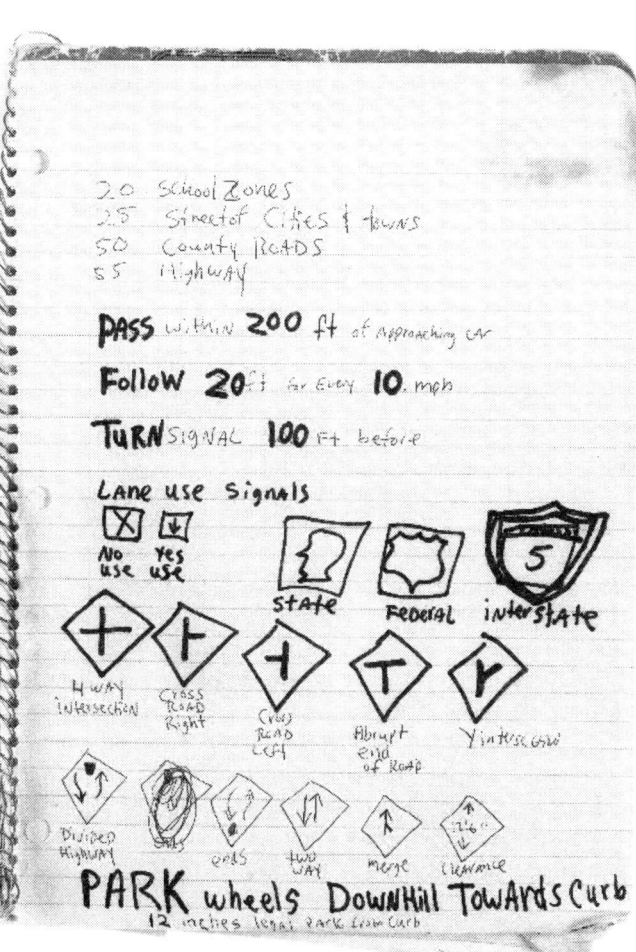

No   Yes
use   use

state   Federal   interstate

4 way   Cross   (Cross   Abrupt   Y intersection
intersection   Road   Road   end
               Right   Left   of Road

Divided   curve   two   merge   clearance
Highway   Way

PARK wheels **DownHill Towards Curb**
12 inches legal park from curb

24/05/88

Dave[1],

U n groupe doit répéter, à notre avis, au moins cinq fois par semaine si ce groupe espère arriver un jour à quelque chose.
Nous sommes fatigués d'être dans l'incertitude la plus totale avant chaque concert. Nous nous demandons : « Est-ce qu'on va craindre ? » « Est-ce qu'on est assez au point ? » Nous avons des concerts et nous ne répétons pas ! Pour deux raisons essentielles, Chris et son boulot et toi et l'endroit où tu vis. Chris parvient à s'arranger avec ses horaires et répète chaque jour de la semaine. Quand on a commencé avec toi, tu disais que tu pouvais répéter quatre fois par semaine et que tu déménagerais ici en juillet ou en août, et que ça ne te poserait aucun problème. Nous avons beaucoup hésité à tenter l'expérience parce que nous savons ce que c'est de faire la navette entre ici et Aberdeen et nous nous doutions que ça finirait par t'énerver.

Nous ne te reprochons pas du tout d'être fatigué de conduire, et nous comprenons quelle galère c'est de devoir demander à quelqu'un de t'amener, mais même si tu te pointais tous les soirs, nous ne commençons pas avant 8 heures et demie ou 9 heures, et ce n'est pas suffisant pour jouer tous les morceaux. Nous savons que ça prend du temps de construire une maison et que tu ne t'installeras pas ici aussi vite que tu l'as prétendu, et dans notre système de valeurs, bricoler une bagnole de sport n'est pas à moitié aussi important que répéter ou enregistrer ou tourner.

Nous ne sommes également pas convaincus que tu puisses te libérer, ou quitter ton boulot l'hiver prochain pour partir en tournée. En résumé, tout cela n'est rien d'autre que de l'égoïsme. Avoir son nom sur un disque n'est pas rien. Tout le monde peut le faire, mais il y a une grande différence entre la notoriété et l'estime de soi qu'apporte la musique.

1. Dave Foster. Le batteur fut viré peu avant les séances d'enregistrement du premier single de Nirvana « Love Buzz ».

Au lieu de te mentir en te racontant que nous nous séparons ou d'aller plus loin sans rien faire, nous préférons t'avouer que nous avons un nouveau batteur. Son nom est Chad[1], il est de Tacoma et il peut répéter tous les soirs. Surtout, nous sommes du même monde. Regardons les choses en face, tu appartiens à une culture totalement différente de la nôtre.

Nos hobbies et nos intérêts ne sont pas les mêmes, et un groupe ne peut former une entité tant que tous ses membres ne sont pas compatibles. Nous avons réellement apprécié ta loyauté et tes tentatives pour maintenir ce groupe en vie. Tu es un batteur génial et nous espérons tous que tu trouveras très rapidement un autre groupe. Nous nous doutons bien que tu vas être furieux et nous haïr aux tripes, et nous ne te le reprochons pas, parce que tout cela arrive très soudainement et que nous n'avons pas essayé de t'avertir avant. Ce n'est pas ta faute. C'est la nôtre. Nous aurions dû savoir que ça ne marcherait pas, mais ton enthousiasme et ton raisonnement net et précis nous avaient donné l'envie d'essayer. Et nous nous sentons vraiment minables de ne pas avoir le cran de te dire ça en face. Mais nous ignorons jusqu'où tu pourrais mal réagir. Bonne chance à toi et à Laney[2] et à ta carrière de batteur. Si ça ne te dérange pas, nous aimerions parler de toi à d'autres groupes qui cherchent des batteurs, parce que ton talent ne devrait pas rester ignoré.

Merci de nous faire savoir quand ça t'arrange *toi* que nous te ramenions ta batterie et tes micros. Appelle si tu veux qu'on discute. Désolés.

Kurt
Chris

PS : Lani[3] – Merci d'avoir trimbalé Dave jusqu'ici tout ce temps. Je sais à quel point le trajet est pénible. Shelli et moi avons aimé passer du temps avec toi pendant que les garçons répétaient. Appelle-nous un de ces quatre qu'on s'organise un truc.
Tracy et Shelli.

---

1. Chad Channing. – 2. Ou Lani (voir note suivante). – 3. Ou Laney (voir note précédente) ; apparemment, la petite amie de Dave Foster.

J.F.K.: the lamest excuse... retrogression

revolve
reverted

transpire

Reversion relapse

such High expectations, so much support,
every One wants it more than me. Almost feel
like doin' it for them. Such high Aspirations.
infinity doesn't exist. mathematics are based on 10.
~~number of~~ numeral variations ~~creating~~ yet synthesis ~~this~~
of ~~the~~ retrogression, such being: reactive, cause and
effect, communicational ~~and~~ scenario social interplay
with situations ~~between~~ people, music, sports
war ~~and~~ regional determination of botanical possibilities.
Hi, I don't have Dyslexia. An infared light
will simulate the sun in times of winter.
A hypnotherapist will hold your hand and aid
you into going back to bed. Downers & heroin
make you itch. If you talk to a friend, the
friend will offer you a list of remedies that
you've already tried. The first seven years of
my life were amazing, incredible, realistic and
an absolute grateful joy.
To be positive at all times is to ignore all ~~that~~
~~and valuable~~ that is important, sacred or valuable.
To be negative at all times is to be threatened
by ~~your~~ rediculousness and instant discredibility.
To translate opinions in an obvious search
for proof of intelligence in the manor of abusive
~~use~~ with obscure descriptive words is a desperational
will to sincere, yet retarded expression.

rediculous
manner
suppression

I feel there is a universal sense ~~in, that~~ amongst
our generation that everything has been said
and done. True. but who cares
it could still be fun to pretend.
This is the first decade since the early 1940's that
two generations ~~listen to it~~ share the same music.
(the old school and new school)

Retour/Rechute

De telles attentes, un tel soutien, tout le monde en veut plus que moi. Presque envie de le faire pour eux. De telles aspirations. L'infini n'existe pas. Les mathématiques fonctionnent sur une base 10. Les variations numériques sont une synthèse de la régression, comme : réactif, cause et effet, communicationnel[1], scénario et interaction sociale avec des situations et des gens, musique, sports, guerre et recensement régional des possibilités botaniques et végétales.

Salut, je ne suis pas dyslexique. Une lumière infrarouge tiendra lieu de soleil pendant l'hiver. Un hypnothérapeute prendra votre main et vous aidera à retourner au lit. Les tranquillisants et l'héroïne provoquent des démangeaisons. Si vous parlez à un ami, celui-ci vous suggérera une liste de remèdes que vous avez déjà essayés. Les sept premières années de ma vie ont été étonnantes, incroyables, réalistes et une joie absolue.

Être positif en permanence, c'est ignorer tout ce qui est important, sacré, ou qui a de la valeur.

Être négatif en permanence, c'est se sentir menacé par le ridicule et le discrédit immédiat.

Exprimer des opinions en quête évidente d'une preuve d'intelligence, abuser de mots obscurs s'apparente à une volonté désespérée d'expression sincère quoique demeurée.

Je perçois dans notre génération le sentiment universel que tout a déjà été dit et fait. Exact. Et alors ? Ça pourrait toujours être marrant de faire semblant. C'est la première décennie depuis le début des années 40 que deux générations (la vieille école et la nouvelle) aiment la même musique.

1. Néologisme typique de Cobain.

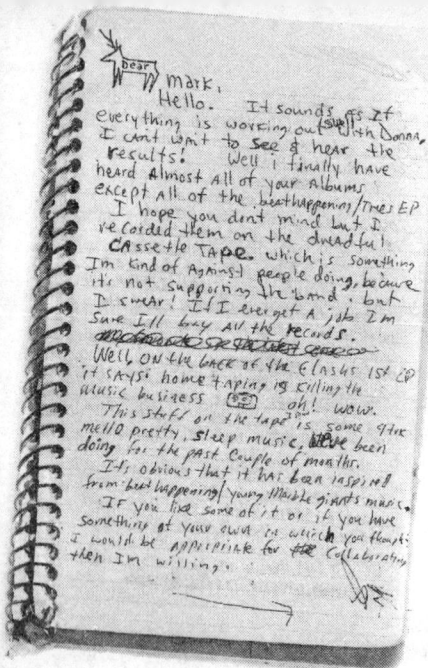

Cher Mark[1],

Salut. On dirait que tout se passe bien avec Donna, je suis impatient de voir et d'entendre les résultats ! Bon, j'ai finalement écouté tous tes albums, sauf le EP « Beat Happening »/« Trees ».

J'espère que ça ne te pose pas de problème, je les ai enregistrés sur une cassette atroce. Je suis pourtant plutôt contre ce genre de procédé, parce que ça n'aide pas le groupe. Mais, juré ! Si un jour j'ai un job, je suis certain d'acheter tous les albums. Au dos du premier album des Clash, il est écrit : « Enregistrer des cassettes tue l'industrie musicale. » *Oh !* Wow.

Sur la cassette que je t'envoie, quelques échantillons enregistrés sur un quatre-pistes de la douce et jolie musique pour dormir qu'on fait depuis environ deux mois. À l'évidence, c'est inspiré de Beat Happening et des Young Marble Giants.

Si tu aimes certains de ces trucs ou si tu as de ton côté quelque chose qui pourrait selon toi convenir à une collaboration, je suis preneur.

1. Mark Lanegan, chanteur des Screaming Trees de Seattle, et l'une des idoles de Cobain qui forma brièvement avec lui un groupe de reprises de Leadbelly appelé « The Jury » (Chris Novoselic tenait la basse).

Nirvana a l'intention de demander à Calvin[1] s'il veut bien sortir sur K une cassette de ces chansons et de quelques obscures chansons heavy en plus.

La raison – nous avons l'impression de n'aller nulle part en écumant le circuit des clubs de Seattle. Aux dernières nouvelles, notre single sortira en octobre («Love Buzz» / «Big Cheese») mais peu d'espoir quant à un éventuel EP dans un futur proche, Sub Pop a des problèmes financiers et la promesse d'un EP et d'un album dans l'année n'était qu'un prétexte bidon de Jonathan pour nous empêcher de prospecter d'autres labels. Donc voilà le travail, huit mois plus tard on sort finalement un foutu single. On a envoyé la démo à quelques labels. Mais pas de réponse.

Aussi, si tu as des contacts, numéros de téléphone ou adresses, ou si tu rencontres quelqu'un et lui donne une démo, ça sera vraiment apprécié. On a environ trente cassettes et on paiera avec plaisir les frais postaux. On a seulement l'impression de commencer à stagner à Olympia sans disque.

1. Calvin Johnson, leader de Beat Happening, cofondateur de K Records, animateur sur radio KAOS et promoteur local de concerts, demeure une figure centrale de la scène musicale d'Olympia.

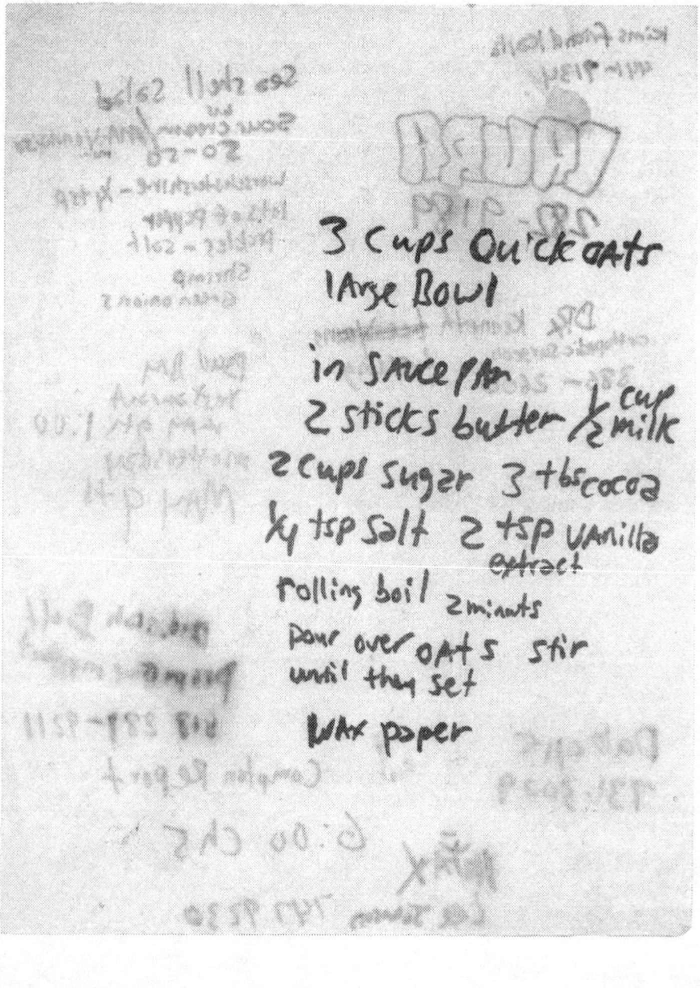

3 Cups Quick Oats
lage Bowl

in sauce pan
2 sticks butter ½ cup milk
2 Cups sugar 3 tbs cocoa
¼ tsp Salt 2 tsp vanilla
extract

rolling boil 2 minuts
pour over oats stir
until they set

wax paper

3 tasses de Quick Oats[1]
grand bol

dans une casserole
1 plaquette de beurre
1/2 tasse de lait
2 tasses de sucre
3 c. à soupe de cacao
1/4 c. à café de sel
2 c. café d'extrait de vanille
faire bouillir 2 minutes
verser sur les flocons
remuer jusqu'à ce qu'ils épaississent
papier de cuisson

1. Marque de flocons d'avoine.

One of many ways she manipulated the circumstances

in which,
I felt that

and reversed the guilt onto me

I felt that when she would make an attempt to call a relative or friend for advice she would always choose there times when I was around in the house, within hearing distance. to make it apparently clear that she is concerned "gee I don't know what to do with him, I care so much. He plays guitar and he plays it really good, but thats all he wants to do. He needs a dose of reality and to realize that he needs something to FALL BACK ON!

Une des nombreuses façons dont j'ai senti qu'elle manigançait les circonstances pour me coller toute la culpabilité sur le dos.

Je me disais que lorsqu'elle appelait un parent ou un ami pour lui demander conseil, c'était toujours quand j'étais à portée de voix. Elle ne faisait pas mystère de ses préoccupations : « Seigneur, je ne sais pas quoi faire avec lui. Je m'inquiète tellement. Il joue de la guitare, il en joue vraiment bien et c'est tout ce qu'il veut faire. Il a besoin d'une dose de réalité et d'un métier sur lequel il pourrait RETOMBER ! »

J uste avant de m'endormir, quand je m'emmerde vraiment je…
m'allonge et cogite un moment jusqu'à sombrer dans un état de semi-conscience hypnotique, que certains appellent le rêve éveillé, d'autres planer. J'ai l'impression de ne pas être là et ça n'a aucune importance parce que j'en ai marre de me trouver dans des situations et des conversations ennuyeuses, chaque jour ressemble à un sitcom de base, certains appellent ça la pensée mais quand je suis dans cet état d'esprit particulier j'oublie de penser et tout devient pure observation. Je perçois des choses de façon aiguë, si par exemple je me concentre assez, je peux voir des petites traces de résidus transparents dans le coin externe de mes yeux (ou alors c'est une conjonctivite). Je peux les suivre tandis que mon regard descend, c'est comme regarder un film avec des amibes ou de la gelée, comme observer du plancton au microscope. Et si je ferme les yeux et regarde en direction du soleil le flamboiement orange vif dessine le tracé intense de cellules sanguines, ou ce que j'imagine être des cellules sanguines. Elles bougent très rapidement et une fois de plus, je ne tiens pas longtemps avant que mes yeux ne se fatiguent et je dois détourner le regard du soleil vers l'oreiller et me frotter les paupières très fort et là je vois des petites sphères de lumière étincelante – certains appellent ça des étoiles – qui ne durent qu'une seconde puis j'ouvre à nouveau mes yeux mouillés de larmes à cause du frottement et regarde le ciel loin du soleil et oublie tous ces putains de petits trucs tordus à la con s'agitant au coin de mes yeux ou la vision en gros plan des cellules sanguines sous mes paupières et je regarde le ciel tout entier et je n'essaie même pas mais je vois se dessiner dans les nuages toutes sortes de visages, objets, statues et je peux faire la même chose avec les panneaux de bois qui recouvrent mes murs.

Une fois j'ai vu Jésus sur une carapace de tortue.

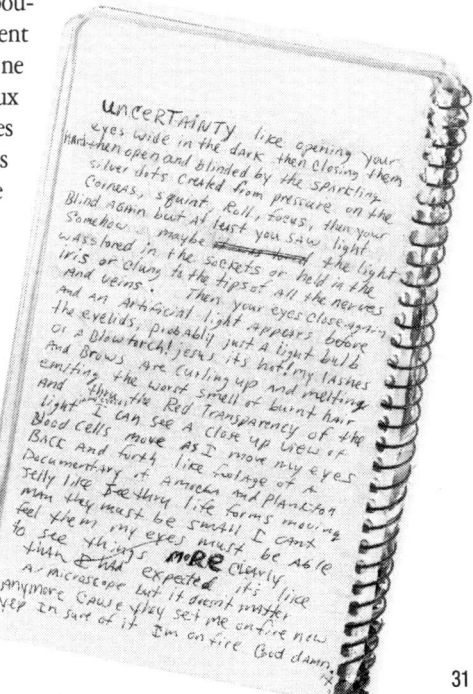

L'INCERTITUDE comme écarquiller les yeux dans le noir puis les refermer brusquement et les ouvrir de nouveau aveuglé par les petits points argentés étincelants nés de la pression sur la cornée, cligner, rouler, fixer, après on est de nouveau aveugle mais au moins on a vu la lumière d'une façon ou d'une autre. Peut-être était-elle stockée dans les orbites ou maintenue à l'intérieur de l'iris ou accrochée aux terminaisons des nerfs et des veines. Puis les yeux se ferment à nouveau et une lumière artificielle apparaît sous les paupières, sans doute seulement une ampoule ou une lampe de poche! Seigneur, c'est chaud! Mes cils et mes sourcils se ratatinent et fondent dans une odeur horrible de poil brûlé et à travers la transparence rouge de la lumière sous mes paupières je peux voir un plan rapproché de cellules sanguines s'agiter tandis que je remue les yeux dans tous les sens c'est comme les images d'un documentaire sur les amibes et le plancton comme de la gelée des formes vivantes transparentes qui bougent mec elles doivent être minuscules je ne les sens pas mes yeux doivent être capables de voir les choses plus clairement que je ne le pensais c'est comme un microscope mais ça n'a plus d'importance car elles m'ont incendié maintenant yep, je suis certain d'être en feu merde.

33

Dernière tentative pour mettre les choses au clair, cette fille n'était pas trisomique ou mongolienne, la preuve existe que le lycée de Lakeside ne dispose pas et n'a jamais disposé des équipements nécessaires pour enseigner aux arriérés mentaux, puisque Darvin, Ace et Trevor fréquentaient l'un de ses cours, et elle suivait aussi des cours pour les gens normaux. Beaucoup de petits trouducs ignorants la traitaient d'attardée simplement parce qu'elle ne parlait jamais.

Le but des types qui allaient là-bas depuis un mois était de piquer de la gnôle dans une petite pièce du sous-sol. Pendant que les autres occupaient la fille en ouvrant les placards et en faisant mine de bouffer les provisions, l'un d'entre nous descendait à la cave, prenait une boutanche et se barrait par l'escalier.

C'était à la base une offrande pour Trevor le maître de la dope qui préférait quand même l'alcool, et ses serviteurs et moi-même obtenions invariablement la promesse de pouvoir nous défoncer dans la forêt voisine de l'école si on lui ramenait de quoi picoler. Être pour la première fois perpétuellement défoncé durant toute cette semaine m'a fait me dire « c'est un truc que je vais pratiquer pour le restant de mes jours ! ». Et je serais d'ailleurs prêt à tout pour assurer mon stock d'herbe fantastique.

On s'est donc livré à cette routine presque chaque jour sans aucun problème pendant environ un mois.

Et c'est pendant ce mois-là que la torture mentale infligée par ma mère a atteint son maximum. Il s'est trouvé que la fumette ne m'aidait plus trop à échapper à mes problèmes. J'aimais assez faire des trucs rebelles comme voler cette gnôle ou péter des fenêtres, me bagarrer, etc. Rien n'avait d'importance. J'ai alors décidé qu'avant le mois suivant, je ne resterais plus seulement assis sur le toit en songeant à sauter, j'allais vraiment me tuer. Mais je n'allais pas quitter ce monde sans savoir ce que c'était que baiser.

Un jour après l'école je suis donc allé chez elle tout seul, je suis entré et elle m'a offert des barres chocolatées, je me suis assis sur ses genoux et j'ai dit « si on baisait », je lui ai touché les seins elle est allée dans la chambre et s'est déshabillée devant moi avec la porte ouverte, j'ai regardé et compris que ça y était, ça allait se passer alors j'ai essayé de la baiser mais je ne savais pas comment et je lui ai demandé si elle avait déjà fait ça avant et elle m'a dit plein de fois surtout avec son cousin.

J'ai été complètement écœuré par l'odeur de son vagin et sa sueur aussi je suis parti. J'avais mauvaise conscience et je n'ai pas pu aller à l'école pendant une semaine. Quand je suis revenu, j'ai été collé pour avoir séché. C'est ce jour-là que le père de la fille a déboulé en beuglant que quelqu'un avait profité de sa fille. Ils sont allés dans le bureau du principal et se sont hurlés dessus puis sont sortis avec la photo de classe pour qu'elle me désigne mais elle n'a pas pu parce que je n'étais pas présent le jour de la photo cette année-là. Pendant le déjeuner, des bruits ont commencé à courir et le lendemain, elle a donné mon nom et tout le monde m'a attendu pour m'engueuler et m'injurier et cracher sur moi en me traitant de baiseur d'arriérés.

Comme beaucoup de gens m'aimaient bien, il y avait des partisans dans les deux camps mais le ridicule de la situation m'était insupportable, donc un samedi soir, je me suis soûlé et défoncé puis j'ai marché le long de la voie ferrée et je me suis allongé sur les rails pour attendre le train de onze heures avec deux gros blocs de ciment sur la poitrine et les jambes et le train s'est approché de plus en plus près.

Et il a roulé sur la voie d'à côté au lieu de me passer dessus. À partir de ce jour, j'ai pris chaque matin le bus pour Lakeside à l'arrêt Jenkins Lane pour faire semblant d'aller à l'école alors qu'en fait, je prenais de l'acide et je marchais dans les bois. Ma mère croyait que j'étais à l'école mais un soir les flics m'ont arrêté à un match de foot et j'ai été emmené au poste et ils ont enregistré ma déposition, j'ai dit que sa famille ne pouvait rien faire parce qu'elle avait dix-huit ans et qu'elle n'était *pas* demeurée.

Mais la tension à l'école m'a forcé à changer de bahut pour aller à Jenkins et le train m'a suffisamment foutu la frousse pour que j'essaie de me ressaisir, comme je faisais des progrès à la guitare je suis devenu moins maniaco-dépressif mais je n'ai jamais eu d'amis parce que je détestais tout le monde parce qu'ils étaient tous hypocrites et bidon.

NIRVANA vient d'Olympia, Washington, à 60 miles[1] de Seattle. Le chanteur/guitariste de NIRVANA (Kurt Kobain) et le bassiste (Chris Novoselic) ont vécu à Aberdeen, à 190 miles[2] de Seattle.

La population d'Aberdeen est constituée de beaufs bigots mâchonneurs de tabac, flingueurs de cerfs, tueurs de pédés, un tas de bûcherons «pas vraiment portés sur les gugusses new wave». Chad (batterie) est originaire d'une île peuplée de gosses de riches barrés au LSD.

NIRVANA est un trio qui joue du heavy rock avec des accents punk.

Ils n'ont habituellement aucun travail.

Aussi peuvent-ils tourner à n'importe quel moment.

NIRVANA n'a jamais jammé sur «Gloria» ou «Louie Louie[3]». Pas plus que ses membres n'ont eu à récrire ces chansons et se les attribuer.

NIRVANA cherche à graver sa musique sur vinyle et accepterait volontiers un prêt d'environ 2 000 dollars.

Kurdt

NIRVANA is from Olympia WA, 60 miles from Seattle. NIRVANAS Guitar/vocalist (Kurt Kobain) And Bass-(Chris Novoselic) lived in Aberdeen 190 miles from Seattle. Aberdeens population consists of Highly bigoted Redneck-Snoose chewing- deer shooting, faggot Killing- logger types who "Aint to proud partial to weirdo New WAvers" (Chad drums is from An island of Rich Kid-LSD Abusers. NIRVANA is A trio who play Heavy Rock with Punk overtones. They usually dont have jobs. So they CAn tour Anythime. NIRVANA HAS never jammed on Gloria, or Louie Lowie. Nor have they ever had to Re write these songs d call them their own.

NIRVANA is looking to put their music to Vinyl or Accepting A loan of About $2,000.00 .

Kurdt

1. 97 kilomètres. – 2. 306 kilomètres. – 3. La fameuse scie des années 60 des Kingsmen, originaires de Seattle, a failli devenir l'hymne officiel de l'État de Washington en 1985.

Lance Link[1]

Après Beat Happening
crybaby[2] et Richard Simmons[3]
Concours de mangeurs de hot dogs
*Insertion d'un Pénis en forme de Ballon
pour érection

*Avaleur d'ampoules électriques
R.E.M.
H. Rollins[4]
L. Lunch[5]
Débilos
Lounge Bill Murray[6]
« Stairway To Heaven[7] »

*Davey & Goliath
Bros Quay
Spoons magnets baby

*Films de monstres débilos

1. Émission télé pour enfants dans les années 70. Les personnages de *Lance Link* étaient joués par des chimpanzés. – 2. Pédale d'effet pour guitare. – 3. Le spectaculairement gay Richard Simmons est un gourou de l'aérobic télévisé vénéré par des millions d'Américaines fanatiques de fitness. – 4. Henry Rollins s'est d'abord illustré comme le musculeux leader de Black Flag avant de réunir le Rollins Band, toujours en activité. – 5. Figure essentielle de la « no-wave » new-yorkaise de la fin des années 70 à la tête de Teenage Jesus & the Jerks, Lydia Lunch poursuit depuis une carrière solo très polyvalente (auteure, photographe, performeuse, etc.). – 6. Bill Murray, l'un des meilleurs et des plus célèbres *comedian actors* américains, s'est fait connaître à la fin des années 70 *via* sa collaboration au show télévisé *Saturday Night Live*, avant de participer à plusieurs films comme *Ghostbusters*, *Groundhog Day* et plus récemment *Rushmore*. – 7. La chanson la plus connue de Led Zeppelin, et la première que Cobain apprit
à jouer à la guitare.

<u>Lance Link</u>
After Beat HAp pening
Cmbabes & Richard Simmons
Hot Dog eating contest
* Penis Balloon insert him
  for erection
* light bulb swallower
     Rem
     H Rollins
     C Lunch
     Tards
  Bill owitey lounge
  stairway to Heaven
* Davey & Goliath
     Bros Quay
     Spoons magnets Daby
  * monster tard movie

Jesse[1] Salut

Crois-moi, j'ai délibérément attendu la sortie de notre single pour t'écrire et te l'envoyer en même temps qu'une lettre. Mais le temps passe vite, Sub Pop est fauché et complètement merdique et je ne m'étais pas rendu compte que j'avais reçu ta lettre depuis déjà un bon moment. Donc, désolé !

Hé, secoue-toi, dude, ta lettre donnait l'impression que tu t'emmerdais. J'attends avec impatience ta venue à Noël, ça va être le truc le plus excitant de cette année. On a récupéré les test-pressings du single. J'attends depuis si longtemps que je ne suis même plus impatient de le voir sortir. On a refusé de faire quoi que ce soit d'autre avec Sub Pop même si eux veulent vraiment publier un EP. On a décidé de sortir notre album tout seuls. On a trouvé une usine de pressage qui nous gravera 1 000 disques pour 1 600 dollars, ce qui fait qu'à 8 dollars pièce, il nous faudra seulement vendre environ 250 disques pour récupérer notre investissement, ensuite c'est du bénéfice, il faut juste qu'on trouve un distributeur.

On a joué avec les Butthole Surfers et ensuite D.O.A. à Seattle. Les Melvins vont revenir pour faire un ou deux concerts avec nous. Chris et Shelli se sont séparés. Dieu, quel soulagement pour moi ! Elle vit toujours à Tacoma et Chris crèche temporairement à Aberdeen chez sa mère où il n'a rien à payer. Je suis très content de la relation que nous avons Chris, Chad et moi, on s'entend super bien et on s'éclate vraiment. On commence à être très bien reçus à Seattle et ailleurs dans l'État de Washington. Maintenant les promoteurs nous appellent pour savoir si nous voulons jouer, au lieu de devoir tanner les gens pour dégoter des concerts comme avant. Ce n'est plus qu'une question de temps avant que des labels nous contactent à présent qu'on a plutôt bien assuré notre promo en faisant de petites tournées. OK, assez sur le groupe.

J'ai trouvé un boulot d'entretien, je bosse avec un vieux type, on nettoie quatre restaurants. De temps à autre, je suis payé au noir.

1. Jesse Reed, l'un des plus proches amis de Cobain depuis l'adolescence.

Tracy et moi on s'entend impec, comme d'habitude. Récemment je me suis aperçu que je devenais paresseux. Je n'écris que rarement et je ne travaille plus autant mes chansons que par le passé. Tu sais pourquoi ?

LA TÉLÉVISION. La télévision est la chose la plus diabolique de la planète. Précipite-toi à cet instant même sur ta télé et jette-la par la fenêtre, ou fourgue-la pour acheter une meilleure chaîne stéréo. En ce moment, j'ai la grippe et donc pas trop envie de faire des prouesses littéraires, mes yeux brûlent et quand je pète, des bulles brûlantes d'acide jaillissent de mon cul.

Jesse Hello,
Believe me, I have purposely been delaying writing you for a while so when our single finally comes out I could send it to you as well as a letter. But God time flies and sub Pop is broke and full of shit, and I didn't realize how long it's been since I received your letter. So I'm sorry!
Hey, cheer up dude, your letter sounded like you're kinda bored. I can't wait until you come down for Christmas, it will be the most exciting event this year. We got our test pressings back for the single. I've been waiting for so long that I'm not even looking forward to it coming out. We've refused to do anything else with sub Pop even though they really want us to put out an EP. We've decided to put out our own LP. We found a record pressing plant that will press 1000 records for $1600.00. So at $8.00 a piece we only have to sell about 250 records to get our money back, and the rest is pure profit, then all we have to do is find a distributer. We played with the Butthole surfers. And then D.O.A. in seattle. The Melvins are coming back to play a couple shows with us. Chris and shelli broke up. God am I relieved! She is still living in Tacoma

41

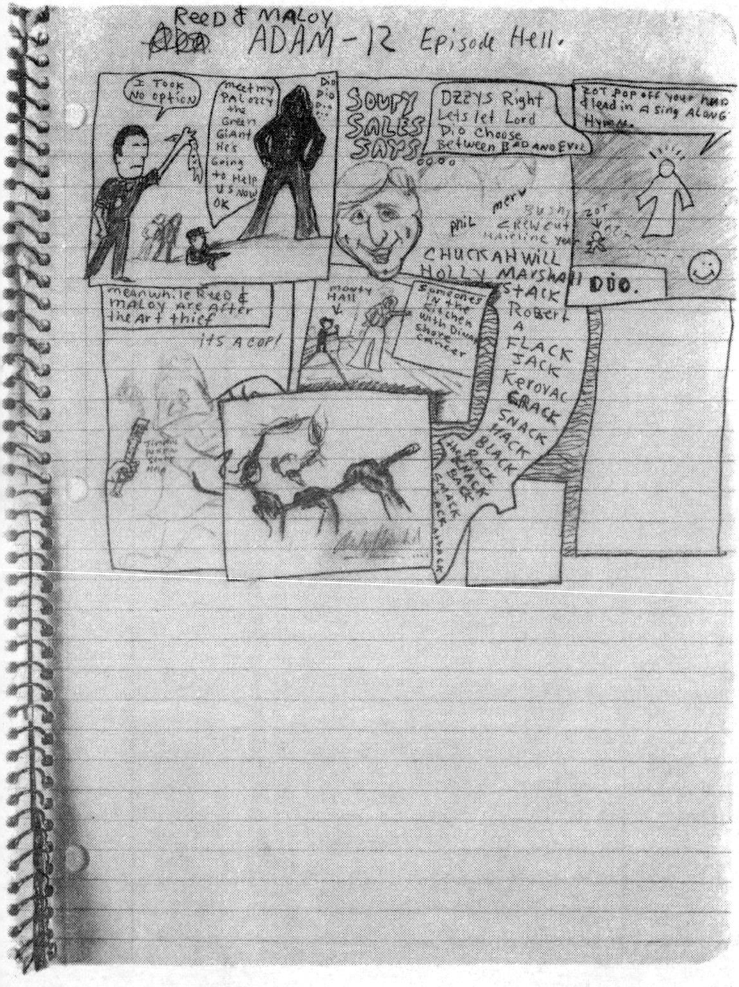

Salutations,

NIRVANA est un trio surgi des entrailles d'une ville de bûcherons beaufs appelée Aberdeen, dans l'État de Washington, et d'une communauté hippie à Bainbridge Island. Ensemble depuis seulement sept mois, Kurdt-guitare-vocaux, Chris-basse et Chad-batterie comptent déjà à leur actif un single sur Sub Pop Records[1], un titre sur la compilation Sub Pop 200[2], une démo, le succès, la gloire et des fans par millions. Vendre des échantillons de leur sueur mise en bouteille et des mèches de leurs cheveux a constitué jusqu'ici leur principale source de revenus, mais dans le futur, poupées, cahiers à spirales, boîtes métallisées et draps sont à l'étude. Un album est attendu pour avril en provenance des merveilleux bureaux des quartiers généraux internationaux de Sub Pop où les découvreurs de talents Bruce Pavitt (alias Henry Mancini) et Jonathan Poneman (alias Fred Flinstone) ont «soigné les petits gars», qui espèrent collaborer avec eux sur d'autres projets dans le futur.

NIRVANA sonne comme le croisement de Black Sabbath et The Knack, Black Flag, Led Zeppelin et les Stooges, avec une pincée de Bay City Rollers. Leurs influences musicales sont : H.R. Pufnstuf, Marine Boy, les divorces, les drogues, les disques d'effets soniques, les Beatles, Young Marble Giants, Slayer, Leadbelly, Iggy.

NIRVANA voit la (S)CÈNE underground devenir de plus en plus stagnante et docile face aux intérêts commerciaux des major-labels. NIRVANA veut-il changer cela? Pas question! On veut faire du fric et lécher le cul des gros bonnets dans l'espoir de pouvoir nous aussi nous défoncer et baiser des bimbos torrides et sculpturales, lesquelles devront présenter un test HIV de moins de deux semaines avant de se voir remettre des backstage-passes. Bientôt il nous faudra du spray anti-nanas. Bientôt nous serons dans votre ville et vous demanderons si nous pouvons crécher chez vous et utiliser votre cuisine. Bientôt nous jouerons «Gloria» et «Louie Louie» en rappel lors de concerts de charité avec tous nos amis célèbres.
Nous savons qu'un groupe des années 60 appelé NIRVANA a existé mais ne nous confondez pas avec eux car ils craignaient vraiment à fond.

Au revoir
114 Pear Street Olympia 98506
(206) 352-0992

Cobain rédigea plusieurs versions très semblables de la bio de Nirvana. Peu de variantes dans celle-ci, tapée à la machine et non manuscrite, si ce n'est que l'apathie de la scène musicale telle que la ressent l'auteur est désormais qualifiée de «cancer maléfique» et que le but revendiqué du groupe n'est plus de «se défoncer et baiser des bimbos torrides et sculpturales», mais seulement «se défoncer et baiser»…

« Plus sûr que le paradis »
BAISE MAINTENANT, SOUFFRE PLUS TARD

"SAFER THAN HEAVEN"

NIRVANA

GREETINGS,

NIRVANA is a three piece spawned from the bowels of a redneck - logger town called Aberdeen WA, and a hippie commune on Bainbridge island.

Although only together for seven months Kurdt-guit-voc, Chris-bass and Chad-drums have acquired a single on Sub Pop records, one cut on the Sub Pop 200 compilation, a demo, an LP in April, success, fame and a following of millions.

Selling their bottled sweat and locks of hair have proven to be their biggest money makers so far, but in the future: dolls, pee chees, lunch boxes and bed sheets are in the works.

From the wonderful offices of Sub Pop world headquarters our talent agents Bruce Pavitt and Johnathan Poneman have treated the boys good.

NIRVANA hope to work on more projects with them in the future.

NIRVANA sounds like: Black Sabbath playing the Knack, Black Flag, Led ZEP, the Stooges and a pinch of Bay city Rollers.

Their personal musical influences include: H.R Puffnstuff, Marine boy, divorces, drugs, sound effect records, the Beatles, Young Marble Giants, Slayer, Leadbelly and Iggy.

NIRVANA sees the underground music SEEN as becoming stagnant and more accessible towards commercialized major label interests.

Does NIRVANA feel a moral duty to change this cancerous evil?

No way! We want to cash in and suck butt of the big wigs in hopes that we too can GET HIGH and FUCK. GET HIGH and FUCK. GET HIGH and FUCK.

Soon we will need chick repellant spray. Soon we will be coming to your town asking if we can stay over at your house and use your stove.

Soon we will do encores of Gloria and Louie Louie at benefit concerts with all our celebrity friends.

NIRVANA c/o SUB POP 1932 1st AVE..#1103. Seattle WA 98101 or

Thank you for your time.

FUCK NOW, SUFFER LATER

Troisième version de la bio identique aux deux autres, sauf que Cobain apporte quelques précisions d'ordre musical en qualifiant Nirvana de «combo heavy pop/punk/lugubre» et ajoute à la liste de ses influences «les ploucs, une sélection de hard rock et le vieux punk rock».

45

MARK[1],

WHOA! « Polly Pereguin[2] » est ma chanson préférée de cette décennie. Je m'imprègne du son des Screaming Trees depuis quelques mois maintenant et je trouve que c'est nettement meilleur que le reste, même si dans le genre pop j'aime un tout petit peu plus les Pixies et les Smithereens. Mais « Polly Pereguin », JEEZUS DIEU! Un chef-d'œuvre intégral.

Hey comment se passe la tournée? Oh. Donna semble coller parfaitement. Je vois se profiler un chouette gros label pour vous dans le futur. Ci-joint, euh, merde, je dois bien l'admettre, de la pop influencée par les Screaming Trees. On a joué avec les Butthole Surfers et ils ne voulaient même pas virer leur batterie de la scène. Jeesus. On a été payés 75 dollars en tout.

Sub Pop est fauché en permanence. Du coup, on est ouvertement à l'affût de n'importe quelle autre proposition. Leurs intentions sont bonnes mais nous ne trouvons pas juste que Mudhoney soit favorisé et traité mieux que les autres groupes. Mais bon, c'est comme ça. On veut tourner en mars, si tu as des contacts ou des suggestions, toute aide sera la bienvenue.

1. Mark Lanegan, leader des Screaming Trees. – 2. Extraite du EP Beat Happening/Screaming Trees sorti en 1988 chez Sub Pop.

Kenichewa[1]
Cher _____

NIRVANA est un trio originaire de la banlieue de Seattle, dans l'État de Washington.

Kurdt-guitare/chant et Chris-basse ont eu trop de batteurs qui n'en avaient rien à foutre depuis trois ans, ont donné des concerts sous les noms de : Bliss, Throat Oyster, Pen Cap Chew, Ted, Ed, Fred, etc. Ces neuf derniers mois, nous avons eu le plaisir de prendre Chad-batterie sous notre aile et de devenir ce que nous sommes à présent et resterons toujours : NIRVANA.

Trois titres régulièrement diffusés sur KCMU (Seattle College Radio) et aussi KAOS à Olympia.

Concerts avec : Leaving Trains, Whipping Boy, Hells Kitchen, Trecherous Jaywalkers et d'innombrables groupes locaux.

Cherchons à : sortir un EP ou un album. Nous avons environ quinze chansons enregistrées sur un huit-pistes aux studios Reciprocal de Seattle.

Disposés à : transiger sur les chansons (certains de nos trucs sont assez vieux). Tourner *n'importe quand pour toujours.*

Normalement la musique devrait parler d'elle-même.

Réponse souhaitée Merci

code (206) 352-0992

114N Pear Olympia WA. 98506

Trucs que le groupe doit faire

1) Envoyer des putains de maquettes
Demander à Chad de raquer un putain de minimum

2) Dossier de presse
    1) Contacter Charles[1] et Alice[2] pour faire des photos
    2) Faire rédiger un texte à Tam[3]
    3) Ensuite, faire des photocopies. *Simple!*

3) Trouver un endroit pour répéter

4) Appeller Nann Warsaw à Chicago. Lui demander si elle a des connections avec Touch and Go. Lui demander aussi d'envoyer une liste de magazines et de magasins de disques branchés que nous pourrions contacter.

5)

1. Charles Peterson, photographe attitré de Sub Pop, a contribué à définir le «look grunge» (cheveux et guitares en bataille) *via* ses photos de concerts chaotiques. – 2. Alice Wheeler, mandatée par Sub Pop, a réalisé la première session photo officielle de Nirvana. – 3. Tam Orhmund, une amie de Cobain. Convaincu de l'inanité de Sub Pop, ce dernier lui demanda de manager son groupe à la sortie du premier single, «Love Buzz».

À *CHAQUE* arrêt, il *faut* vérifier :

1) huile
2) eau
3) pression de l'air
4) courroies de transmission
5) niveau d'eau dans batterie
6) liquide de freins
7) direction
8) phares
9) essieux
10) nettoyer le van
11) bouchon de radiateur
12) pare-brise

* FERMER TOUTES LES PORTES

PAS d'invités, de groupies, de membres de groupe, etc.

PAS d'autre essence que Exxon. Pas d'exception.

Tous les 400 miles[1] il y aura une inspection de la propreté du van et une vérification du matériel.

Trouver un endroit sûr pour se garer et sortir du van chaque élément du matos : voir document *musical equip electronic* dans boîte à gants.

1. 644 kilomètres.

Blew/ache

Now if you wouldn't mind -
I would like to Blew

And if you wouldn't mind - I would
like to lose.

And if you wouldn't care - I would
like to leave -

And if you wouldn't mind I would
like to bruthe

Is there Another Reason for your
stain?

Could you believe who - we knew
stress and strain

Here is Another word that Rhymes
with shame

You could do ANything

BLEW

Maintenant si ça ne te dérange pas –
j'aimerais décoller[1]

Et si ça ne te dérange pas – j'aimerais perdre

Et si tu t'en fiches – j'aimerais partir

Et si ça ne te dérange pas – j'aimerais pouvoir respirer

Y a-t-il une autre raison pour tes traces ?

Pouvais-tu imaginer qui – nous connaissions le stress et la pression

Et voici encore un autre mot qui rime avec honte

Tu peux faire ce que tu veux

1. *Blew*, dans le texte originel, est un « cobainisme ». Le mot est l'imparfait de « to blow », qui en argot américain, et dans le contexte de la chanson, peut être une référence à la drogue.

MR MOUSTACHE

fill me in on your new vision
WAKE me up with - indecision
Help me trust your mighty wisdom
~~Yes I am~~ EAT cow - I am not proud

~~take down what you want me to see~~
~~I'll eat your shit you've just thrown me~~
~~I ~~ clam my skin ~~ s~~ (righteous)

~~old potato sack potato~~
~~...~~ ~~back~~ or ~~...~~
~~...~~ ~~not sound~~

show me how **you** Question Questions
lead the way to Righteous scheming
take my han**d** and give it cleaning to tempting
~~Yes I eat Cow - I am not proud~~
Yes I EATCOW

EASY in AN EASY chAir
poop As hArd As Rock
I don't like you ANywAys
seAl it in A box

Mr MOUSTACHE

Remplis-moi de ta nouvelle vision
Réveille-moi par ton indécision
Aide-moi à croire à ta science infuse
Oui, je mange de la vache – et je ne suis pas fier

Montre-moi comment tu questionnes les questions
Ouvre la voie à la tentation
Prends ma main et nettoie-la
Oui, je mange de la vache – et je ne suis pas fier

À l'aise dans un fauteuil confortable
Du caca aussi dur qu'une pierre
Je ne t'aime pas de toute façon
Enferme-le dans une boîte

54

Job d'entretien à temps partiel
1-565-8040
dans le journal d'Olympia

7 mois dans la société d'entretien Lemons
1 an à l'hôtel Polynesian Condominium d'Ocean Shores
2 étés à la YMCA d'Aberdeen et au lycée de Weatherwax
9 mois au restaurant Lamplighter de Grayland, WA

4 6-10
4.00/heure *Nov*

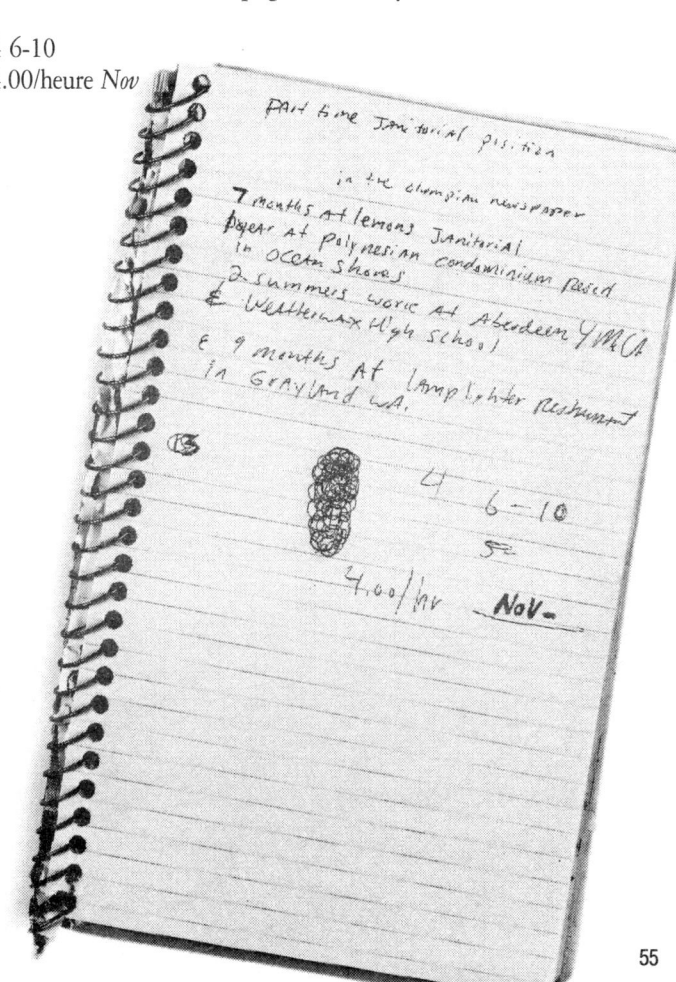

Deux ans et demi d'expérience.

Lemons Janitorial septembre 87-février 88.
Tâches habituelles nettoyage de bureaux 4,50 dollars de l'heure.

Polynesian Condominium Hotel Resort Ocean Shores
5 dollars de l'heure.
Septembre 86-juin 87 c/o Betty Kaales (personnel de maison)
entretien, vieux boulots de base, nettoyage de fenêtres et
de moquettes.

Déménagement à Olympia.

Aberdeen YMCA c/o Affie Bensinger 3,35 dollars de l'heure
mai 86-septembre 86
maître nageur, prof de natation pour les petits, puériculteur,
initiation au base-ball, maintenance. Job saisonnier.

Lamplighter Restaurant Grayland WA 4,25 dollars de l'heure
septembre 85-mars 86 c/o Bud et Audrey Turley
plonge, assistant en cuisine, nettoyage, service.

Coast building
10029 50 Tacoma Way
sortie 127
derrière le restaurant Cody de Tacoma.

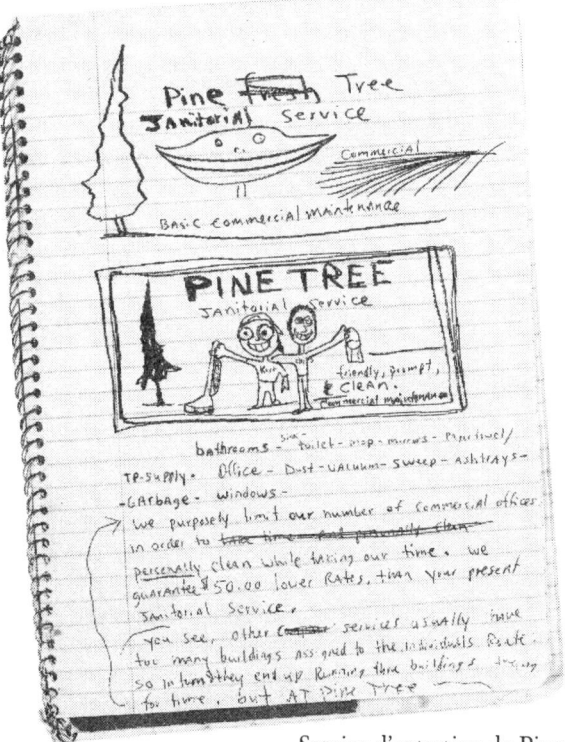

Service d'entretien de Pine Tree[1]

Maintenance commerciale courante

Amical, rapide et propre. Salles de bains-lavabos-toilettes-serpillières-miroirs-serviettes en papier-papier toilette. Bureau-poussière-aspirateur-balai-cendriers-ordures-fenêtres-

Vous savez bien que les autres services ont généralement tant d'immeubles à leur charge qu'ils finissent par bâcler le travail, par manque de temps. Mais à Pine Tree, nous limitons délibérément nos contrats afin de nettoyer *nous-mêmes* en prenant notre temps. Nous garantissons un tarif inférieur de 50 dollars à celui pratiqué par votre service d'entretien actuel.

1. Apparemment, le «Pine Tree Janitorial Service» ne reçut jamais aucun appel...   57

Mes paroles sont un gros bloc de contradictions. Elles sont partagées entre des opinions très sincères et des sentiments que j'éprouve et des dénégations sarcastiques et – j'espère – drôles d'idéaux bohèmes éculés depuis des années.

Je veux dire par là qu'il n'existe apparemment que deux options pour les auteurs de chansons : le sombre et tragique visionnaire à la Morrissey[1], Michael Stipe[2] ou Robert Smith[3], ou le blanc-bec clownesque et tout fou, style, hey, faisons la fête et oublions tout à la Van Halen ou toute cette merde heavy metal.

Je veux dire par là que j'aime me montrer passionné et sincère, mais j'aime aussi me marrer et faire l'abruti.

Boutonneux Associés.

1. Chanteur des Smiths. – 2. Chanteur de R.E.M. – 3. Chanteur-guitariste de Cure.

my lyrics are a big pile of contradictions.
they're split down the middle between
very sincere opinions and feelings that I have
and sarcastic and hopefully - humorous
rebuttles towards cliché - bohemian ideals
that have been exhausted for years.
I mean it seems like there are only two
options for personalities songwriters either
they're sad, tragic visionaries like morrisey
or michael Stipe or Robert Smith. or there's
the goofy, nutty white boy, Hey, let's party
and forget everything people like Van Halen
or all that other heavy maetal crap

I mean I like to be passionate and
sincere, but I also like to have
fun and act like a dork.
Geek's unite.

« Downer »

1

Sois sincère agis loyalement
Défends ta patrie – repousse la douleur
Distribue des lobotomies pour sauver des petites familles
Illusion surréaliste terne chiante ordinaire

2

Sanctifié par la restitution – profitons de notre
rendez-vous avec la fusion – Dissimulés sous notre toison
Salaud – ne te sens pas coupable maître écrivant[1]

3

Quelqu'un dit qu'ils ne sont pas vraiment comme moi
Je sais que je peux – inventer des mots au fur
et à mesure et les chanter et recommencer

4

Pessimiste gerbant maître hypocrite
Communiste Conservateur Salaud Apocalyptique
Merci mon Dieu de m'avoir mis sur cette terre
Je me sens très privilégié redevable de ma concupiscence

2 et 3

---

1. Ici, jeu de mots intraduisible avec « masturbant ».

DOWNER

   PORTRAY SINCERITY ACT out of Loyalty
   Defend your free Country · wish AWAY PAIN
1 HAND ouT Lobotomys to sAve little familys
   Surrealistic fantasy Bland Boring   plain

   Holy Now IN Restitution = living out our DAte ·
2 With FUSION = IN our whole fleece shun iN
   BAstArd = dont feel guilty mAster writing

   Somebody sAys that their not much like I Am
3 I know I cAn = mAke enough up the words As
   You Go Along I siNG then some ·

   SickeniNG pesimist hypocrite mAster
   Conservative Communist Apocalyptic BAstard
4 Thank you Dear GoD for putting me on this EArth
   I feel very priviledged iN debt for my thirst

        2 and 3

floyd the Barber

Bell oN Door ClaNks- Come oN IN
floyd observes my HAiry Chin
Sit dowN ChAir dont Be AfrAid
SteAmed HoT Towel oN my fAce
  I   WAS   ShAved (3xs)

BArNey Ties me to the chAir
I cANt see Im ReAlly scAred
floyd BreAthes hArd I heAr A ZiP
Pee pee pressed AGAiNst my lips
  I   WAS   ShAmed (3xs)

I SeNse others IN the Room
OPey AuNt Bee I PResume
they TAke TurNs iN CuT me uP
I died smothered iN ANdys ButT

  I   WAS   ShAved (3xs)

« Floyd The Barber[1] »

Un coup sec sur la porte – entrez
Floyd observe mon menton poilu
Assieds-toi n'aie pas peur
Une serviette chaude sur la figure

On m'a rasé (3Xs)

Barney m'attache au fauteuil
Je ne vois rien j'ai vraiment peur
Floyd respire fort j'entends un zip
Un zizi sur mes lèvres

On m'a humilié (3Xs)

Je sens des présences dans la pièce
Opey Tante Bee j'imagine
Chacun leur tour ils me lacèrent
Je meurs étouffé dans le cul d'Andy

On m'a rasé (3Xs)

---

1. La chanson est une parodie du *Andy Griffith Show*, une émission télé des années 60.

«Paper Cuts»

Quand vient l'heure de me nourrir
Elle glisse à manger sous la porte
Je rampe vers le rai de lumière
Parfois je ne trouve pas mon chemin

Des journaux sont étalés partout
Absorbant tout ce qu'ils peuvent
Il faut nettoyer à nouveau
Un bon lessivage

La femme pour qui j'éprouve un amour maternel
Ne peut pas me regarder dans les yeux. Mais je vois
les siens ils sont bleus et dardent et clignent et se masturbent

JE L'AI DIT – JE L'AI DIT – JE L'AI DIT

UNE RAISON UNE RAISON UNE RAISON ESSAiE ENCORE

Les fenêtres sont peintes en noir
Je gratte de mes ongles
J'en vois d'autres comme moi
Pourquoi n'essaient-ils pas de s'échapper?

Ils sortent les ancêtres
Ils regardent dans ma direction
Les ancêtres arrivent entourés de lumières
Et emmènent ma famille au loin

Tardivement j'ai appris à accepter certains
amis portés sur le ridicule – mon existence tout entière était vouée
à vous distraire et voilà pourquoi je suis ici parmi vous

Pour vous emmener – avec moi pour – tes yeux sont bleus
Délivrance pour NIRVANA

NIRVANA NIRVANA NIRVANA
NIRVANA NIRVANA NIRVANAAAH

PAPER CUTS

When my feeding TIME
She push food thru the Door
I CRAWL towards the CRACKS of Light
Sometimes I cant find my WAY

newspapers spread Around
SOAKING All that they Can
A Cleaning is due AGAIN
~~A Good Hosing Down~~
A Good Hosing Down

The LADY Whom I feel a maternal Love for
Cannot look me in the eyes - But I see
hers And they are Blue And they Cock And
Twitch And masturbate

~~I SAID SO~~ - I SAID SO - I SAID SO

A REASON   A REASON   A REASON   TRY AGAIN

BLACK windows Are PAINT
I scratch with my NAILS
I see others just like me
Why do they NOT Try eSCAPe?

They bring out the older ones
They point At my WAY
The older ones Come with lights
And TAKe my family AWAY

CONT. →

Paper Cuts
Continued

And very later I have learned to Accept some
friends of Ridicule - my whole existence was
for your Amusement And that is why Im Here with you

To TAKe You - with me To - your eyes are Blue
~~Before~~ Relief to   NIRVANA

NIRVANA   NIRVANA   NIRVANA
NIRVANA   NIRVANA   NIRVANAAAH

«Hairspray Queen[1]»

1

J'étais ton esprit – Tu étais mon mon enne mie
Tu étais mienne – J'étais j'étais ton enne mi
Tu t'en souciais – J'étais ton ton enne mi
Tu étais mienne – J'étais j'étais ton enne

Des oreilles sifflent (2Xs)

1

La nuit – La Déesse pleine de promesses – La nuit
Elle souhaitera le maximum – La nuit la Disco
Déesse – La nuit la sorcière

1
2
voix 1 monocorde

La nuit – La Déesse pleine de promesses – La nuit –
Elle souhaitera le maximum – La nuit –
la Disco Déesse – La nuit –
Une si petite démangeaison – La nuit –
Le Crisco[2] du Loch Ness – À droite –
L'omelette plein la bouche – En vue
Des godets remplis de poissons – La nuit la sorcière va
GAAAAAAAAAAAWD

---

1. Cette chanson, qui figure sur la compilation «Incesticide» de 1992, se prête particulièrement
mal à la traduction en raison de nombreux jeux de mots et/ou rimes («mind» et «mine», «night»,
«right» et «sight»). – 2. Marque d'huile américaine.

HAIRSPRAY QUEEN

① I WAS your mind • You were my my ene mye
You were mine • I WAS WAS your ene mye
you would mind • I WAS your your ene me
you were mine • I WAS WAS your enA

EARS   RAN G 2x2
①

② AT Night • the wishfull Goddess • AT Night
Shell wish the HARdest • AT Night the Disco
Goddess • AT Night the Witch go ash

①
②
(Voice ① DRoned)

AT Night • the wishful Goddess • AT Night
Shell Wish the HARdest • AT Night •
the DiSco Goddess • AT Night •
the itch so modest • AT Night •
the Crisco loch Ness • AT Right •
the mouthfull omelette • AT Sight •
the fishfull goBlets • AT Night the Witch go
GAAAAAAAAAAAWD

67

« Mexican Seafood »

Toutes ces peaux mortes qui démangent c'est une inflammation
Tous les gels et les crèmes c'est en relation
Avec un champignon soigné par injection
J'espère que c'est seulement ah, urinaire, une infection

2

Bon, ça brûle quand je – ça fait mal quand je pisse – bon ça fait
mal quand je – ça fait mal quand je regarde

Maintenant je vomis du sperme et de la diarrhée
Sur le carrelage comme une bouillie de pizza
Je remplis la cuvette des toilettes d'un pus boueux
Je sens le sang devenir soupe de poisson

2

Je m'écroule dans mon lit fait de
Poux punaises puces et glaires jaunâtres
Traînées de vaseline sale crasse d'orteils et crottes de nez
Asticots acides d'estomac dansant dans
un dépotoir sucré

Mexican Seafood

AH the itchy flakes it is A flaming
All the Gels and cremes it is pertAining
to A fungus mold Cured by injection
Hope it's only AH A yeast infection

② OH well it burns when I - it hurts when
I pee - OH well it hurts when I - it hurts
when I see.

Now I Vomit cum And diahrrea
on the tile floor like OAtmeal pizza
fill my toilet bowl full of A Cloudy puss
I feel the Blood becoming chowder rust

②

Roll into my Bed which does consist of
lice Bugs And fleas And yellow mucus
stAined dirt VAsAline Toe JAm & Booger
stomAch Acid worms thAt DAnce In
sugAred sludge

NIRVANA n'arrive pas à savoir s'il veut être punk ou R.E.M.
L'indécision peut souvent tuer un groupe et NIRVANA
est suicidaire.

SHEEP[1]
dans un magasin près de chez vous

1. Premier titre imaginé par Cobain pour l'album «Nevermind».

NIRVANA
Le KKK = les seuls nègres
Puissent les femmes gouverner le monde
Avortez le Christ
Assassinez de deux maux le moindre et le plus grand
Volez
SHEEP
dans un magasin près de chez vous.

NIRVANA
Fleurs
Parfum
Bonbons
Bébés chiens
Amour
Générationnel
Solidarité
Et
Tuer vos parents
SHEEP

NIRVANA
3 Grammy Awards
N° 1 du Top 100 du *Billboard* [1]
pendant 36 semaines d'affilée.
2 fois en couverture de *Rolling Stone* [2]
Considéré comme le groupe le plus original,
provocateur et important de notre décennie
par *Time* et *Newsweek* [3]

---

1. Orthographié ironiquement par Cobain «Billbored» («to be bored», s'ennuyer). – 2. Orthographié ironiquement par Cobain «Bowling Stoned» («stoned» = défoncé). – 3. Orthographié ironiquement par Cobain «Newsweak» («weak» = faible).

«Pen Cap Chew»

Oh Dieu inférieur oh abhorre-moi
Oh Dieu inférieur oh toi si seul
Oh Dieu inférieur oh ennuie-moi
Oh Dieu inférieur oh oh

You get you get you get you get to me
Sacré est le moment c'est un moyen si facile de partir

You get you get you get you get to be
Cacher le conflit dans la peau sous un ongle

Oh Dieu inférieur oh abhorre-moi oh Dieu inférieur oh seul
Oh Dieu inférieur oh abhorre-moi oh Chien inférieur oh seul

Perdre son temps à sauver des crédules inutiles
Tuer un politicien et puis porter ses fringues
Cette décade est l'âge du recyclage
Proteste et va en prison pour tes offenses

Go Home (4Xs)

Comprends-tu la raison de mon désordre intérieur
Y a-t-il quelque chose de mal à se passer de société
Ta conscience te poursuit-elle pour avoir conçu
des directions – c'est pour ça que sans le remarquer
tu bouffes tes stylos?

Go Home (8Xs)

Pen Cap Chew

OH Lesser God OH LoAthe me
OH lesser God OH your lonely
OH lesser God OH Bore me
OH lesser God OH OH

you get you get you get you get to me
Holy is the time it's such An easy WAY to go

you get you get you Get - You get to Be
Hide the Struggle in the skin under A
finger nAil

OH lesser god OH loAthe me oH lesser god OH lonely
OH lesser god OH loAthe me oH lesser Day oH lonely

WASte your time By sAving WorthlessGullAbles
Kill A Pollitician And then weAr His Clothes
this decade is the Age of Re-HAshing
protest And then go to jAil for Tresspassing
                Go   Home   (4x's)

CAn you see the ReAson for MY Entrope
Is there something wrong without Society
HAs your Concience got to you for Building
Trends - is that why unoticing you
    EAt your pens?

        Go Home   (8x's)

« Aero Zeppelin »

Que vaut une saison
Si on ne peut rien avoir
Quelle est la raison d'une rime
Si un plan peut tout dire
Quel sens a un crime
C'est un fan, rien de plus
Où est la tendance dans une ligne
C'est une marque connue, c'est une marque connue

Voici comment les cultures réapparaissent
Tout était déjà là hier
Et tu jures que ce n'est pas une mode
Aucune importance de toute façon
Ils ne sont là que pour parler à des potes
Rien de neuf c'est tous les jours
On pourrait chier sur scène qu'ils seraient encore fans
Si c'est une marque connue, si c'est une marque connue, si c'est une marque connue

Tous les kids en boufferont –
Si c'est bien emballé
Voler un son et imiter
Rester dans un format établi
Pas de poésie
Juste les faits
Où en est notre monde désormais
Une idée c'est ce qui nous manque
Mais c'est sans importance de toute façon

Aero szeppeliN

whats a season in a Right
If you cant have any thing
whats the Reason in a Rhyme
If a plan means anything
whats the meaning in a crime
its a fan if anything
wheres a leaning in a line
its a brand its a brand

How a culture comes again
it was all here yesterday
And you swear its not a trend
Doesn't matter anyways
theyre only here to talk to friends
Nothing new is every day
Youe could shit upon the stage theyll be fans
if you brand if you brand if you brand

All the kids will eat it up -
if its packaged properly
steal a sound and imitate
keep a format equally
not an ode
just the facts
where our world is nowadays
An idea is what we lack
it doesnt matter anyways

MELVINS
Hé, bande de vauriens

J'ai le souvenir douloureux

Gyuto Monks[1]

Pour savoir à quoi ressemble Montesano[2], se référer à n'importe quel article sur Nirvana paru ces trois dernières années au sujet d'Aberdeen, ces deux trous à bûcherons mitoyens se ressemblant par leur absence de culture et d'accès à la bonne musique.

J'en ai marre d'entendre les gens dire que les Melvins n'ont pas la reconnaissance qu'ils méritent quand ils obtiennent précisément cette reconnaissance. Ils peuvent désormais s'attendre à des démonstrations d'idolâtrie totalement antipunk de fans de la dernière heure les guettant à l'entrée des salles où ils jouent pour leur demander des autographes.

La seule adulation qui compte ils l'ont déjà, c'est celle que leur porte le petit nombre de fanatiques déjà branchés sur le groupe

Je me souviens quand les Melvins ont joué des chansons de Jimi Hendrix et de Cream, bon, ils ne s'appelaient pas encore les Melvins à l'époque
Je me souviens : quand les Melvins jouaient du punk rock hardcore mélodique à donf avec un beat métronomique ; ensuite ils ont commencé à ralentir avec un mix abrasif et mélodique façon Sabbath

Buzz a déboulé tout excité avec le « My War » de Black Flag en prétendant que c'était aussi important que

1. Chorale tibétaine tantrique, comme le détaille Cobain quelques pages plus loin. – 2. Voisine
76 d'Aberdeen, Montesano est une petite ville où Cobain vécut après le divorce de ses parents.

Ils finançaient leur vice avec leurs salaires de pizzaïolos et de serveurs

Je me souviens qu'à l'été 82 ou 83 une sorte de raout à la Woodstock s'est tenu dans une contrée exotique et lointaine avec tous les groupes hard rock du moment comme Van Halen ou AC/DC. Pour les stoners[1], c'était la grosse affaire mais moi je ne prenais pas ça très au sérieux. Je n'y prêtais pas beaucoup d'attention mais je revois mes potes contemplant le ciel pendant des semaines avant l'événement avec la peur de voir leurs espoirs déçus si ce festival restait à l'état de rêve fumeux et ne devenait pas une réalité dans leur quotidien de jointés. Autrement dit, il n'y avait aucune chance qu'ils arrivent à économiser assez sur l'argent de la dope pour se payer le voyage jusqu'à la terre promise du festival américain.

Je me souviens que je traînais au Thriftway de Montesano, Washington, quand ce manutentionnaire à cheveux courts ressemblant un peu au mec d'Air Supply m'a tendu un flyer qui disait : « The Them Festival. Demain soir sur le parking derrière Thriftway. Rock live gratos. »

Montesano, Washington, un endroit pas vraiment habitué à voir des groupes rock live dans le village. Une population de quelques milliers de bûcherons et leurs femmes soumises.

Je me suis pointé avec des potes metalleux dans un van. On s'est garé dans le parking derrière Thriftway et d'autres zombies sont apparus en titubant avec des peignes dans leurs poches arrière.

Se tenaient là le manutentionnaire Air Supply arborant une Les Paul avec une pub découpée dans un magazine pour les cigarettes Kool collée dessus, un motard rouquin et ce mec Lukin, le premier à porter des Levi's étroits, une innovation courageuse et hardie par rapport aux fringues de motards de San Francisco.

Ils jouaient à une vitesse à laquelle je n'avais jamais imaginé que la musique puisse être jouée, et avec plus d'énergie que sur mes disques d'Iron Maiden. C'était *ce que j'avais toujours cherché*. Ah, le punk rock. Les autres s'emmerdaient et n'arrêtaient pas de gueuler, eh, jouez du Def Leppard. Bon dieu, je détestais ces connards plus que jamais. J'avais rejoint la terre promise, le parking d'une épicerie, et j'avais trouvé ma voie.

Le jour suivant, j'ai hérissé mes cheveux sur le devant mais je n'arrivais pas tout à fait à abandonner mes racines stoner et donc mes longs cheveux dans le dos, en conséquence de quoi j'ai eu la première coupe à deux niveaux de toute l'histoire de Montesano. Je me suis trimbalé pendant une semaine avec la tronche de Rod Stewart. J'ai commencé à suivre les Melvins partout. J'étais la mascotte tranquille. Un jour, ils m'ont même laissé auditionner pour eux mais j'étais vraiment trop nerveux. Alors je suis resté assis dans un coin durant des centaines de répètes des Melvins. Pendant les quelques années qui ont suivi, j'ai vu Buzz[1] se transformer, du speedcore métronomique au blues constipé né de l'influence du « My War » de Black Flag, St Vitus et un bref engouement pour divers groupes de chez Metal Blade. Quelque chose de neuf amenait Buzz à ces changements, des années d'*évolution* personnelle interne, morale stricte, opinions bien arrêtées, dévotion sincère à la gloire de l'énergie et la célébration de la spiritualité. Buzz reste fidèle à ses valeurs, avec cet air qui signifie « si tu oses seulement m'imaginer capable de compromis, je te tue », faisant rouler ses yeux dans leurs orbites, suant et soufflant dans un rituel quasi autiste, distordant et descendant jusqu'aux notes les plus basses possible, découpées en tranches, bruits d'anus monocordes gutturaux, harmonique satanique et, euh, lourd. Bas. Profond. Cool, mec, cool, Godamn the pusher[2] ! Plein d'iroquois disent qu'ils aimaient les Melvins jusqu'à ce qu'ils deviennent Black Sabbath. Putain. Une remarque futée typique.

1. Buzz Osborne, chanteur des Melvins. – 2. Citation extraite de la chanson de Steppenwolf « The Pusher ».

MELUINS

I remember ~~very~~ painfully

you saucy upstart

Gyuto monks

'If you need an explanation on what mant-scno
'is like, refer to any ~~previous~~ article of the past
3 years on the subject of Aberdeen, ~~like~~ two
coastal logging slums are similar in ~~the~~ lack of
cultural ~~and~~ ~~~~ good musical availability

~~tired of people saying~~ the melvins don't get the recognition they deserve

melvins who ~~this~~ finally get the recognition they deserve

~~they~~ Cox look forward to ~~~~ un punk rock adoration
~~(btc)~~ –
~~from fans waiting outside the venue waiting for autographs~~

~~the true adoration that matters is one they have already~~
but the small amount of fanatics who are into them already

~~I remember when the melvins played Jimi Hendrix & Cream songs~~
~~Well they meant the melvins then~~

{them festival}

I remember: when the melvins played lightning speed melodic,
punk rock hardcore ~~and~~ with typewriter drumming.
~~then~~ ~~they played~~ then they started slowing down with a mix of struttes
~~of~~ melodic sabbath like abrasion

Black flag
damage II

~~Buzz~~ evidently came over with Black flag My War
~~~~ claiming it was ~~~~ as important
as

Les Melvins sont vivants.

L ES MOTS craignent. C'est vrai, tout a été dit. Je ne me souviens pas avoir eu une conversation intéressante depuis un bail. LES MOTS ne sont pas aussi importants que l'énergie produite par la musique, en particulier live. Je ne crois pas avoir déjà trouvé quelque chose d'évocateur dans des paroles de chansons, sauf WHITE ZOMBIE dont les paroles me rappellent la pauvreté de la langue anglaise, et la plupart des bonnes métaphores sont éculées, tout comme les bons noms de groupe et les titres d'album, sans même parler de la putain de musique elle-même. PFF, je ne veux pas avoir l'air si négatif mais on parle des MELVINS, là. Lors d'un concert des MELVINS, vous n'arriverez pas à comprendre beaucoup de paroles, comme c'est le cas pour n'importe quel groupe, mais vous SENTIREZ l'ÉNERGIE négative. La musique est l'énergie. Une ambiance, une atmosphère. UN SENTIMENT. Je ne parle pas de putain de compassion humaine à la con, ceci est l'un des seuls rappels réalistes de la VIOLENCE qui nous entoure au quotidien.

Il existe un moment et un endroit appropriés pour cette musique. Aussi, si votre seul but est de vous bouger les fesses sur du rock simpliste et primaire, allez voir un putain de groupe de bar ! Les MELVINS ne sont pas pour vous. Et ils n'ont probablement aucune envie de vous voir.

Comme je l'ai dit, je ne suis pas trop calé question paroles, aussi je ne leur ai rien demandé concernant leurs textes. Apparemment, ils sont presque aussi importants que la musique. Dans leur cas, je me dois d'acquiescer, même si j'ai le plus grand mal à déchiffrer leurs paroles, je sens d'instinct qu'elles charrient autant d'émotion que la musique et c'est pourquoi je t'implore hypocritement, « BUZZ », fais imprimer un livret avec les paroles, et si nécessaire, explique chaque ligne. Je suis sûr que beaucoup de gamins apprécieront, mec.

En parlant de Buzz, il porte mieux l'afro que le mec du film CAR WASH. Je pense qu'il devrait profiter de cet atout pour devenir le premier type à dépasser les dessins sur crâne rasé et la géniale architecture capillaire propre au hip-hop en se SCULPTANT un cactus déjanté sur la tête ou les cornes de Bull Winkle[1].

Il écrit les chansons, d'abord les riffs ensuite les lyrics, et putain qu'est-ce qu'elles sont bonnes. C'est un type sympa à 100 %.

DALE a perdu du poids, s'est décoloré et coupé les cheveux. Il joue encore plus dur qu'avant et c'est un type SYMPA À 100 %.

LORI[2] enfonce John Entwistle, et c'est un type sympa à 100 %.

Ils aiment les GYUTO MONKS, une chorale tibétaine tantrique.

C'est-à-dire l'une des seules formes de communication religieuse qui m'ait affecté émotionnellement, avec les MELVINS et, euh, peut-être les STOOGES ou le EP « Raping A Slave » des SWANS[3]. Le seul truc bien qu'ait jamais fait MICKEY HART[4] c'est quand il a radiné ce groupe de moines sur une tournée qui, d'après ce que j'ai souvent entendu, ressemblait à un cirque sans âme ou une exhibition de monstres. Bon, ils avaient besoin d'argent pour bâtir un nouveau monastère. Ils n'ont sans doute pas remarqué les Dead Heads[5] dans l'assistance. Beurk !

La technique particulière utilisée par les moines pour leurs vocaux résulte d'une longue étude visant à produire trois notes ou un accord complet sous la forme de longs chants monocordes. L'effet obtenu est à la fois étrange et apaisant.

---

1. Personnage de dessin animé. – 2. Lori « Lorax » Black, remplaçant de Matt Lukin à la basse. – 3. EP sans titre de 1982, en fait communément appelé « The Young God EP ». – 4. L'un des batteurs du Grateful Dead. – 5. Fans ultimes du Grateful Dead suivant le groupe de concert en concert.

V oici une interview rédigée plusieurs mois après que Matt a quitté le groupe en octobre[1].

– Êtes-vous satisfaits de la nouvelle formation des Melvins et de l'endroit où vous vivez ?

– Vous n'en avez pas marre que les gens vous posent des questions concernant la récente rupture avec Matt et cette rumeur de mariage ?

– Qu'est-ce que vous voyez dans cette image ?

– Où travaillez-vous ?

– Votre plat préféré est-il la pizza ?

– Est-ce que c'est possible de conduire une voiture automatique à San Francisco ?

– Est-ce que vous expérimentez avec des drums électroniques ?

– On s'en fout de vos influences, une liste des trucs que vous écoutez en ce moment ?

– Quel est votre groupe favori ?

– Qui ?

– Non. Vraiment ?

– Qu'est-ce que vous pensez du « son de Seattle » ?

– Vous avez écouté le nouvel album de Die Kreuzen ?

1. Pour un fanzine.

– Est-ce que vous prévoyez de venir donner quelques concerts à Seattle ou dans les environs ?

– Combien de concerts avez-vous donnés à San Francisco ou dans les environs ? Quel a été l'accueil du public ?

– Est-ce que vous croyez que l'album «Gluey Porch Treatments[1] » existe pour de bon ou que peut-être 15 exemplaires seulement ont été gravés ?

– Je crois que l'album sonnerait encore plus heavy sur une sono avec des basses énormes dans un bar pédé euro disco. Qu'est-ce que vous en pensez ?

– Quels jouets vraiment cool possédez-vous ?

– Est-ce que vous pensez que « Born Again » est un bon album de Black Sabbath ?

– Est-ce que vous saviez que C/Z2 collaborait avec Toxic Shock[2] et qu'ils passent une pub dans certains fanzines avec entre autres votre maxi ?

– Ça serait pas chouette de rentrer dans un magasin de disques et d'y trouver un album des Melvins ?

– Votre approche de la composition a-t-elle changé d'une façon ou d'une autre? Ou pouvons-nous attendre la même chose pour toujours de la part des Melvins?

Je me disais aussi.

– Racontez-moi une histoire :

– Et maintenant, posez-moi une question et j'y répondrai avec ceci

Merci pour l'interview.
On espère vous voir un de ces quatre
Ba-baille

Are your song writing styles changing in any way? or can we expect the same product forever from the melvins?

I didn't think so.

Tell me a story:

Now you ask me a question and I will respond with this

Thanks for the interview
We hope to see you sometime
cheeri-o

Dale,
Kenichewa,

OKAY, je n'ai pas perdu mes racines solidement ancrées de pute honoraire punk rock, hard, heavy, gunka gunka gunka. Pas plus que je n'adhère à l'image mignonne, innocente et proprette d'Olympia. Mais j'ai appris à apprécier suffisamment quelques-uns de ces trucs minimalistes à la Calvin pour en livrer ma propre version, c'est quelque chose que j'avais en fait l'intention de faire depuis des années, donc ce n'est pas vraiment du plagiat ou des emprunts. Je me justifie parce que je ne pense pas que tu vas aimer, mais je t'envoie quand même un aperçu pour meubler, d'autant que je n'ai pas beaucoup de nouveaux trucs à te faire écouter. Bon, au fait «COMMENTÇAVADALE-CROVERMAÎTREDELABATTERIE?» Envoie-moi des cassettes MAINTENANT! Je ne crois pas que beaucoup de gens vont penser que vous craignez, comme tu dis peut-être les putes idolâtres, mais B.F.D.[1]!

Chris et moi on se baladait sur le campus un samedi soir, et on a entendu un groupe jouer. En s'approchant, on est tombés sur trois Greeners[2] qui jammaient sur du mauvais blues psychédélique, parce que c'est ce que font les Greeners le samedi soir. Ils nous ont montré leur nouveau matosnuldemerde à 200 dollars, des grattes Kramer et des amplis Laney. Ça ne m'a pas impressionné des masses. Puis dans un coin j'ai repéré une Fender Mustang fin 60's pour gaucher. Après avoir avalé ma salive, j'ai demandé calmement s'ils la vendaient et ils ont dit… «Quoi, cette *vieille* merde?» «M'en fous, 50 dolles.» Chris s'est joint à la conversation pour dire «Mmm, je sais pas mec, elle est quand même bien niquée» «OK, 20 dolles. C'est un truc bon à mettre au clou de toute façon. C'est rien du tout comparé à nos nouvelles Kramer.»

---

1. «Big Fuckin' Deal», grosse affaire! = on s'en fout. – 2. Surnom des étudiants du Evergreen State College d'Olympia.

Alors Chris et moi on a couru comme des cinglés à travers bois vers la lumière, le van et un distributeur et on a acheté la Fender Mustang de gaucher pré-CBS de 65 [1]. La FIN.

Mon ampli a explosé. J'ai deux nouvelles motos Evel Knievel [2]. *Rapeman*. Rapeman ! Rapeman ! Je n'ai aucun de leurs trucs sur cassette. Sans doute parce qu'ils n'ont encore rien sorti. Mais Rapeman est formé de Steve Albini (de Big Black) à la guitare et au chant et du batteur de Scratch Acid. Je les ai vus le week-end dernier et je pense qu'ils sont l'un de mes groupes favoris. Je vais attendre de les écouter sur disque. Mais bordel, qu'est-ce qu'ils étaient cool en live !

J'ai dégivré le freezer au marteau.

Quelques heures plus tard, Tracy a senti une atroce odeur de gaz, on pensait que c'était le Fréon donc on a sorti tous les animaux et les émanations sont devenues si terribles qu'on ne pouvait plus rentrer dans l'appartement. Elles ont commencé à nous cramer la peau alors on a dormi chez des voisins pendant une nuit et à Tacoma la deuxième nuit. Apparemment, ce n'était pas le Fréon mais un gaz encore plus mortel appelé bioxyde de soufre. C'est comme remplir un seau d'ammoniaque et d'eau de Javel et maintenir de force la tête de quelqu'un au-dessus. J'avais laissé sorti un bout de flan au caramel et il est devenu vert fluo en une nuit. Moralité, ne frappe pas sur ton freezer avec un marteau.

J'ai reparlé à Jesse. Il ne divorce plus, à la place il achète des nouvelles cartes de crédit.

---

1. Fender a été acheté par CBS au début de l'année 65. – 2. Fameux cascadeur américain. Les motos qu'achète Cobain, à ce stade de sa carrière, sont des jouets.

Maquette POUR TOUCH AND GO

La facette SCRATCH ACID de NIRVANA

Floyd The Barber
Spank Thru
Hairspray Queen
Mexican Seafood
Beeswax
Beans
Paper Cuts

Big Cheese
Love Buzz
Aero Zeppelin
Pen Cap Chew
Montage d'enfer

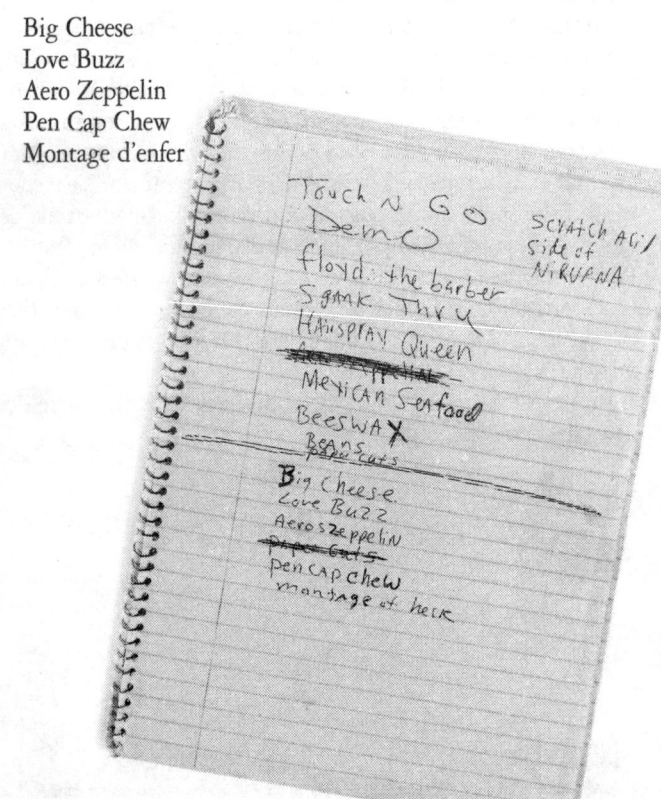

Listed Price/HR

CALL
no price

BASIC TRACK PRODUCTIONS
8-Track $15/hr

Tri West Recording
#15/hr 8 TRACK

will
call me
back in
a half
hour

here 50 BUCKS or TAPE (3hrs mix)
SAT SUN All day 4:00
by 16 17
Sun

how much per Hour for a 3 piece band

40 min material
half overdubs Guitar vocals

BLACKwood Laird
8 track
michael lord prod.
16 Track Recording

weekends this month?
About 10 hours
evening 5:30 10
16 17

24   31

engineer?
Located?

I want to do a master for a pressing

American music
APeX
half inch Reel Reel

So. side seattle
SEA TAC Airport
21040 5th Au So. Seattle

Led Zep – « No Quarter » live la moitié
Juggernaut – « Slow Death »
Cowsills[1] – « Hair »
Queen – « Dragon Attack »
Devo – « Girl U Want » live
Zombies – « Summertime »
Talking Heads – « Don't Worry About The Government »
Melvins – « Forgotten Principles »
Leadbelly – « They Hung Him On A Cross »
AC/DC – « Soul Stripper »
REM – « 1,000,000 »
PIL – Whatever
Lush – « How Does It Feel To Want »
Flipper – « Shed No Tears » – HA HA HA

Soundgarden – « Heretic »
Blue Oyster Culture Club – « Kick Out The Jams[2] »
Metallica – « The Thing That Should Not Be »
Psychedelic Pistols – « Pulse »
Sexedelic Furs – « Bodies[3] »
Soul Asylum – « Ain't That Tough »
Jane's Addiction – « 1 % »
Necros – « Blizzard Of Glass »
Roy[4] – « In Dreams »
Green River – « Ozzy »
Aerosmith – « Nobody's Fault »

---

1. Groupe obscur de la fin des années 60 spécialisé dans les harmonies vocales façon Beach Boys/Turtles. – 2. Blue Oyster Cult a effectivement joué live le « Kick Out The Jams » du MC5. Pas Culture Club… – 3. Cobain mélange Sex Pistols et Psychedelic Furs et inverse les titres de leurs chansons. – 4. Roy Orbison.

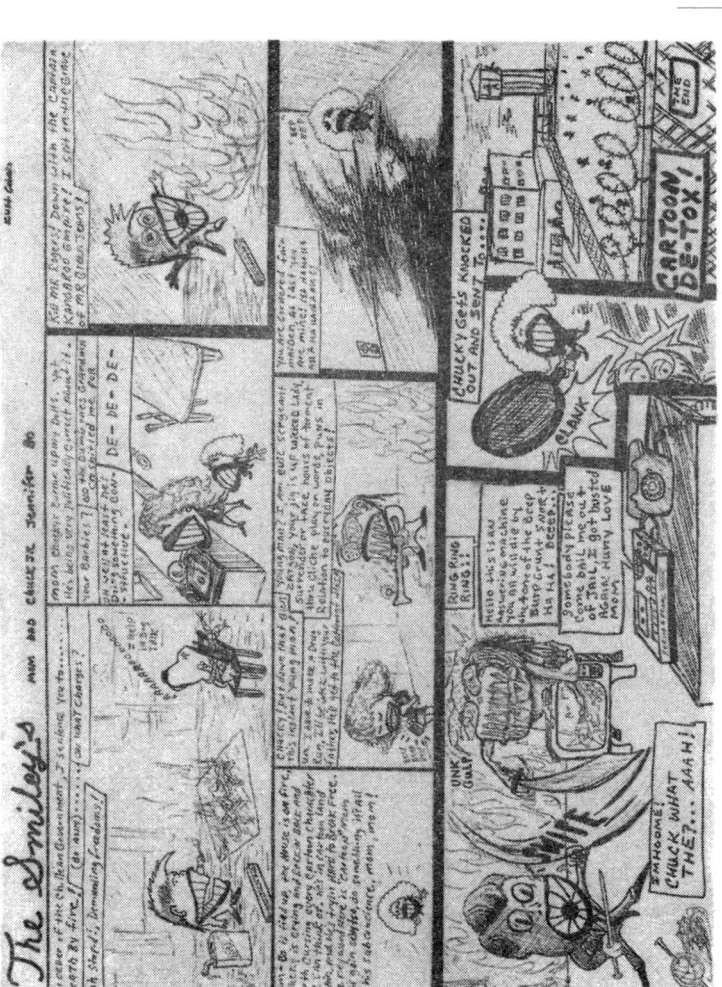

Bavons sur le Prog-Rock

Des tonnes de participes présents. Plein de mots qui se terminent en «ant». Comme masturbant, exagérant, mâchant mâchonnant une plantureuse matrone hippie à gros seins assise dans les bois de Notthingham dans le brouillard du petit matin. Écoutant «Stairway To Heaven» en enfilant des perles. *Pas* en se maquillant. En rythme, des bulles sortant des tempes d'Aqua Man[1]. Jaillissant d'un collier en cristal. Le cou étranglé par des cordes de piano. «J'ai des amis sur la terre et dans les cieux.» Et la mer M. Français? «Je barbote car je suis devenu un minuscule elfe dansant maître zéphyr de la flûte de Pan.»

Vendu à plus d'un billion de baudruches rien qu'en Europe! Les baudruches sont des poupées gonflables farcies de sangsues et d'un mélange de racine de gingembre, thé Pennyroyal[2], ginseng, vitamines B, herbe fraîchement coupée, sans oublier une livre de viande pourrie de veau (ou agneau) réduite en poudre.

Dr Bronner l'exige! Appliquer le mélange pour baudruches nu dans la forêt. Diluer! Diluer! M. Merlin. Diluer! Diluer! Jeter de minuscules parcelles de paille de fer dans les yeux d'une icône culte. Mâle. Ici et maintenant dans la forêt, retourner à la nature. Son souffle est visible tandis qu'il expire l'air de ses naseaux de taureau. Raclant la terre de ses pattes arrière tandis qu'il monte la matrone. Rien à faire, le sexe resurgit toujours.

Buffy et Jody passent à l'action. Rick Wakeman[3] fait la bande-son.

---

1. Personnage de BD qu'affectionnait Cobain. – 2. Boisson aux propriétés censément abortives et titre d'une chanson de Nirvana sur l'album «In Utero». – 3. Figure emblématique du rock progressif des années 70 avec Yes puis en solo.

Hello tout d'abord j'aime ce que vous faites…

Jesse Helms[1] est un sale pédé.
Le Sorcier Impérial du Ku Klux Klan est un nègre.

Suis-je coupable d'être si branché ?

Il n'est plus question de branchitude ou autre fadaise du genre pour ce garçon dont le nom est. Hello c'est mon nom. Je pensais l'autre jour à mon nom et je me disais que j'allais vous écrire mais *PAS* en fonction de mon nom, même si cette phrase peut vous avoir fait croire le contraire. Je ne serais qu'un imbécile si je pensais avec modestie. Comment la puissance des gaz émanant du côlon de tant de célébrités pourrait-elle rendre hommage à la grandeur d'une telle branchitude ? Puis-je me débrancher ? J'avais fait une mauvaise chute. Je boitais.

Je traînais la jambe avec les meilleurs d'entre eux. Je suis maintenant arrivé à la conclusion que j'ai été confus pendant de nombreux jours et j'adore à présent ces nombreux jours et beaucoup de ceux que j'avais accusés à tort d'être branchés. Ceux qui se réunissent pour célébrer ensemble leurs affinités communes à si juste titre. Ils partagent les mêmes choses. Ils se cherchent et se trouvent. Alors, fuck.

Je suis en paix.

Tu es un brave garçon.

1. Politicien américain républicain férocement anti-gay.

«MONTEVISTA» 50, Tacoma Way

Rien que le nom suinte l'enfer suburbain de troisième zone. Je suis entré pour acheter un jack. Après quoi j'ai remarqué un tas d'amplis derrière une porte vitrée coulissante. Il y avait les nouveaux Peavey, Marshall et Fender. Après avoir regardé les prix, je me suis rabattu sur les amplis d'occase. J'ai repéré un vieux Fender. C'est le modèle qui fait à peu près quatre pieds[1] de haut avec six speakers. En gros, un twin reverb. J'ai fermé la porte, branché la guitare d'essai sur l'ampli cheap et déconné avec la réverb et le vibrato. Ça sonnait plutôt cool, un peu façon Cramps. Merde, il coûtait seulement 200 dollars, un peu pourri, ça me branchait bien. Je me suis dit, putain, tant pis, et j'ai poussé les potards à fond pour voir ce qu'il avait dans le ventre. À ce moment précis le type cool et sympa et suave et tout ça du magasin s'est pointé et a baissé le son. Il arborait un sourire d'hypocrite et m'a dit «Ça donne, non?». J'ai répondu «Ouais mec».

«Je peux le payer en plusieurs fois?» Il a répondu «Pas de problème, 20 dolles tout de suite et ensuite 15 par semaine pendant 90 jours?» «Géant». Comme il s'est cassé, je l'ai remonté à donf mais il est revenu avec son sourire constipé et l'a baissé de nouveau. Quel connard. J'aurais dû balancer l'ampli à travers la putain de porte vitrée. À la place, j'ai dit «meeeerde!» Et je me suis tiré. Ce vieux Fender serait tombé en ruine de toute façon.

1. 1,22 mètre.

"MONTE VISTA" SO TACOMA WAY

The name even reakes of
suburban subdivision Hell. I walked
into the place to buy a patch cord.
After I bought it I noticed a bunch
of amps behind a sliding glass door.
There were new Peavys marshalls
Fenders. After Gawking at the
list price I checked out the
used amps. I noticed an old
Fender. It's the kind thats about
far feet tall and has SIX
tens in it. It's basically a twin
reverb. So I closed the door, plugged
in the cheap Peavey tryout
gee-tar And fucked around with
the reverb & tremolo. It sounded
pretty cool kind of like the
cramps. Shit it was only $200.00,
kind of beat, so I was
interested. Fuck it, I cranked it
up way loud to see what kind
of balls it had. Right then
mr. Suavo Cools friendly
store dude walked in and turned
it down. He had a shit eating
grin on and said "Jams eh"
I said "yeah man.

Le thème de «Globe Trotters»
«Lucy In The Sky» – William Shatner[1]
«The Sensitive Little Boy» – disque pro-gay
«Pusherman[2]» – Bande-son «Superfly»
«She's Got You» – Patsy Cline
«Frustrated» – Chipmunk Punk (Knack)
«Keep Yer Hands Off Her» – Leadbelly
«Java» – Floyd Cramer[3]
«In Love»/«Honey» – Marine Girls
«Molly's Lips[4]» – Vaselines
«Ballad Of Evel Knievel»
«Something Like That» – Niggers With Attitude
«TV Girl» – Beat Happening
«Scratch It Out» – Go Team[5] (Tam chante)
«Bikini Twilight» – moi et Calvin et Tobi
«He Never Said A Mumblin' Word» – Leadbelly

1. William Shatner, le Captain Kirk de *Star Trek*, a commis vers la fin des années 60 un album de récitations de classiques pop. – 2. L'une des chansons les plus connues de Curtis Mayfield. – 3. Pianiste de studio réputé dans les années 50. – 4. Nirvana reprenait cette chanson que Cobain a chantée en duo avec Eugene Kelly, le leader des Vaselines écossais, au festival de Reading en 1991. – 5. Go Team : le collectif à géométrie variable drivé par Calvin Johnson de Beat Happening et Tobi Vail (deuxième fiancée «sérieuse» de Cobain) avant qu'elle ne forme Bikini Kill.

Telly Savalas[1] lubrifie son crâne et bourre, dedans-dehors! L'enfonce puis le retire du cul d'une autre star télé. Le cul de qui? Aucune importance. N'importe comment, c'est un moyen facile pour se marrer instantanément.

Est-ce que c'est la meilleure forme d'évasion? NON. Le sexe est sale. Le sexe est surestimé. «Je ne veux pas qu'on me touche quand c'est fini.» «Ça ne valait pas le coup de tromper mon partenaire.» Ça lui a pris trois jours pour comprendre pourquoi il était déprimé. Après coup, ses potes ont approuvé en émettant des ricanements et des pets retentissants. Par ailleurs, les poils de barbe de Telly m'ont écorché l'intérieur du côlon. Ne vous laissez pas abuser par une calvitie brillante et huilée. Son cou était un marteau-piqueur. Très talentueux. Schecky Greene[2] s'est mis de la partie. On a fait flamber la carte bleue. Pas de problème, je suis un flambeur. Tous mes amis célèbres sont ici avec moi. Ici à Las Vegas. Nus, rasés et huilés. Ces figurines grandeur nature se rangent aisément dans mon placard. Une sucette vous savez où. Suce suce suce sucette.

1. Interprète de Kojak. – 2. Populaire comédien américain.

OH je suis si incroyablement fier de toi. Une victoire éblouissante pour l'humanité. Peut-être y a-t-il de l'espoir. J'en ai eu les larmes aux yeux et la gorge serrée. À regarder par la fenêtre dans un embouteillage pendant trois heures, voir défiler les petites tondeuses à gazon devant des centaines d'heureux propriétaires, embrasser tout cela d'un sourire et d'un regard radieux rempli de compassion. Tu as réussi. Prends donc un fruit. Maintenant tu peux toi aussi t'acheter des draps pastel, des appareils électroniques et le papier toilette de tes rêves les plus fous. Il te reste tant à apprendre. Des milliers d'enfants aux joues roses, habillés de pied en cap de pantalons et de blousons « stone-washed », des messieurs avec des moustaches, des dames avec des permanentes. Regarde! C'est ma maman. Elle a fait de tels progrès dans l'art du shopping et celui d'assortir les vêtements grâce au luxe qu'offre tout ce choix. Il te reste tant à apprendre. Le rock'n'roll n'en est qu'à ses débuts. Ne cache pas les produits que tu as achetés sous le siège. Prépare-toi à une fouille complète quand tu passeras la frontière pour rentrer. Consulte les prospectus et les tracts sous les essuie-glaces qui te disent où trouver crédit et représentation légale. Je suis content pour toi. Et reproduis-toi je t'en prie. Nous faisons tout ce que nous pouvons ici aussi.

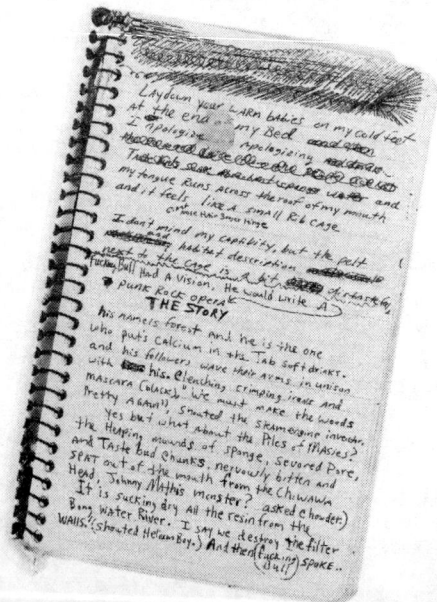

Pose tes babies chaudes sur mes pieds froids au pied de mon lit. Je m'excuse. En m'excusant je passe ma langue sur mon palais et ça fait comme une petite cage thoracique.

Ma captivité ne me dérange pas mais la peau de bête et les conditions d'habitation à côté de la cage sont d'assez mauvais goût.

Fucking Bull eut une vision. Il allait écrire un :
opéra punk rock

L'HISTOIRE

Son nom est forêt, c'est celui qui met le calcium dans les sodas Tab et ses disciples agitent les bras à l'unisson avec lui. Agrippant des fers à friser et du mascara (noir), l'inventeur de la machine à vapeur s'exclama : «Nous devons rendre à nouveau les bois exquis.» Oui mais que faire des tonnes de matière? Les tas d'éponge, bouts de pores, morceaux de papilles nerveusement mordus et recrachés par la bouche de la Tête de Chihuahua, le monstre Johnny Mathis[1]? demanda Chowder

Tout cela aspire la résine de la rivière Bong Water[2]. Je dis qu'il faut détruire les MURS du filtre! (cria le garçon-hélium). Puis Fucking Bull prit la parole...

Il cracha une petite boule de tabac brun mousseux des veines asséchées des croyants new age. Elle fut immédiatement absorbée par la terre, ce qui lui rappela que l'état des bois était plus préoccupant qu'il ne le pensait. Puis il dit : «Mes amis, crachez et observez la soif du sol.»

Et tandis que cinq êtres crachaient et contemplaient, les morpions de Tony DeFranco[3] apparurent et engloutirent le peu d'humidité présente avant d'être écrabouillés, réduits en miettes et bientôt consommés par nos héros. La fête fut célébrée avec une

1. Fameux crooner noir américain surnommé *The Velvet Voice* (la Voix de velours). – 2. Chilum ou pipe à eau – 3. Le Canadien Tony DeFranco fut brièvement l'idole pubère des adolescentes du début des années 70 au sein du groupe familial les DeFrancos.

offrande fraîchement pressée de mortadelle graisseuse et de morceaux de pepperoni remplissant jusqu'à ras bord le crâne d'un ancien bébé non désiré des années 90.

Mais tout cela n'explique en rien notre infortune, grommela Butt Chowder. Par pitié, dites-nous-en davantage, Fucking Bull. Et Fucking Bull parla de nouveau.

Dans mon hallucination j'ai vu des stoners détruire une église sans toit avec seulement trois murs. Il y avait des bougies, beaucoup de bougies. La Vierge Marie était accrochée par le dos à un crochet de boucher et l'un des stoners mâles s'exclama «Moi le preum avec cette pute!» Puis il stoppa net, sa main effleurant seulement la poitrine ferme, remarquant à quel point elle était douloureusement belle, pure et blanche, paisiblement enveloppée de poulet et de fil barbelé sans encore arborer le signe de l'anarchie bombé au spray sur sa robe. Il se tourna alors lentement vers ses potes, quelques larmes coulèrent le long de son horrible visage boutonneux et il cria : «CE N'EST PAS BIEN! NOUS DEVONS ARRÊTER!» L'une des filles stoner commença à se balancer sur un pied, cambra son cul délavé, prit une grosse taffe de Lucky Strike, une expression très cool, absente/défoncée sous sa couche de fard à paupières (bleu) plus épaisse que si ses yeux avaient été maquillés à la morve, exhala la fumée et d'une voix asthmatique et groggy, lâcha «et alors, on s'emmerde». Les autres se mirent immédiatement à s'agiter dans tous les sens en hurlant «whoo hooo» (avec ce timbre de voix qui signifie : je suis très bourré, surexcité et un idiot intégral!). Ils cassèrent et brûlèrent et graffitèrent Black Flag et DRI, et aussi Dokken et Whitesnake. Puis devinez quoi? demanda Fucking Bull.

Quoi? Qu'est-ce qui s'est passé? s'enquit Butt Chowder. Fucking Bull dit : Quelque temps après, vandaliser l'église commença à les faire chier et ils partirent s'acheter un gramme. Aussi je suggère que nous connections tous nos énergies vitales à cette antique pipe laitière et que nous nous relaxions, la Rivière ne s'asséchera jamais puisqu'elle est nourrie par les montagnes éternellement dépendantes de l'ennui.

FIN

A finished Anarchy sign spray painted on her Robe.
Then he turned slowly to his mates, and
a trickle of Teardrop Rolled down his
ugly fucking zitted out face and cried:
"This is WRONG! We MUST STOP This!"
and so one of the girl stoners kind of put all her
weight on one foot and stuck her Acid wash Ass out,
took a big drag off of a lucky STRike
cigarette, gave a very cool blank/stoned expression
under those heavily eye shadow (Blue) thicker than
snot lashed eyes, exhaled and in a groggy dry
wheezing, charred lung voice said, "So what were
bored." And the others immediately Ran around
screaming, wooo Hooo (in that tone of voice
that says "I'm very drunk, excited and a Total
idiot") they smashed and Burned and SPRAyed
Black flag, D as well as Dokken and
Whitesnake. then Guess what? Asked fucking Bull,
Bored
WHAT? WHAT happened said
Butt Chowder? fucking Bull said: After
Awhile they became bored with Vandalizing
the church and went away to buy a Gram.
So I suggest we all just connect our vitals
to this ancient cow milking Hookah
And Relax, because the River will never dry
up for it is fed by the mountains which
will Always be Addicted to boredom.

The END

Entre 1976 et 1983, un homme appelé Chuck Taylor a violemment mutilé sexuellement neuf femmes, un homme et un garçon de 13 ans, dans la géniale région de Los Angeles.

Comparé à d'autres prétendus meurtriers «célèbres», le cas de Chuck n'a pas battu des records en termes de victimes, dans un sens purement mathématique. (Non) Pourtant pour ce qui est des rituels bizarres et détaillés (oui). L'histoire de Chuck n'est pas aussi connue que celle de Ed Gein, pour la seule raison que les faits n'ont pas été pleinement révélés jusqu'ici. On savait que Ed Gein portait sur lui la peau de ses victimes et les mangeait, mais Chuck faisait ça aussi et dépassait de loin Ed dans ses rituels. Chuck a consigné chaque jour de sa vie.

La note de suicide trouvée à côté du corps de Chuck. 17 février 1983

Pour qui cela pourrait concerner,

Merci d'excuser l'absence de Chuck de la vie. Je ne m'attends pas à ce que qui que ce soit soit chagriné par ma mort – peut-être seront-ils soulagés, s'ils éprouvent un quelconque sentiment. Je ne peux pas décrire ce qu'est la maladie mentale, j'ai essayé et essayé par l'écriture et avec des docteurs, et ma seule conclusion est que Satan a pris possession de mon âme et de mon esprit, utilisez je vous en prie mon cerveau comme exemple pour essayer de trouver ce qui cloche, comme ce type au Texas qui a descendu ces gens dans la tour. À l'attention de tous les parents et amis de mes victimes, je suis réellement désolé ha ha ha je ne suis pas désolé du tout ha ha ha ha ha bande d'enculés !

Chuck Taylor pas une superstar de basket[1].

1. Il existe effectivement un Chuck Taylor «superstar de basket».

Throughout the periods of 1976 to 1983,
a man by the name of Chuck Taylor Brutally
sexually Tortured 9 women, one man and one
13.yr old boy, within the area of Greater Los Angeles.
In Comparison to other so called "Celebrity"
murderers one wouldn't think of Chuck's Case as a
Record setting toll of victims, in mathematical
sense, (no). yet in Ritualistic Highly detailed, well
planned task for the bizarre (yes). Chucks story haint
became the most well know folk tale as had ED Geine,
simply because facts havent been reveated as in depth
until now, where ED Geine may have wore his victims
skin and ate their flesh, Chuck did that and far
exceeded Ed's descriptiveness for his own so called
Ceremony. Chuck recorded every day of his waking life.

suicide note found with chuck Taylors body Feb.17.1983

To whom It may concern,
Please excuse Chucks absence from life. I
cant I do not expect anyones sorrow for my death
maybe relief if anything. I cant describe what
mental illness is, Ive tried and tried with writings
and doctors and my only conclusion is Satan has
taken over my soul and mind, please use my brain as an
example and try to find out whats wrong, like the guy
in texas who shot those people in the tower. to all the
relatives & friends of my people I'm deeply sorry ol'm
so very sorry Ha HA HA I'm not sorry Ha HA
HAHA HA you mother fuckers Cunt! Chuck Taylor
not a wanabl
StAr.

Né le 1ᵉʳ septembre 1958 à Santa Clara, en Californie, Chuck Joseph Taylor, le fils de Fred et Mary Taylor, était un bébé parfaitement normal et sain, plein de soleil et de joie.

Le premier petit-fils et neveu des deux côtés de la famille, Chuck était le centre de l'attention de tous, souvent l'objet de querelles anodines entre ses jeunes tantes pour savoir « à qui c'est le tour de le tenir ». Fred et Mary s'étaient mariés en sortant du lycée, manquaient de maturité, démarraient juste dans la vie, mais s'étaient déjà habitués à leur vie de Blancs miteux. La dépression ne s'était pas encore installée donc ils étaient à peu près heureux.

Fred avait un sale caractère et bossait sur deux boulots à la fois tandis que Mary, attendant un autre bébé, restait à la maison et donnait au jeune Chuck, à présent âgé de 5 ans, le maximum d'amour, d'attention et d'encouragement. Il adorait les monstres. Tous les genres de monstres étaient pour lui plus intéressants que les super-héros et souvent, contre la volonté de ses parents, il persuadait sa baby-sitter de lui laisser regarder les films d'horreur du vendredi soir, et se mettait à pleurer ou à mouiller son pyjama après quelques minutes.

Pourtant, il persistait : « Le mieux, c'est les monstres. » Il avait d'eux des dessins, des bandes dessinées, des posters, des maquettes et des masques. Bref, une réelle obsession, mais l'essentiel de ses influences provenait de vieux films d'extraterrestres ou de Dracula. Ce qui a rendu perplexes les docteurs qui se sont penchés sur son cas – comment ou pourquoi reproduisait-il de tels comportements horrifiques en jouant avec les poupées de sa sœur; organisant des scènes de nativité meurtrières avec des figurines de Jésus, Marie et Joseph aux côtés de G.I. Joes et de Barbies, les découpant soigneusement et remplissant les trous avec le vernis à ongles rouge de maman, et tout ça le mettait en transes, il se balançait d'avant en arrière en hurlant Allez vous faire foutre sales types allez vous faire foutre.

Born Sept 1st 1958 in Santa Clara California
Chuck Joseph Taylor, & was a perfectly normal
Healthy, Happy baby, full of sunshine and joy.
A first Grandson and nephew for both sides of the
family, Chuck was the center of attention, often hearing
harmless quarrels over "who gets to hold him" between
several young teenage Aunts. Fred and Mary,
just married out of Highschool, were immature & just
starting out, already used to their white trash homestyle.
Depression hadn't set in yet so they were pretty much Happy-
Fred had a short temper and worked two jobs
while mary, with another baby on the way stayed at home
giving young chuck now 5 yrs old more than enough loving
attention and encouragement. He loved monsters. All
kinds, they were more interesting than Super heroes and often
against his parents wisher he would plead with his baby
sitter to let him watch the friday night Horror movies,
and very consistently would end up crying or wetting
his pajamas in fear within minutes of the beginning.
Yet he still insisted, "monsters are the best"
he had drawings, comic books, posters, models and masks
Truly an obsession, but most of his influences were
cheery old space invader or Dracula movies. which has
baffled doctors on his case of wich, why or how he
possibly think up such vulgar re enactments of
horror while playing with his sisters dolls. arranging
nativity scenes of murder with Jesus mary and Joseph
figurines along with, G-I Joes and barbie's, cautiously
cutting holes in them filling them up with moms red
nail polish, finding him in a trance like state rocking back
and forth screaming fuck you bad peoples, Fuck you

Il était également très ordonné lors de ses attaques, il s'assurait toujours que des journaux étaient posés par terre et qu'une serpillière était disponible, les couteaux et les allumettes sur une vieille boîte à cigares, les lumières tamisées, les rideaux fermés, vêtu du même vieux sweat-shirt de foot bien trop petit, pas de futal et, le plus important, que papa ne soit pas à la maison.

Il y a eu de nombreux épisodes douloureux. Sa sœur cadette Jenny était souvent incapable de se défendre contre les assauts agressifs de Chuck, qui était tout le temps en train de la coincer, s'asseyait sur son visage et pétait, jouait aux devinettes avec elle, l'attachait à une chaise, lui masquait les yeux, la chatouillait jusqu'à ce qu'elle mouille sa culotte, après quoi il la forçait à avaler ses sécrétions, et régulièrement pratiquait sur elle des attouchements sexuels.

« Il ne pratiquait pas les mêmes tortures que les autres grands frères, comme par exemple d'exhiber un grain de raisin et de s'entendre dire que c'est un œil de chat. Chuck me donnait du tobasco sur son doigt qu'il avait au préalable mis dans son anus, qu'il s'agisse des liens du sang ou autre, je ne pouvais pas m'empêcher de me sentir navrée pour lui, parce que c'était lui qui voyait tous les abus que mon père infligeait à ma mère. »

Presque tous les soirs, Fred Taylor rentrait à la maison d'un job dégradant et minable, intoxiqué, affamé et en colère. À 19 h 30, comme un rituel, Chuck voyait son père à la porte de sa chambre, titubant, le visage transfiguré par la haine. « Viens par ici, c'est le moment de voir à quel point ta mère s'est mal conduite aujourd'hui, arrive, bordel ! Radine ton petit cul par ici ! » Tout en l'attrapant par le cou.

He was usually very clean about his seizures. He always made sure there were newspapers down and a wash rag handy and the knives and matches were on an old cigar box. the lights dim, curtains closed, the same old football jersey that was way too small, wearing no pants. And most important to make sure dad wasn't home.

Recalling many painful instances, his younger sister Jenny was often unable to defend for herself against Chucks agressive abuse. he was always holding her down and sit on her face and farting, talking her into a guessing game, tied to a chair and blind folded tickled till she peed her pants and then forced to taste a collected sample and regularly sexually explored her,

"He wouldn't do the usual tortures like other older brothers, like a simple peeled grape and being told its a cats eyeball, chuck would always give me tabasco sauce or his soiled finger that had been up his Anus, call it relative blood or whatever. I still couldn't help but feel sorry for him, because he's the one that witnessed dad's abuse towards mom."

Almost every night Fred Taylor came home from a degrading laymens job intoxicated, hungry and very angry. as if it were a routine at 7:30 each nite chuck would be greeted by his dad standing in his bedroom doorway swaying back and forth with a transfixed hateful expression. "Git in here boah its time to see how bad yer mumma's been today, come on Goddamnit! Git yer fucking little wimpy ass in here! grabbing him by the neck, chuck would be pushed into his parents bedroom. the door slamming shut and mom already naked huddled on a

Chuck était alors traîné dans la chambre de ses parents, porte claquée, et maman était déjà nue, renfrognée dans le coin du lit, éplorée, sachant qu'elle devrait peut-être mieux en finir avant que le dîner ne soit froid. Il enlevait sa ceinture et baissait son pantalon, puis battait, violait et sodomisait Mary, et Chuck avait ordre de regarder tandis que Fred répétait le même scénario nuit après nuit. Tu vas grandir et devenir un homme, Chucky. Un homme ! Tu vois cette salope ? Elles ne sont bonnes à rien à part cuisiner et baiser ! Toi, tu vas aller à l'école et devenir docteur Chuck bordel de merde. Tu ne vas pas être comme moi tu m'entends ? Mocheté. Un bon garçon, c'est le mien espèce de putain de salope ! Mocheté ! Mocheté ! En t'épousant il a fallu avoir des enfants, eh bien ils vont être des gens bien, pas comme toi, espèce d'horrible salope. Chucky ? Qu'est-ce que tu vas faire ? Tu vas être un gagnant ou quoi ? Je ne t'entends pas ! Oui, un gagnant papa. OK maintenant casse-toi. On ne demandait jamais à Jenny de regarder ça, sans doute parce que son père pensait qu'en grandissant elle pourrait attraper un homme riche qui les ferait vivre tous les deux, papa et maman.

« Chuck ne parlait jamais de ça quand je le questionnais et je me sentais si désolée pour lui que j'ai dû ressentir moi-même son besoin autodestructeur de parer à ces abus et Chuck lui-même avait une façon très intelligente et pernicieuse de mélanger le jeu, la rigolade et les excès. Une minute on était en train de jouer, celle d'après il me cognait, entré dans une phase Dr Jekyll et Mr Hyde, et puis, quand sa tension se trouvait soulagée, me consolait pour que j'arrête de pleurer, me suppliait de ne rien dire à maman et qu'il ne le ferait plus jamais. Des bonbons ou des jouets suffisaient toujours pour une fillette de 4 ans, et si ça ne marchait pas, alors les menaces faisaient l'affaire. »

Corner of the bed in a natural crying plead
knowing that she might as well get it over with before
dinner gets too cold. Taking off his belt, loosening his
trousers Fred would beat Mary Rape and Sodomize
her ~~just hard enough to be classified as STD~~
during the intercourse chuck was commanded to
watch while Fred stared at his son and Repeated the
same speech every night. Your Gonna Grow up to
be a man Chucky. A man! you see this winch?
theyre good for nothin but cookin and fuckin! your
Gonna goto school and yer gonna be a docter chuck
Goddamnit your not Gonna be like me you hear? ugly
A good Boy that's my Boy you fuckin Bitch! ugly! ugly
turning to mary you had to have kids, well these
kids is Gonnt be fine people not Bad like you
ugly fucking Bitch! Chucky? what you Gonna do Boah?
A winner I can't hear you! a winner dad OK now go
on Git. Jenny was never asked to witness this probably
because dad thought ~~it~~ when she gets older she could
leech off of a rich Boy and support ~~me~~ Daddy and mimma
(Chuck would never talk about it when I questioned
him i felt so sorry for him that i must have felt this
self destructive ~~so~~ need to put up with his abuse and
chuck had a very clever and sly way of mixing laughing
playing and having fun with abuse. one minute ~~we~~
we would be playing & the next he would hit me
and go into a Jeckyll and Hyde personality then when his
teasion was relieved he would comfort me to stop my
crying begging me not to tell mom and Hell never do it
again. Bribes of candy or Toys were always a good pay off
for a 4 yr old little girl, and if bribes didn't work
threats usually would.

Armée de bonnes intentions, ayant remarqué des signes anormaux d'hyperactivité et reçu de nombreuses plaintes de l'école, Mary Taylor passait beaucoup de temps à aider Chuck à se sentir plus calme. Après tout, «si le valium calmait ses nerfs, alors pourquoi pas ceux de Chuck?» Les longues conversations, la lecture et une attention soutenue paraissaient améliorer un peu la situation, mais les effets à long terme des anxiolytiques semblaient jouer sur ses nerfs un peu trop fort, ce qui suscita de nombreuses visites chez le docteur, pour traitement de l'hypertension et de crises d'épilepsie. Chuck, à présent âgé de 9 ans, était déjà très habitué aux médicaments.

L'école maternelle était cool, Chuck semblait avoir quelques bons amis et la volonté d'apprendre lui conféra de la part de son professeur la remarque toujours agréable d'être «un plaisir d'enfant à avoir en classe», mais progressivement, pendant le cours préparatoire et le CE1, la personnalité débordante de Chuck lui causa quelques ennemis, particulièrement les filles, les jolies avaient peur de lui et il cognait les vilaines. Punir les gens peu séduisants à un si jeune âge allait être révélateur pour sa vie future. Ainsi que quelques psychologues le proclamèrent, tout commença lorsque Chuck, prochainement «un homme responsable» d'après son père, eut la charge de s'occuper d'un chaton retardé d'une portée de sept qui disparurent d'ailleurs tous dans la litière de leur mère Snowhite, le chat de sa sœur. On s'attendait à un sac jeté dans la rivière, pas à une décapitation, l'estomac arraché, les entrailles étalées sur le museau et la langue de Chuck pourléchant plusieurs fois de suite sa poitrine. Quand les psychiatres le questionnèrent à ce sujet, Chuck répondit:

With good intentions and noticing traces of
Abnormal hyperactive behavior and numerous complaints from
school Mary Taylor devoted a lot of time in helping Chuck
became more relaxed. after all if "valium helped her nerves,
then why not chucks"! the long talks and reading time
special attention seemed to help some, but the long term
affect of downers seemed to counteract to his nerves
A bit too strong. with bore the many trips to the doctors
for Treatment of hypertension and involuntary nervous seizures,
chuck now 9 yrs old by this time is very used to medications.

School was fine in kindergarten, he seemed
to have a few good friends and willing to learn gave him the
everpopular standard mark by his teacher as "A pleasure to have
in class". but gradually thru 1st and second grader chucks
over bearing personality gave him quite a few enimies
especially with girls, the pretty ones were afraid of
him and the ugly ones got beat up by him. Condemning
unatractive people at such an early age proved to be a key
relation to his antics later on in life. As a few
psychologists on chucks case agreed it started when chuck
now proclaimed "A future responsible man", by his father
was asked to dispose of a retarded kitten one of seven
wich eventually dissapeared also in a litter of his sisters
momma cat sno white. A Gunny sack in the river was
expected not decapatation, cutting its
stomach out, spreading the innards on his face And
Repeatedly running his tongue on it's rib cage. when
questioned of this by one of the psychologists
chuck Replied

«Je voulais savoir si mon palais avait le même goût qu'une cage thoracique et vous savez quoi? Oui! Tout le monde dans cet univers possède des cages thoraciques dans la bouche. Cool, non?» Il insista également sur le fait que les petits pois contiennent de la purée. D'après sa mère : «Il avait l'air d'avoir un différent animal domestique tous les mois. Ce n'est que des années après son départ que nous avons trouvé tous les os d'animaux dans la cave.»

En dehors de cette redoutable hyperactivité, les gamins qui le connaissaient ne pouvaient faire autrement que d'admettre que Chuck avait un sens de l'humour très bizarre mais efficace, qui lui valut de devenir le clown attitré de la classe et lui amena quelques faux amis qui profitaient de lui seulement pour voir le prochain gag, toujours destiné à blesser, effrayer ou humilier quelqu'un, et, arrivé à la sixième à l'âge de 12 ans, il fut pour la première fois viré de l'école pour avoir déféqué dans une serviette en papier et l'avoir jetée sur la tête d'un prof impopulaire.

Et quand on le laissait à l'école, c'était mieux car il récoltait plus d'attention de la part de ses pairs.

"I wanted to see if the roof of my mouth felt the same as a rib cage, and you know what? it does! everybody in the world has rib cages in the roof of their mouths. cool Huh? He also insisted that peas have mashed potatoes in them." His mother remembers "He seemed to have a different pet each month it wasn't until after he moved out" we found all the animal bones in the basement."

Over looking his serious Hyperactivity kids that knew him couldn't help but admit that Chuck had a very Bizarre yet funny sense of humor, this humor crowned him the class cut up and falsely gave him friends who took advantage of him just to see the next Gag which was always directed towards hurting, scaring or humiliating an individual, and by the 6th grade at age 12 he experienced his first expell from school by defacating in a paper towel and hurling it into the face of an unpopular teacher. and when he was let back to school it was well worth it for he had even more attention from his peers.

Sur toutes les *batteries* : virer la Charleston

Downer – Refaire tous les vocaux et trouver quelqu'un avec une voix grave pour les doubler sur un ton monocorde
Refaire toutes les parties de guitares et de basse.

Floyd – Refaire la basse – Ajouter une guitare

Paper Cuts – Ajouter guitare – Doubler les harmonies vocales – Refaire la basse

Spank Thru – Refaire la basse

Hairspray Queen – Refaire tout

Pen Cap Chew – Refaire tout

Mexican Seafood – Refaire guitare batterie voix (batterie de Dale)

Erectum

Love Buzz – Big Cheese – Erectum – Weirdo
Beeswax – Aerozeppelin – Vendetagainst
Annorexorcist

Fear – « We Gotta Get Out of This Place »
Gary Numan – « It Must Have Been Years »
PIL – « Annalisa »
Elvis Costello – « Pump It Up »
Pop O Pies[1] – « I Am The Walrus »
Tales of Terror – « Chambers of Horror »

AMENER CAISSE CLAIRE

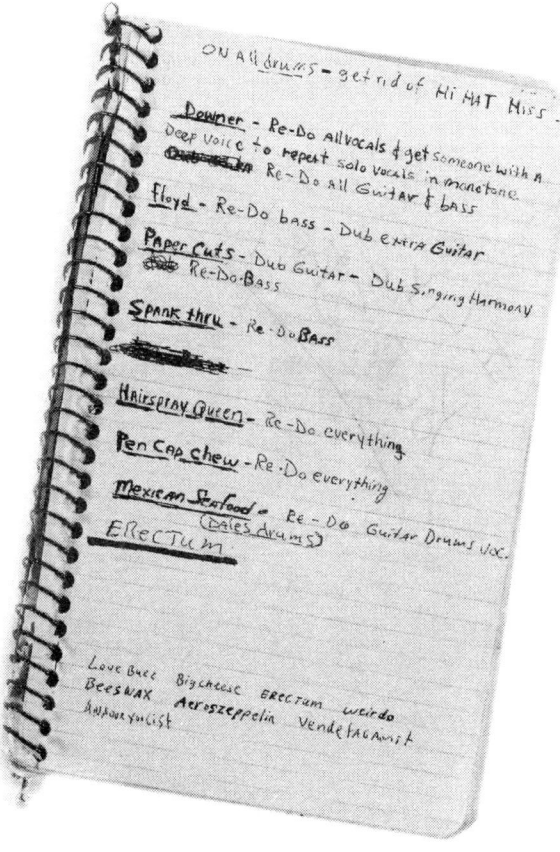

1. Groupe-gag de reprises et pastiches animé par un dénommé Joe Pop-O-Pie, natif du New Jersey.

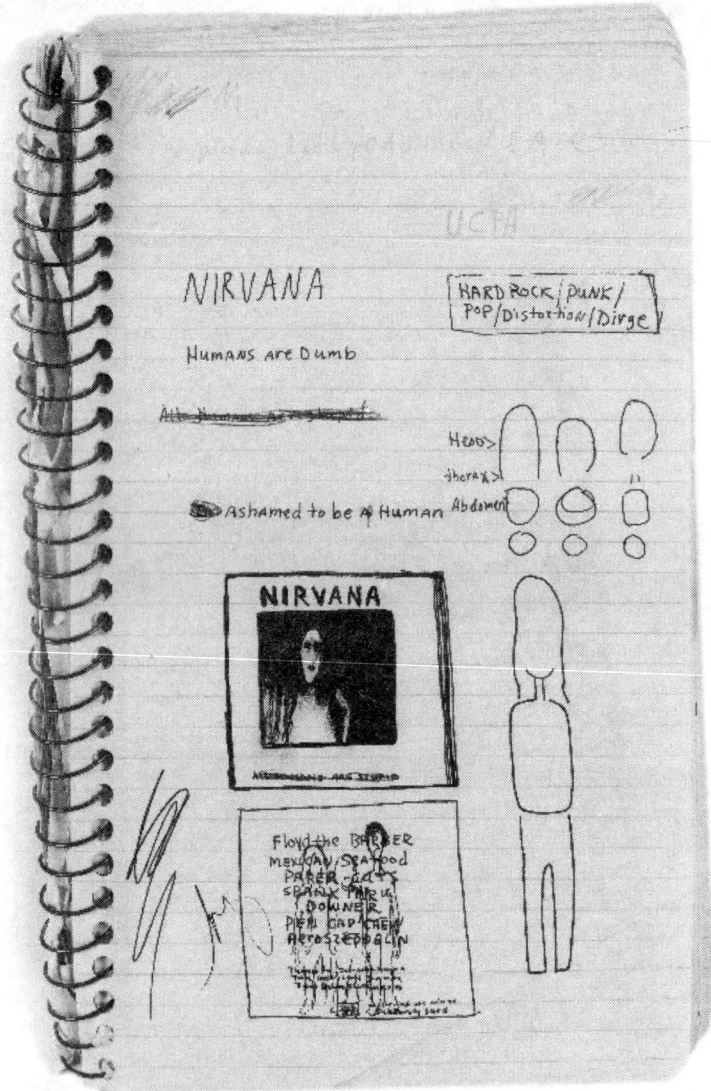

116 Projet de pochette pour «Bleach».

Le Critique Déifié

La première chose que j'ai faite, c'est brûler tous mes bouquins de Charles Bukowski. J'ai sorti du papier alu et l'ai étalé par terre. Déchiré en petits morceaux ces entrailles dégoûtantes de littérature-plancton, et craqué une allumette. Puis j'ai éteint la lumière et contemplé les flammes en même temps que des films super 8 réalisés sous l'influence de cette vie que j'avais décidé de changer. Mes créations se résumaient à l'habituelle merde gore sanguinolente, avec enculage de marionnettes en prime et, oh, l'effet « télé psychique[1] » créé par des motifs arty bougeant et flottant de façon surréaliste éloquente. Conneries, en fait c'était comme d'assister à une réunion d'agents immobiliers, mais ça faisait un joli fond pour ma voie MTV vers Dieu. Dieu. Dieu. Dieu. J'ai les jambes croisées, un chapelet au flanc gauche, une bible à droite, me voici coincé au milieu avec vous. « Coincé au milieu avec vous[2]. » C'est de qui cette chanson ? Atlanta Rhythm Section ? Steve Miller, hum, Dieu. Atlanta Rhythm Section est composé de mecs au look supérieurement abruti, comme ce type avec ses cheveux huileux et ses lunettes à grosses montures noires. Mais la palme de la rock-star la plus atroce des années 70 revient à ce mec de Slade, le connard avec une frange minuscule très haute sur le front. « Il ressemble à Woody des Bay City Rollers. » Je connais un môme à Aberdeen qui est le portrait *craché* de Woody. Seigneur, vous ne le croiriez pas, les mêmes dents et le même nez. J'adorerais ressembler à Woody, parce que alors je pourrais former mon groupe et jouer « Saturday Night[3] ». Kiss s'est-il produit à « Saturday Night Live » ? Naan, ils auraient pas pu, les fans auraient démoli le studio et frappé Don Pardo[4]. J'adorerais être l'un de ces gamins sur la pochette de « Kiss Alive », ceux qui tiennent les banderoles. Kiss. Je n'aime même pas Kiss.

Les quizz rock. Bon dieu j'en ai tellement marre des quizz rock, tu parles d'un challenge, qu'est-ce que je vais faire quand je serai

---

1. Référence voilée à Psychic TV, groupe expérimental formé par l'ex-leader du fleuron de la cold wave anglaise, Throbbing Gristle. – 2. « Stuck In The Middle With You » de Gerry Rafferty, hit des 70's récemment remis au goût du jour *via* la bande-son de *Reservoir Dogs* – 3. Le plus gros hit des Bay City Rollers. – 4. La « voix », devenue fameuse, de « Saturday Night Live ».

vieux si je sais déjà tout sur le rock'n'roll avant d'avoir 19 ans ? Et Dieu sait qu'il n'y a rien à apprendre de tous ces groupes de plagiaires nazes des 80.

Ah ouais, j'ai décidé que j'allais finir par devenir héroïnomane et me décomposer lentement dans les rues de l'Idaho ou n'importe quel État ordinaire du genre. Je m'emmerderai tellement que je passerai mon temps à lire des trucs sur ce que j'ai traversé et comment je suis délibérément resté candide, parce que toi Monsieur Rock Critic, tu vas t'emmerder quand tu seras vieux. T'emmerder t'emmerder t'emmerder. Comme moi et comme les vieux d'aujourd'hui. Je ne veux pas être le grand-père d'une petite fille qui changera mes couches souillées pendant que je mastiquerai des biscottes, m'accrocher à l'existence dans le seul but de pouvoir raconter ma vie en radoteur professionnel. D'ailleurs ma mémoire est déjà flinguée à cause de toute l'herbe fumée il y a quelques années. J'ai vu ces hippies au Merle Griffin Show [1] expliquer qu'ils avaient du spray nasal pour augmenter la mémoire, j'ai vu aussi ce couple qui jurait qu'avec l'entraînement approprié, « on pouvait avoir dix orgasmes avant d'éjaculer », *sûr* si tu t'attaches un élastique au bout.

Toutes ces pensées merveilleusement importantes et profondes m'ont empêché de me rendre compte que la baraque entière était remplie de la fumée des bouquins de Charles Bukowski, et qu'une flamme de taille fort respectable léchait à présent les rideaux, ce qui m'a alarmé. Je n'ai eu que quelques minutes pour sortir, tant pis pour Dieu.

1. Populaire talk-show américain.

Maladies Sexuellement Transmissibles dans l'espresso du Smithfield.

Green River[1] – « Ain't Nothin To Do »
Dead Boys – « Dead River Boys »
Dicks – « Police Force »
Clown Alley – « On The Way Up »
Vox Pop – « Production »
Skin Diver – « Old N° 7 »
Shocking Blue[2] – « Hot Sand »
Bangles – « Hazy Shade Of Winter »
The Eyes – « Don't Talk To Me »
Saccharine Trust[3] – « Peace Frog »
Big Dipper – « You're Not Patsy »
Big Black – « Crack Up »
Big Boys – « A Political »
Alice Cooper – « Muscle Of Love »
Greg Sage[4] – « Straight Ahead »
Malfunkshun[5] – « Stars And You »
Melvins – « Smell My Finger »
Devo – « Turn Around »
White Zombie – « Ratmouth »
Zombies[6] – « Time Of The Season »
Dicks – « Off Duty Sailor »

Une séquence de cette cassette donnera lieu à une « avance rapide » à chaque écoute
« The Tonsil Song »
HAHAHAHAHAHAHAHAHAHA

1. Pearl Jam et Mudhoney ont débuté dans ce groupe historique de la scène de Seattle. – 2. «Love Buzz», le premier single de Nirvana, est une reprise de ce groupe néerlandais essentiellement connu pour son hit «Venus». – 3. L'un des groupes préférés de Cobain et le fleuron le plus expérimental du label californien SST fondé par Greg Ginn et Chuck Duckowski, membres de Black Flag. – 4. Leader des Wipers. Nirvana apparaît sur deux compilations hommages à Greg Sage et son groupe. – 5. L'un des premiers groupes marquants de la scène de Seattle, emmené par Andrew Wood, qui intégra ensuite brièvement Mother Love Bone avant de mourir d'overdose en 1990. – 6. Groupe anglais des années 60 ayant récolté plusieurs hits aux USA, notamment «She's Not There» en 1965.

Aneurysm

Come on over & do the twist

over do it & have A fit

Come on over & shoot the shit

I love you so much it makes me

sick

she keeps it pumpin straight to my heart

« Aneurysm »

Venez tous vous remuer
Rajoutez-en jusqu'à tomber
Venez tous vous la donner
Je t'aime tant que ça me rend malade
Elle continue de m'atteindre en plein cœur

«Sappy»

Et si tu sauves ta peau
Tu te croiras heureux
Il t'enfermera dans un bocal
Et tu te croiras heureux
Il fera des trous pour que tu respires
Et tu te croiras heureux
Il t'ensevelira sous l'herbe
Et tu te croiras enfin heureux
(Tu es dans une laverie)
Tu as enfin compris Ah

Et si tu te soignes
Tu le rendras heureux
Tu te vautreras dans ta merde

Et si tu guéris

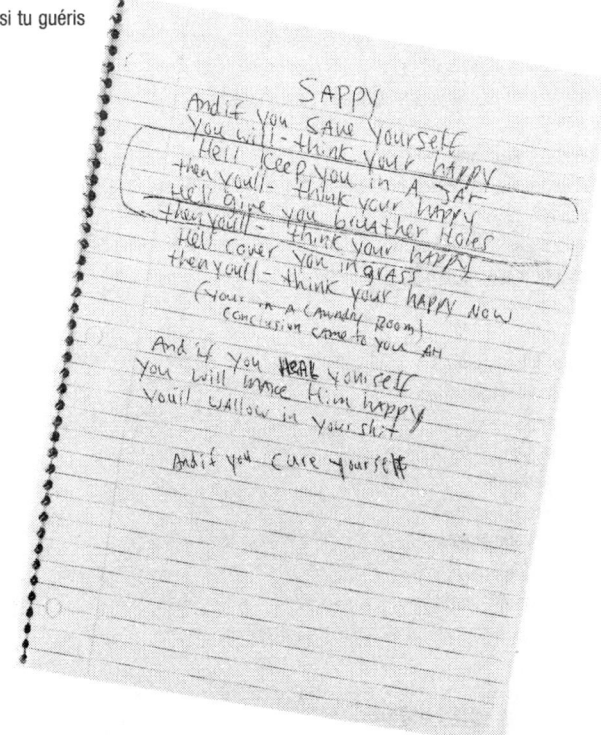

«Verse Chorus Verse[1]»

Rien n'est sacré personne ne veut gagner
Je me sens si amorphe je crois que je vais abandonner
Bouffer des médocs jusqu'à en avoir l'estomac rempli
Je ne voudrais pas faire semblant – si j'avais une âme

L'herbe est plus verte de ce côté
Tu es le brouillard qui me permet
d'y voir clair
Tu es la cause de ma douleur
On se sent si bien quand on
ressent de nouveau

Peut-être quand je serai
plus jeune je refuserai
de grandir
Peut-être quand je serai
vieux je rentrerai
mon ventre
Peut-être quand je serai
prêt on pourrait
essayer de nouveau

1. Retirée de l'album «In Utero», la chanson figure (non créditée) sur la compilation «No
122 Alternative» parue en 1993 chez Arista.

Verse Chorus Verse

Neither side is sacred ~~there's reason~~ no one wants to win
feeling so sedated think I'll just give in
TAkin medication till our stomachs full
wouldn't wanna ~~fake~~ it- if I had A soul

The grass is greener over here
your the fog that keeps me clear
your the Reason I feel PAIN

~~[scribbled out lines]~~

feels so good to feel Again
have to wonder why I'm green
I have to puke ~~YA~~ out of me

Imodium H
Lithium SH
Dive H
Polly S
SAPPY P
token Eastrinsay H
Verse chorus verse P
IN Bloom H
Pay to PlAY N
~~Not like them~~ S I think is dumb
Been A son P

maybe when I'm younger I'll refuse to grow
~~inject~~ ~~Nutrition~~ ~~progress moves too~~ slow
maybe when im older ~~hold~~ ~~stomach in~~
maybe when ~~I'M~~ ready we could try Again

« Dive »

Choisis-moi – choisis-moi yeah
Émets un long signal bas
À l'aise au moins yeah
Tout le monde est creux
Choisis-moi – choisis-moi yeah
Tout le monde attend
Choisis-moi – choisis-moi yeah
Tu peux même les payer
Hey
Plonge Plonge Plonge Plonge en moi
Embrasse ci et embrasse ça yeah
Émets un long signal bas
À l'aise à l'aise yeah
Tu peux être mon héros
Choisis-moi – choisis-moi yeah
Tout le monde attend
Frappe-moi Frappe-moi yeah
Haïr est l'un de mes grands talents

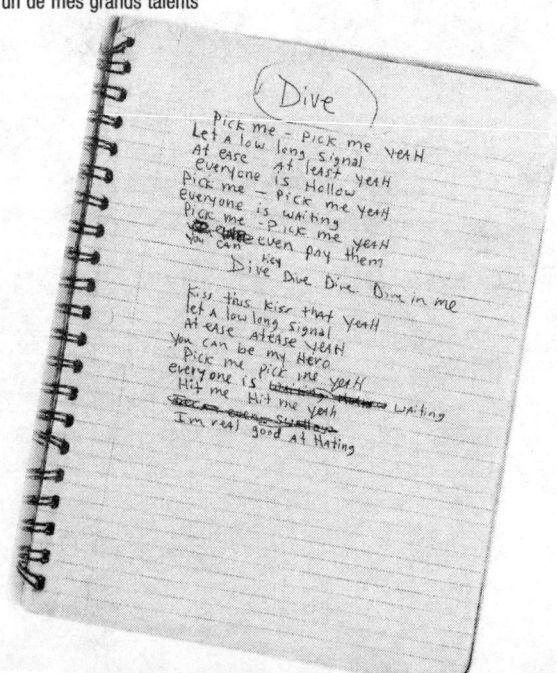

Salut Eugene[1],

J e suis chez des potes à Olympia et j'écoute une émission merdique à la radio de la fac. J'ai compris que le problème n'était
pas qu'il n'y avait pas de bons groupes, mais que les animateurs
avaient vraiment des goûts atroces. Oh que oui, et la preuve, c'est
qu'ils passent en ce moment même une chanson de NIRVANA
extraite d'une vieille démo.

Comment va Captain America[2]? J'ai appris qu'on allait donner
quelques concerts ensemble quand nous irons en Angleterre.
Vivement qu'on y soit! Nous attendons vraiment ça avec impatience. Tous nos amis seront à Reading. Mudhoney, les Babes In
Toyland, Sonic Youth, Iggy, etc. Éclate garantie!

Bon, on a gagné la guerre.

La propagande patriotique fonctionne à plein. Nous avons
désormais le privilège de pouvoir acheter des cartes « Tempête du
Désert », des drapeaux, des stickers, et plein de vidéos de notre
victoire éblouissante. Quand je me balade dans la rue j'ai l'impression d'être à un meeting à Nuremberg. Hé, peut-être que
Nirvana et Captain America pourraient tourner ensemble aux
États-Unis et brûler des drapeaux américains sur scène. Nous, on
repart en septembre. Si la proposition te branche, je te tiendrai au
courant. Ci-joint le single « Molly's Lips[3] ». Ça me gêne un peu
de l'envoyer parce que la version est mauvaise mais c'était un
grand honneur de jouer l'une de tes chansons, de jouer ensemble
et tout simplement de te rencontrer. À l'aise le plus grand
moment de ma vie.

1. Eugene Kelly, leader des Vaselines. – 2. Eugene Kelly a formé un groupe appelé Captain
America après la séparation des Vaselines. – 3. « Split single » paru chez Sub Pop en 1991 avec
« Candy » de Fluid en face B.

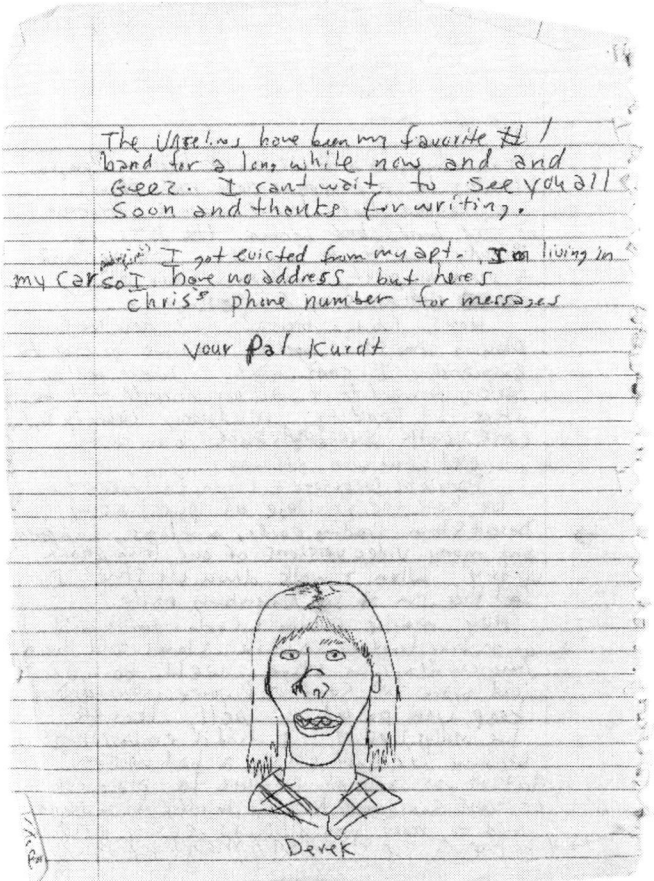

The Vaselines have been my favorite #1
band for a long while now and and
Geez. I cant wait to see you all
soon and thanks for writing.

I got evicted from my apt. I'm living in
my car so I have no address but heres
chris' phone number for messages

your pal Kurdt

DEREK

Mon groupe préféré est depuis longtemps les Vaselines et, et, waoh. J'attends avec impatience de vous voir tous bientôt et merci de m'avoir écrit.

Je me suis fait virer de mon appart. Je dors dans ma bagnole donc je n'ai pas d'adresse mais voici le téléphone de Chris pour laisser des messages.
Ton pote Kurdt

1. Stooges – « Raw Power »
2. Beatles – « Something New »
3. Leadbelly – « Last Sessions »
4. Scratch Acid – Premier EP [1]
5. Butthole Surfers – Premier EP
6. Vaselines – Premier EP
7. Fang – « Land Shark »
8. Smithereens – « Especially For You »
9. Tales Of Terror – « Tales Of Terror »
10. Pixies – « Surfer Rosa »
11. Mudhoney – « Superfuzz Bigmuff »
12. Flipper – « Generic Flipper » [2]
13. Black Flag – « My War »
14. Black Sabbath – « Master Of Reality »
15. Creedence Clearwater – « Bayou »
16. Blue Cheer – « Vincebus Eruptum »
17. The Knack – « Get The Knack »
18. Saccharine Trust – Premier EP
19. Roy Orbison – « Greatest Hits »
20. Gang Of Four – « Entertainment »
21. Wipers – « Is This Real »
22. Shocking Blue – « Shocking Blue »
23. Bad Brains – « Rock For Light »
24. Beat Happening – « Jamboree »
25. Aerosmith – « Rocks »
26. Shonen Knife [3] – Cassette K – « Burning Farm »
27. Young Marble Giants – « Young Marble Giants »
28. Velvet Underground – « White Light White Heat »
29. Sex Pistols – « Never Mind The Bollocks »

---

1. Deux groupes liés à Cobain, Jesus Lizard (avec qui Nirvana enregistra un split-single en 1993) et Rapeman (avec Steve Albini, producteur de « In Utero ») sont nés de ce combo punk texan en activité de 1982 à 1987. – 2. Premier album de ce groupe originaire de San Francisco qui marqua le rock underground US entre 1982 et 1987, année de la mort par overdose d'héroïne de son chanteur Will Shatter. Grand fan, Cobain arborait souvent des tee-shirts à l'effigie du groupe. – 3. Trio féminin japonais adoré par Cobain. Presque dix ans après la sortie en 1983 de ce premier maxi sur K Records, Michie, Naoko et Atsuko ont tourné avec Nirvana.

- ❑ J'ai peur du ridicule
- ❑ J'ai exagérément conscience de la sincérité de ma voix.
- ❑ J'aime faire l'amour avec des gens
- ❑ J'aime mes parents tout en m'opposant à presque tout ce qu'ils défendent.
- ❑ Je comprends et apprécie la valeur de la religion pour les autres.
- ❑ La musique affecte mes émotions.
- ❑ Punk rock = liberté
- ❑ J'emprunte des petits bouts de la personnalité des autres pour constituer la mienne.

Salut, j'aime le punk rock plus que tout au monde donc j'ai pensé à écrire des trucs, les photocopier, les agrafer et les vendre aux punks et aux autres qui ne connaissent pas trop le punk rock, ainsi qu'à ceux qui s'en foutent ou qui ne méritent pas de savoir, et enfin à ceux que le punk *ennuie*.

[NdE – PHRASE GRIBOUILLÉE DANS LA MARGE DONT LA PLACE DANS LE TEXTE SEMBLE ÊTRE CELLE-CI] :

Moi-même, je ne suis pas un expert en punk rock, pour ce qui est de l'histoire en tout cas. Mais je sais très bien ce que le punk rock représente pour moi : la liberté de…

[NdE – REPREND APRÈS «ENNUIE»] :

Eh bien, moi aussi. Le punk rock m'ennuie ou alors je manque d'inspiration, peut-être qu'on fait seulement un break, pour se reposer ou se remettre du hardcore. Je n'ai jamais vraiment aimé le hardcore, essentiellement parce que c'est trop macho et qu'il y a trop de règles intimidantes à suivre. Je me souviens que lorsque j'ai commencé à traîner avec des potes qui avaient quelques mois d'avance sur moi sur le jargon et l'étiquette punk rock, j'ai lancé un jour « hé, on s'écoute un truc punk ? » et ce mec m'a répondu « mon vieux, on ne dit plus "punk", on dit "hardcore" maintenant ». Pff, j'ai eu l'impression d'être un naze complet. Le HARD-CORE était l'évidente mutation du punk de 77 parce que, le punk ayant gagné les banlieues, d'un seul coup les bourrins qui avaient déjà les cheveux courts à cause du catch s'y sont mis, c'était censément une façon sympa de dépenser de l'énergie et une bonne excuse pour se bastonner. Je pourrais sûrement expliquer de mille façons différentes pourquoi je n'ai jamais aimé le hardcore, disons seulement que ça n'a jamais été mon truc. Il suffit de lire le courrier des lecteurs de *Maximum Rock-N-Roll*[1] de ces six dernières années pour comprendre ce dont je veux parler.

---

1. Le fanzine californien punk par excellence. Radical et intransigeant, MRR a rapidement délaissé le grunge devenu «trop commercial» au profit du hardcore.

Aussi inutiles que du papier toilette usagé, ils se multiplient comme des lapins et leurs mains reviendront attachées à des porte-clés. Si Jimi Hendrix était vivant, il aurait plus que certainement une coupe de douilles à deux niveaux[1], des sapes clinquantes à paillettes et une gratte aérodynamique des années 90 à motif zèbre et tête recourbée. À un récent concert à Los Angeles, Iggy Pop a jammé avec Slash des Guns N'Roses sur une version de vingt minutes de « Louie Louie ».

Le journaliste a laissé un petit rond rouge, l'empreinte de l'objectif, sur le front d'une mère qui a cinq fils dans le Golfe. On lui a demandé de décrire exactement comment elle ressentait cette situation tout en tenant sur ses genoux les photos de ses fils habillés en militaires. Un étudiant en train d'écouter un vieux R.E.M. regarde la mère à la télé et s'excite en pensant à l'idée qui vient juste de germer dans son esprit socialement et environnementalement[2] retors : « Peut-être va-t-il exister maintenant une bonne raison de faire la RÉVOLUTION ! »

J'aime suivre l'ascension des personnalités du spectacle, quand elles luttent encore pour y arriver. J'aime tout savoir sur elles, et s'il n'y a pas assez d'informations disponibles, alors les tabloïds font l'affaire. J'aime le punk rock. J'aime les filles aux yeux étranges. J'aime les drogues, mais mon corps et mon esprit ne m'autorisent pas à en prendre. J'aime la passion. J'aime les choses bien construites. J'aime l'innocence. J'aime l'ouvrier et lui suis reconnaissant d'exister pour permettre aux artistes de ne pas avoir à se taper les boulots merdiques. J'aime étouffer la goinfrerie. J'aime gâcher mes atouts.

---

1. Sans employer le mot, Cobain parle sans aucun doute du célèbre « mullet » (court devant, long derrière) popularisé par moult rock stars et footballeurs dans les années 80. – 2. Néologisme typique de Cobain.   131

J'aime différents styles de musique. J'aime me moquer des musiciens que je considère comme des copieurs ou qui insultent la musique en tant qu'art en fourguant au public leurs travaux tellement pathétiques que ça en devient gênant. J'aime écrire de la poésie. J'aime ignorer la poésie des autres. J'aime le vinyle. J'aime la nature et les animaux. J'aime nager. J'aime être en compagnie de mes amis. J'aime être seul. J'aime me sentir coupable d'être blanc, américain et de sexe mâle.

J'adore dormir. J'aime me remplir la bouche de graines et les cracher au hasard en marchant. J'aime insulter les petits clébards qui aboient dans les voitures en stationnement. J'aime que les gens se sentent heureux et éprouvent un sentiment de supériorité en me voyant. J'aime haïr ceux qui ont la haine. J'aime pratiquer des incisions dans le ventre des nourrissons, et baiser les plaies jusqu'à ce que l'enfant meure.

J'aime rêver qu'un jour la jeunesse de ce monde connaîtra un sentiment de Solidarité Générationnelle. J'aime faire des efforts fallacieux pour éviter les conflits. J'aime exprimer des opinions fortes sans rien d'autre pour les justifier que ma sincérité de base.

J'aime la sincérité. Je manque de sincérité. Ce n'est pas un avis, ni la voix de la sagesse, mais un désaveu, le désaveu de mon manque d'éducation, de ma perte d'inspiration, de ma terrifiante quête d'affection et de la honte systématique que j'éprouve envers la plupart des gens du même âge que moi. Ce n'est même pas un poème. Seulement un gros tas de merde. Comme moi.

J'aime me plaindre et ne rien faire pour que les choses s'arrangent. J'aime blâmer la génération de mes parents pour être presque parvenue à un changement social et avoir laissé tomber après quelques efforts réussis du gouvernement et des médias pour dénaturer le mouvement à coups de propagande, en utilisant des Manson[1] et autres spécimens hippies comme preuve qu'ils n'étaient rien de plus que des maladies inhumaines, sataniques, communistes, antipatriotiques. Et à leur tour les baby-boomers[2] sont devenus les yuppies les plus hypocrites et conformistes jamais produits par une génération.

1. Charles Manson. 2. Génération née dans les années 50.

J'aime exprimer calmement, rationnellement mon point de vue de manière conformiste, même si je me considère à l'extrême gauche.

J'aime infiltrer les rouages d'un système en faisant mine de m'y intégrer avant de commencer lentement à pourrir l'empire de l'intérieur.

J'aime assassiner, de deux maux, le moindre et le plus grand.

J'aime mettre Dieu en accusation.

J'aime avorter le Christ.

J'aime baiser des moutons.

J'aime savoir que les femmes sont généralement supérieures aux hommes, et naturellement moins violentes qu'eux.

J'aime savoir que les femmes sont le seul avenir du rock'n'roll.

J'aime savoir que l'Afro-Américain a inventé le rock'n'roll, même s'il n'a été rétribué et reconnu pour ses efforts qu'en se conformant aux normes établies par l'homme blanc.

J'aime savoir que l'Afro-Américain appartient une fois encore à la seule race ayant apporté à cette décennie un nouveau genre musical, à savoir le hip-hop/rap.

La censure est un truc *TRÈS* AMÉRICAIN

J'ai rencontré beaucoup d'esprits capables de stocker et transmettre de vastes quantités d'informations, et qui sont cependant dénués de la moindre parcelle de sagesse et insensibles à la passion.

La conspiration du succès en Amérique est affaire d'immédiateté. Rabâcher sans relâche à l'attention de cerveaux dotés d'une capacité de concentration limitée. Vite, très vite, maintenant, avec un rab de nachos au goût fromage. Vite consommé, vite oublié parce que hier n'était rien de plus qu'un *gadget* pour l'individu avide de vanités, de distractions et de rituels sociaux. Tout art pouvant s'inscrire dans la durée ne saurait être apprécié des masses. Seul un petit pourcentage d'individus, toujours les mêmes, possède depuis toujours la patience nécessaire pour comprendre l'art. C'est bien ainsi. Les ignorants ne méritent pas d'être orientés dans leurs achats.

Les scénarios se répètent. La communication verbale est épuisée. Les sitcoms sont des scénarios et notre conversation aussi.

Notre fête est née de l'ennui. Jouer un rôle pour se faire accepter et obtenir de l'affection, pour désinfecter et combattre le silence qui se propage comme un germe et les violations qu'inflige l'élite à ceux qui ne sont pas de la fête.

Les exclus étaient invités, peut-être dans un musée loin du présent.

J'ai maintenant atteint ma phase triste, avant c'était de la haine naïve. Je veux être le premier à découvrir et rejeter, avant que ce ne soit populaire. Demain s'annonce la phase « rien à foutre », et je ne trépigne pas d'impatience en l'attendant. Les légumes diffuseront peut-être les produits chimiques que je sécrète à l'intérieur. Une bonne excuse (ces produits chimiques). Je touche rarement mon instrument. C'était si excitant avant. Pratiquer la musique n'est pourtant pas une corvée. Mais c'est maintenant une perte de temps. Tous les deux mois je récolte les résultats de l'air.

Tu n'attendras pas de ta rock-star qu'elle te guide.

Un maniaco-dépressif sous héro, flottant dans un caisson de décompression, chantant du Leonard Cohen, se masturbant, regardant pêcher les golfeurs en rêvant d'une collection de timbres.

Le roi des mots est tout

Je sais seulement baiser et chanter
T'es-tu déjà senti sensible au point de vouloir tuer tes microbes ?

Qui seront le roi et la reine des déclassés ?

J'ai maintes fois perdu l'esprit, et mon portefeuille encore plus souvent.

Le plus simplement possible :

1) Ne viole pas
2) N'aie pas de préjugés
3) Ne sois pas sexiste
4) Aime tes enfants
5) Aime tes voisins
6) Aime-toi

Ne laisse pas tes opinions
obstruer la liste ci-dessus.

J'avais environ 13 ans et traversais la phase prépubère banale, style je déteste mes parents, j'aimerais pouvoir toujours jouer à la poupée mais à la place, je me sens bizarre en présence des filles.

J'étais une espèce de petit rat rachitique et hyperactif dont le torse entier tenait dans une seule jambe de ses jeans pattes d'éph, et j'étais rempli de frustration. Il fallait que je me défoule un peu.

Je suis allé au ciné avec mes amis.

On a vu *Over The Edge*[1] !

Over The Edge est une histoire d'adolescence perturbée, de vandalisme, de négligence parentale, de développement de l'immobilier et surtout de familles dysfonctionnelles.

1. En français, *Violences sur la ville* (1979), film réalisé par Jonathan Kaplan avec Matt Dillon.

C'est bien dans le sens où on peut vivre confortablement. Mais mis à part la sécurité financière, c'est pas un métier si idéal. L'un de mes principaux problèmes c'est que je me sens jugé 24 heures sur 24. Être dans un groupe, c'est beaucoup de boulot, et les ovations seules ne valent tout simplement pas la peine – à moins de continuer à aimer jouer. Et j'aime, Dieu qu'est-ce que j'aime jouer live, c'est la meilleure façon de libérer de l'énergie avec des gens, à part baiser et prendre des drogues. Si vous allez voir un bon concert en étant défoncé et que vous baisez plus tard dans la même soirée, vous avez en gros fait le tour de tous les moyens possibles de libérer de l'énergie, et on a tous besoin de se défouler, c'est plus facile et plus sûr que manifester devant des cliniques pratiquant l'avortement, prier Dieu ou vouloir du mal à votre frère.

Donc allez au
concert remuez-vous un peu
et copulez

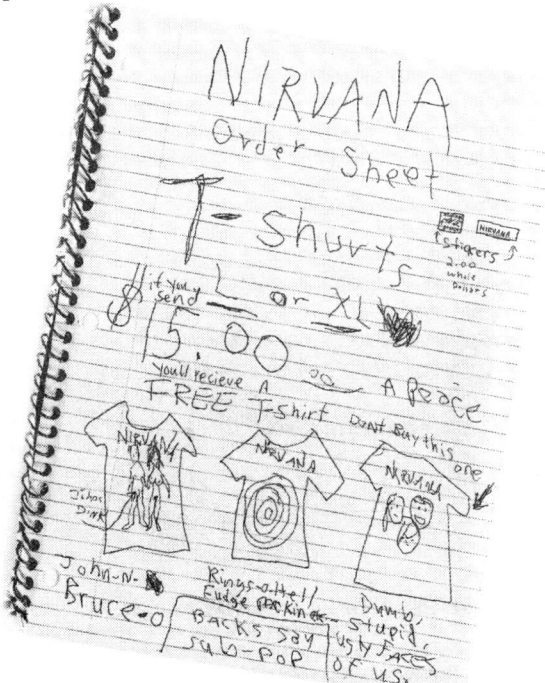

137

«Primary[1]»

Quand nous avons rompu pour la deuxième fois
Je suis resté sans voix, sincérité lessivée
Je m'aime plus que toi – Je sais que c'est
mal alors que devrais-je faire?

I'm on a plaine – I can't complain[2]

Quand nous avons rompu pour la dix-huitième fois
J'ai entendu un bruit, on a brûlé une croix
On marchait main dans la main dans notre procession
On a enlevé nos soutanes et commencé à violer

Tu m'as volé des trucs – Toutes mes excuses
Je t'ai volé des trucs – On m'accusera
Que puis-je faire d'autre – Je t'appartiens
Que peut-il y avoir d'autre – Toutes mes excuses

Que puis-je dire d'autre – Tous mes mots sont gris
Que devrais-je écrire d'autre? – Je ne veux pas me battre
Que devrais-je ressentir? – Il nous est défendu de parler
Qu'est-ce que tu attends? – J'ai les nerfs détraqués

Au soleil au soleil je me sens un et entier
Au soleil au soleil je suis marié
Mariage
Yeah Yeah Yeah Yeah

1. Le texte de cette chanson inédite dans le répertoire de Nirvana est une ébauche des futurs classiques «On A Plain» et «All Apologies». – 2. Jeu de mots intraduisible entre «plain» (ordinaire, évident ou encore une étendue qu'il orthographie ici avec un «e») et «plane» (avion), que Cobain fait rimer avec «complain» (se plaindre).

Primary

The second time we broke it off
I ~~lost~~ a voice sincerity was washed
I love myself better than you - I know its
wrong so what should I do?

Im on a plaine - I cant complain

The 18th time we broke it off
I heard a noise ~~we we burnt~~ a cross
We walled hand in hand in our pArAde
~~We~~ took off our robes and began ~~to~~ rape

you stole things from me - All Apologies
I stole things from you - I will stand accused
what else can i do - I belong to you
what else can there be- All Apologies

what else can I say- All my words are gray
what else should I write?- I dont want to fight
how else could I feel?- All our lips are sealed
what do you expect?- Im A nervous wreck

in the sun in the sun ifeel As one
in the sun in the sun Im married
                          marriage
    YEAH YEAH YEAH YEAH

PAS Terminé

«I Think I'm Dumb»

Je ne suis pas comme eux – mais je peux faire semblant
Le soleil est parti – mais j'ai de la lumière
La journée est finie – mais je m'amuse
Je dois être simplet – ou peut-être simplement heureux

Mon cœur est brisé mais j'ai de la colle
Aide-moi à inhaler et à le réparer avec toi
On flottera alentour on planera sur les nuages
Puis on redescendra avec une gueule de bois

Peler le soleil et s'endormir
Continue à respirer – l'âme est faible
Leçon apprise – souhaite-moi bonne chance
Apaise la brûlure – réveille-moi

NOT Finished

I Think ☒ I'm Dumb

wollyslips Slushy VAselines

I'm not like them - but ₱ can pretend
the sun is gone - but I have A light
the day is done - but im having fun
I think im dumb - or maybe just happy

my heart is broke but I have some glue
Help me, inhale & mend it with you
well float Around & hang out on clouds
then well come down & have a hangover.

Skin the sun & fall asleep
breathe AWAY - ~~i~~ soul ~~is weak~~ Ghost is weak
lesson learned - ~~wish me luck luck~~
soothe the burn - wake me up

On m'a dit qu'un artiste devait baigner en permanence dans la tragédie pour s'exprimer vraiment, mais je ne suis pas un artiste et quand je dis «je» dans une chanson, ça ne signifie pas nécessairement qu'il s'agisse de moi ni que je sois seulement un conteur, ça se rapporte à qui vous voudrez ou à ce que vous voudrez, chacun a sa propre définition des mots et dans un contexte musical, on ne peut pas attendre des mots qu'ils aient la même signification que dans le vocabulaire courant parce que je considère la musique comme un art et quand j'affirme « cette chanson, c'est de l'art », je ne veux pas dire par comparaison à un tableau parce que selon moi les arts visuels sont loin d'être aussi sacrés que la communication par l'écrit ou la musique, mais c'est quand même de l'art et j'ai l'impression que notre société a perdu toute idée de ce qu'est l'art. L'art est expression, pour s'exprimer il faut disposer d'une liberté intégrale et notre liberté d'expression artistique est sérieusement niquée. Fuck, le mot «fuck» a autant de connotations que le mot « art » et j'ai largement dépassé le stade de m'attabler posément pour aborder le problème avec les despotes de la droite qui sont les principaux responsables de la destruction de l'art. Je ne vais pas calmement me plaindre à VOUS! Je vais tuer, bordel. Avant de mourir, je vais détruire votre droite macho, sadique et malsaine, vos opinions religieuses offensantes sur la façon dont nous devrions tous agir conformément à vos diktats.

Beaucoup mourront avec moi et ils l'auront mérité.

Rendez-vous en enfer.

Love,

Kurdt Cobain

Merci pour la tragédie dont j'ai besoin pour mon art.

Le punk rock est de l'art.

Le punk rock pour moi signifie la liberté.

Le seul problème que j'ai avec l'éthique des situationnistes punk rock est leur déni absolu du sacré. Pour moi, quelques trucs sont sacrés, comme les contributions supérieures des femmes et des Noirs à l'art. J'imagine que ce que je suis en train de dire là, c'est que l'art est sacré.

Le punk rock est la liberté.
L'expression et le droit de s'exprimer sont vitaux.
Tout le monde peut être artistique.

J'ai beaucoup à dire, mais je vais vous laisser vous en charger, je vais laisser faire les gens qui savent mieux que moi exposer leurs griefs. Qui peuvent argumenter avec des faits et qui ont la patience nécessaire pour débattre de l'impossible lavage de cerveau des planteurs, de leurs ouvriers et de leurs esclaves. Les esclaves ont grandi dans un monde à part sans se poser de questions, de génération en génération on leur a répété « c'est comme ça et pas autrement », ils n'ont pas eu accès à la culture, ils sont nés dans un enclos, compensent en devenant la proie du consumérisme et en priant des dieux inutiles sous l'influence de la foi inculquée par leurs maîtres et seigneurs. « À prendre ou à laisser », « Tant pis pour toi si tu n'aimes pas ça », « Je t'ai donné la vie et te la reprendrai », « C'est moi qui décide ». Sans même songer à fuir, se grimpant dessus dans une boîte surpeuplée, simplement allongés là attendant d'être nourris, mangeant plus que nécessaire et en redemandant parce que ça pourrait bien être la dernière fois. Procréer et manger et attendre et larmoyer et prier.

Ça part des aisselles d'un vieillard, avec un coup de sang au ralenti, vannes grandes ouvertes. La sueur beurrée fond en descendant le long des vallées de peau blette violacée, s'enroule et ondule sur le bras avant de converger sur les ongles jaunes cassants. Les gouttes se rencontrent et se mélangent avant de se précipiter vers leur mort. Elles éclaboussent les tendres cuisses de nouveau-nés allongés mollement sur des lits en mohair.

Les livres cochons l'ont figé en pédophile.

Corrélation correspondre. Figé en pédophile.

Je ne suis pas bien cultivé, mais quand je lis, je me cultive bien[1].

Je n'ai pas le temps de traduire ce que je perçois sous forme de conversation.

J'ai épuisé les ressources de la conversation depuis l'âge de 9 ans.

Je ne ressens qu'en cris et grognements, en intonations et en gestes de la main et du corps. Je suis sourd d'esprit.

Je reste délibérément naïf et à l'écart de toute information sur l'état du monde parce que c'est le seul moyen d'éviter de devenir blasé.

Tout ce que je fais est intérieur et subconscient parce qu'il est impossible de rationaliser l'âme.

Nous ne méritons pas ce privilège.

Je ne peux pas parler, je peux seulement ressentir.

Peut-être qu'un jour je me changerai en Helen Keller[2] en me crevant les tympans au couteau et en me coupant les cordes vocales.

Si vous voulez savoir à quoi ressemble la vie après la mort, enfilez un parachute, montez dans un avion, injectez-vous une bonne dose d'héroïne dans les veines immédiatement suivie d'un coup de gaz hilarant, et sautez.

Ou immolez-vous.

---

1. Jeu de mots à peu près intraduisible entre «well-read» (cultivé) et «to read well» (lire bien). – 2. Sourde, muette et aveugle, Helen Keller apprit à lire en braille et même à parler, et fit profiter de son expérience tous les infirmes du monde.

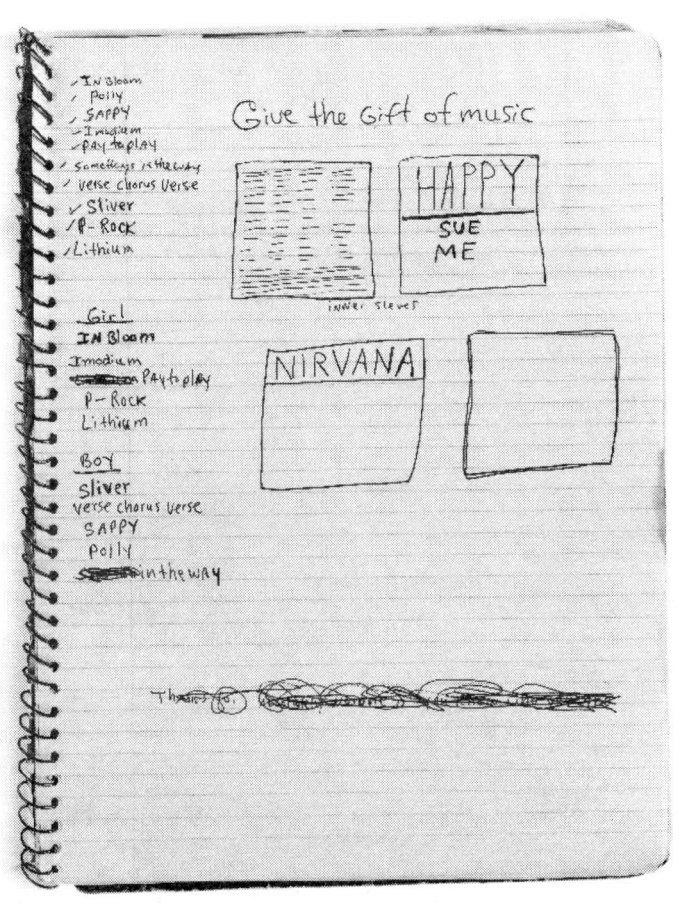

Projet de pochette de «Nevermind» avec une liste de chansons. Cobain imaginait au départ articuler «Nevermind» autour d'une «face fille» et d'une «face garçon».

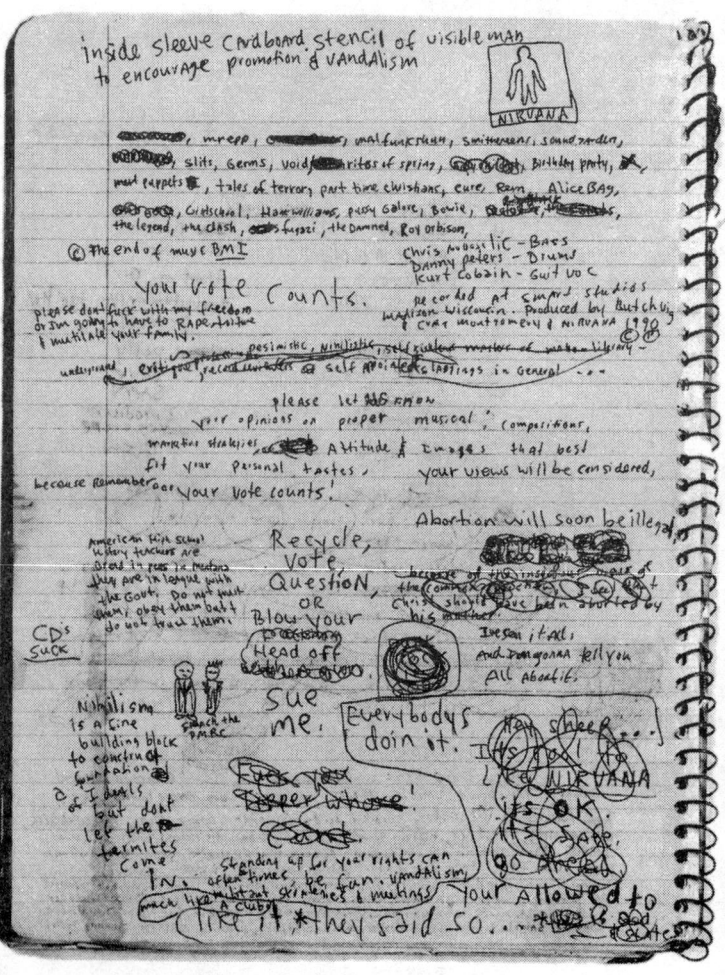

Notes pour la pochette de « Nevermind ».

Inclure dans la pochette intérieure un mannequin en relief pour encourager la promotion et le vandalisme.

[NdE – EN VRAC SOUS LES CRÉDITS] :
Votre vote compte

SVP ne déconnez pas avec ma liberté ou il me faudra violer, torturer et mutiler votre famille.

Merci de nous faire connaître votre avis sur les chansons et les stratégies marketing, les attitudes et les images qui correspondent le mieux à vos goûts personnels, parce que n'oubliez pas… Votre vote compte ! Vos opinions seront prises en compte.

L'avortement sera bientôt illégal

Les CD craignent.

Les professeurs d'histoire des lycées américains ont grandi dans des enclos du Montana. Ils sont de mèche avec le gouvernement. Méfiez-vous d'eux. Obéissez-leur mais ne leur accordez pas votre confiance.

Recyclez,
Votez,
Posez des questions
ou
Faites-vous
sauter le caisson
Traînez-moi en justice

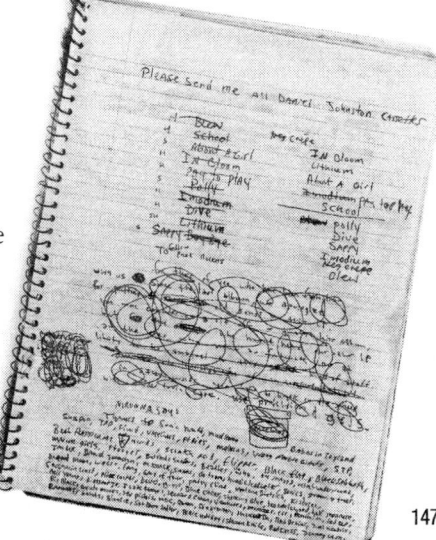

J'ai tout vu, et je vais tout vous raconter en détail

Le nihilisme est une bonne base pour ériger vos idéaux, mais ne laissez pas les termites s'en mêler

Foutez en l'air le PMRC [1]

Défendre ses droits peut souvent être rigolo. Vandalisme, stratégies militantes et réunions, comme faire partie d'un club

Tout le monde le fait. Vous avez le droit d'aimer, c'est eux qui l'ont dit…

---

1. Parents' Music Resource Center. Association non gouvernementale fondée en 1984 par Tipper Gore (épouse du vice-président démocrate Al Gore) dans le but d'empêcher la jeunesse américaine d'être exposée à des œuvres jugées subversives. Le PMRC est à l'origine des stickers « explicit lyrics » apposés sur les disques de rap.

J'ai commencé le premier
J'ai commencé le premier
C'était moi
moi,
C'est bien moi
J'ai lancé le truc
J'endosserai la faute
moi
c'était moi
J'ai été l'instigateur
Le grand-père
Le premier le principal
Je le faisais depuis longtemps
Avant qui que ce soit d'autre
C'était moi
J'endosserai la faute
Je prendrai la pleine responsabilité
Ma faute
J'ai tout provoqué
J'ai commencé le premier
moi
C'est bien moi
Accusez-moi
Montrez-moi du doigt
Voici ma quittance
Où est-ce que je signe ?
Donnez-moi ce qui m'est dû
Donnez-moi ce à quoi j'ai droit
Donnez-moi ce que je mérite.

Idées pour vidéo

Champignons psychédéliques – à choper dans *High Times*[1]

Grand clown maléfique et méchant (Chris)

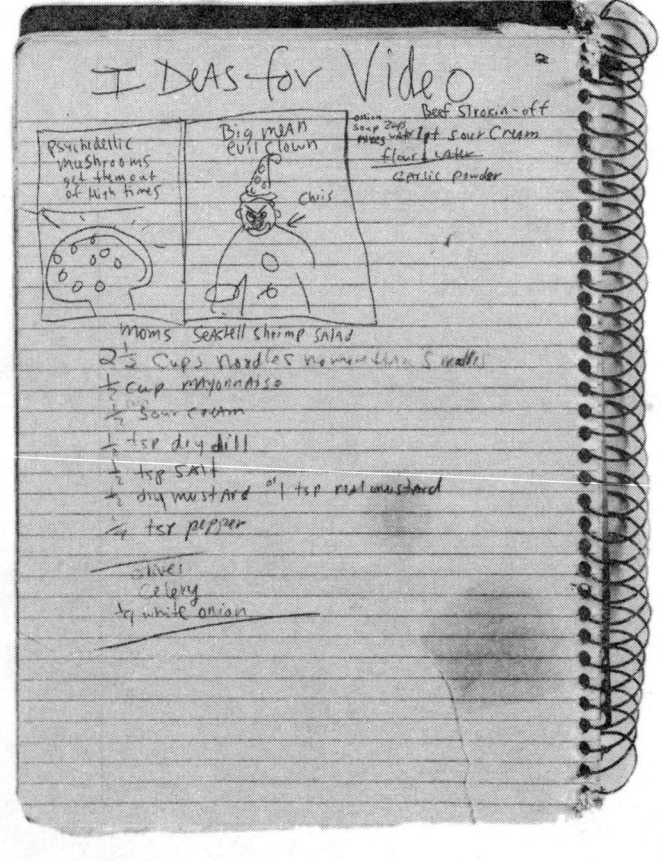

1. Magazine américain en activité depuis le début des années 70, *High Times* milite pour la légalisation des drogues douces.

L'heure est maintenant venue pour tous les «chanceux», les cheerleaders[1] et les footballeurs de se déshabiller entièrement devant toute l'école réunie et d'implorer de toute leur âme la clémence et le pardon – d'admettre qu'ils ont tort. Ils incarnent l'avidité et l'égoïsme, et dire qu'ils sont désolés d'avoir toléré ces choses ne suffira pas, il faut qu'ils en soient convaincus, il faut qu'ils aient des flingues pointés sur les tempes, il faut qu'ils soient terrifiés d'avoir osé penser être les républicains blancs du futur, ramenards, sûrs de leur droit, ségrégationnistes, culpabilisateurs et lèche-culs.

TUEZ LES ROCKEFELLER

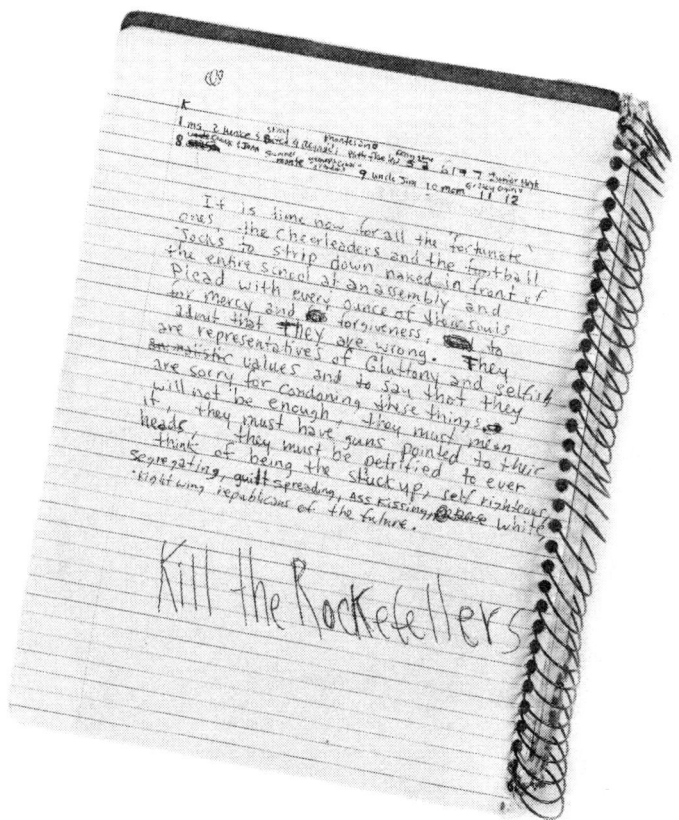

Faut que je trouve
un moyen, un meilleur moyen de trouver un moyen

C'est pas parce que t'es parano qu'ils ne sont pas après toi

Les États-Unis hors du Canada

Dieu est pédé et moi aussi

Dieu est amour, l'amour est aveugle et moi aussi

Je n'ai pas d'avis
parce que
Je suis d'accord avec tout le monde

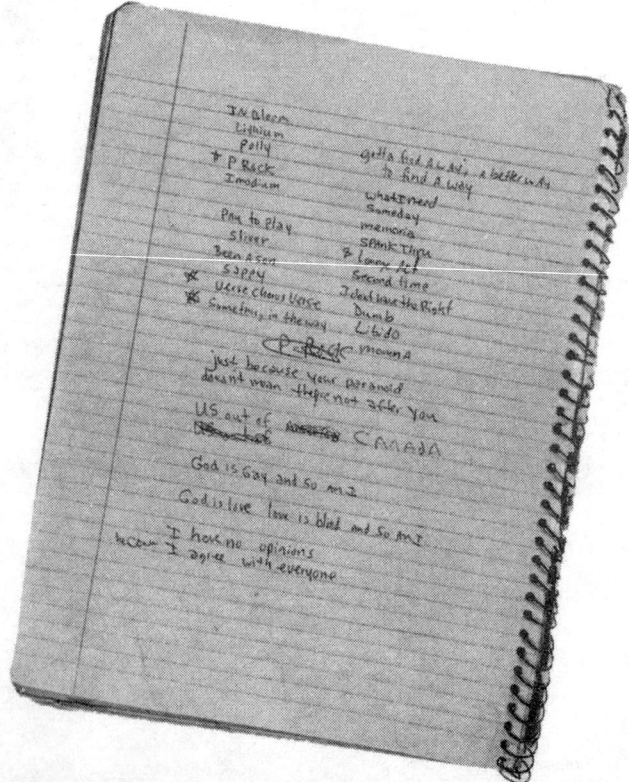

M e voici, inspiré pour la simple raison que j'en ai ras le bol. Je ne suis pas aussi amer que je voudrais l'être.

J'ai besoin de réapprendre l'anglais.

Je ne parais pas sincère parce que je ne sais pas choisir ou décider assez vite.

Mon écriture paraît scatologique à cause de mon manque de personnalité, ou de mon excès de personnalité.

Je suis obsédé par le fait que je suis maigre et idiot.

Je n'ai sans doute jamais rencontré une seule personne avec qui je me sois senti en phase, du point de vue de l'intellect, de la spiritualité et du sens de l'humour.

Je me fie à trop d'opinions et de partis contraires, groupes, classes, clubs, réunions, concessions, récessions, conventions, avec un couvre-chef de big boss et un verre à la main, pérorant sur la saison de la chasse et détaillant mes loisirs. Ces dernières vingt-trois années ont apporté un succès stérile.

Les produits chimiques sont un truc contemporain, aujourd'hui je vais prendre tous ceux sur lesquels je pourrai poser mes pattes graisseuses, parce que cette odeur me fait me souvenir de toi, exactement comme ils disent dans la pub. L'odeur d'hier est toujours là aujourd'hui, je suis échoué. Rétamé en rade et obsédé. Il faut que je parte parce que tu es toujours présente dans l'air, déconnant avec mon odorat, envahissant mon atmosphère. Tu es partout sur les draps et dans la salle de bains, mon canapé SENT COMME TOI! Tu as laissé ta lingerie et ton manteau, tes disques et tes livres et ton parfum ici, l'endroit où je panse mes plaies. L'endroit où j'ai rampé pour mourir comme un chat se réfugie sous une maison après s'être fait dérouiller, s'allonge et attend.

Je ne m'invente pas de sujets d'intérêt pour converser. Je n'ai rien à dire ou à demander, je me contente de suivre le courant. En un sens, je suis réactionnaire. Je réagis seulement à ce que les gens me disent. Je ne pense pas et quand ça m'arrive : j'oublie.

Donnez-moi un au-delà à la Leonard Cohen[1].

1. «Give Me a Leonard Cohen afterworld» fait partie des paroles de la chanson «Pennyroyal Tea».

Opinion

Congratulations you have won — it's A
years subscription of bad puns — And A
maze shift story of concern — And to
set it up before it burns — my
opinion

Now there seems to be A problem here
the scale of emotions seem too clear —
Now they — Rise & fall like wall street stock
And they — have affect on our peace talks
my opinion

« Opinion »

Félicitations vous avez gagné – Bon pour
un an d'abonnement à de mauvais calembours – Et de
pauvres tentatives d'articles d'intérêt général – Et pour
faire monter la sauce avant que tout n'explose – Mon
opinion

Maintenant on dirait bien qu'il y a un problème
La gamme des émotions semble trop nette –
À présent elles – grimpent et dégringolent comme la Bourse de
Wall Street
Et elles – affectent notre discours pacifique
Mon opinion

Lois sur la Procréation Obligatoire
TRAÎNEZ-MOI EN JUSTICE
Avortement obligatoire
Vaccinations refusées

Confrontés aux lobbies d'entreprise, fusionnés en ce jour heureux, ce jour qui voit le sacrilège amnistié. Je ne pense que lorsque l'inspiration est réellement bienvenue grâce aux allocations attribuées à la naissance ou au-delà des récriminations mesquines. Inspiré, je balance entre profiter de ma position et abandonner. Les juges autoproclamés les attribuant avec un profit et un potentiel équivalents, le courage d'arrêter.

Donc, tes parents craignent.

Les parents ont toujours craint. Ah bon tes parents sont vraiment cool ? Et alors ? Les parents des autres gamins craignent alors bats-toi pour eux. La révolution n'est plus une source d'embarras, grâce à l'inspiration. Le Politburo conteste le sarcasme : nous devons conserver les justes convictions alternatives acquises pendant la première année de lycée et nous figer lentement jusqu'à atteindre le royaume de Jackson Browne[1] à la fin des études. Parfois c'est un prétexte pour retarder le moment où le monde finira par nous enculer.

Balance des œufs sur ton ennemi. Des fœtus symboliques de poulet sur les anti-avortement.

1. Chanteur-compositeur folk introspectif de Los Angeles.

J e suis de sexe masculin, âgé de 23 ans, et j'ai une montée de lait. Mes seins n'ont jamais été si douloureux, même après m'être fait pincer les nichons par les petites brutes de l'école. Ils avaient déjà des poils pubiens bien avant que je n'arrête de jouer à la poupée. Je ne me suis pas masturbé depuis des mois parce que j'ai perdu mon imagination. Je ferme les yeux et je vois mon père, des petites filles, des bergers allemands et des présentateurs de journaux télévisés, mais aucune femme nue voluptueuse, aucune bombe sexuelle à moue aguicheuse grimaçant d'extase sous l'effet des positions que je convoque dans mon esprit. Non, quand je ferme les yeux je vois des lézards et des bébés sans bras, ceux qui sont nés malformés parce que leurs mères ont pris de mauvaises pilules contraceptives.

J'ai vachement peur de me toucher.

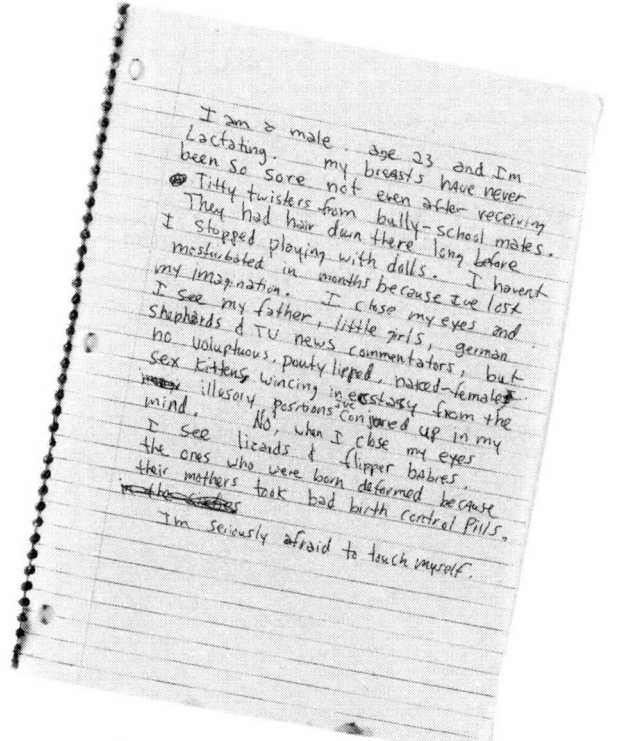

Hommage ou plagiat ? Je m'en fous, euh, je sais pas. On dirait que la reconnaissance est maintenant de mise. Il y a beaucoup de choses et de groupes qu'on peut remercier – oui, et tout craint.

Trop de compilations où des groupes d'aujourd'hui payent leur tribut aux aînés séminaux. De deux choses l'une, soit il ne reste plus aucun groupe valable en circulation, ou alors les cercles punk rock underground se sont finalement résolus à apprécier quelques trucs au lieu de se cantonner à l'éternelle attitude « tout craint ».

Les clones des vieux comme la nouvelle génération n'ont jamais entendu les vieux disques d'Aerosmith ou de Rod Stewart ou des Small Faces donc ils ne discernent pas le plagiat quand des groupes CONTEMPORAINS rendent hommage (soi-disant) ou continuent à porter le flambeau.

6 cordes, 24 notes répétant la même gamme après 10, généralement basé sur un rythme à 4 temps : le rock and roll : 30 ans = terminé ! Ah le bon vieux temps !

La génération d'aujourd'hui : régression inconsciente, la technologie nous a finalement rattrapés.

Le hip hop/rap ? Pour l'instant oui, très bien, original au moins ; terminé dans trois ans.

Les femmes ? Oui. Privées d'opportunités depuis le début, il reste sans doute quelques idées dans un vagin non saturé.

Les grandes surfaces du disque et la radio jouent la sécurité, public ciblé, ce qui vend et rien d'autre.

Nous sommes entièrement à leur merci.

Avant, c'était le contraire.

Programmateurs et animateurs : recyclez-vous dans l'immobilier !

Je *soutiens* intégralement et sans réserve aucune : l'homosexualité, l'usage de drogues, l'expérimentation (même si je suis la preuve vivante des conséquences néfastes des excès), l'anti-oppression (contre la religion, le racisme, le sexisme, la censure et le patriotisme), la créativité par l'art, la musique, le journalisme, l'amour, l'amitié, la famille, les animaux et la révolution à grande échelle, violemment organisée et alimentée par le terrorisme.

Il est impossible de déprogrammer les Goinfres.

Ce serait sympa de les voir quotidiennement pourchassés jusqu'à ce qu'ils se soumettent à des idées complètement opposées aux leurs ou pètent de trouille au point de ne plus oser sortir de chez eux.

John Lennon a été mon idole toute ma vie mais il s'est complètement gouré sur la révolution.

Reste assis sur ton cul et encaisse les coups !

Conneries ! Prends les armes, trouve un représentant de la Goinfrerie ou de l'oppression et fais sauter la tête de cet enculé. Élabore des manifestes avec des idées, des contacts et des recrues, alerte les médias, risque la prison ou l'assassinat, fais-toi embaucher par la cible de telle façon qu'il te soit plus facile d'infiltrer le système et de pourrir lentement les rouages de l'empire.

Salut Eugene,

Il est huit heures du matin, presque le moment d'aller au lit. J'ai adopté ce rythme de sommeil ridicule où je me couche aux petites heures du matin et parviens à éviter la moindre trace de lumière du jour. Ma peau est blafarde comme celle des fans de rock gothique. Je ne sais pas si vous avez ce genre de choses en Écosse mais j'envisage sérieusement de m'inscrire à un salon de bronzage, ils ont ces espèces de cercueils/lits avec des ampoules fluorescentes encastrées dans les côtés et le couvercle. Tu t'allonges à l'intérieur pour frire jusqu'à devenir d'un brun doré croustillant. On appelle ça le bronzage nucléaire.

Dernièrement mes seins ont été vraiment douloureux, est-ce que les hommes peuvent avoir des montées de lait ? Comment tu te portes ?

Comme tu le sais sûrement, nous avons enregistré « Molly's Lips » et « Son Of A Gun » [1] pour une Peel Session [2] et on se demandait si on pouvait utiliser les bandes pour un EP promotionnel qui devrait on l'espère sortir dans quelques mois. Nous n'entendons pas en tirer un quelconque bénéfice car nous voulons le vendre à très bas prix. C'est surtout un bonus pour accompagner notre prétendu premier single branché-alternatif « In Bloom », le EP inclura (si on obtient l'accord des groupes) « In Bloom », « Sliver », « D-7 » des Wipers, « Turn Around » de Devo, « Molly's Lips » et peut-être « Son Of A Gun ». Si on gagne quelque chose, on partagera l'argent entre les groupes, mais on peut aussi envisager de payer une avance pour avoir l'autorisation d'utiliser les chansons ou n'importe quel autre arrangement légal !

Nous ne sommes plus sur Sub Pop, notre nouveau label est DGC (Geffen). Nous sommes voisins de label avec *Nelson* [3] !

Je sais que ça commence à sonner trop business, mais je veux que tu obtiennes quelque chose pour nous accorder ce grand hon-

---

1. Deux chansons des Vaselines. – 2. Enregistrements live pour la BBC réalisés à l'initiative du célèbre animateur anglais John Peel. – 3. Formé par les fils jumeaux de l'idole pop des années 50 Ricky Nelson, ce duo connut un certain succès vers la fin des années 80 avec des tubes rock FM assez réminiscents de Bon Jovi.

neur de jouer tes chansons, elles comptent beaucoup pour moi. Sans vouloir être trop mièvre, je dois dire que les chansons que tu as écrites avec Frances[1] font partie des plus belles qui soient et je pense simplement que tout le monde devrait les entendre.

Voici ce à quoi pourrait ressembler la pochette :

J'ai vraiment passé un bon moment au concert où nous avons joué ensemble[2]. La vidéo est bien aussi. Tu veux une copie ? Oh oui, j'oubliais, avec les histoires de format européen de cassettes vidéo, laisse tomber. Waoh, je ne sais pas quoi dire d'autre. S'il te plaît écris-moi (si tu veux) et dis-moi comment ça marche avec ton nouveau groupe et tout ce qui te passe par la tête.

Love, ton pote
Kurdt

Kurdt Cobain 114N, Pear Apt #3 Olympia WA 98506
Tel (206) 352-0992

Bill Price – Guns N' Roses Chris Thomas ingénieur du son
Sex Pistols[1]

Gil Norton – Pixies

Alan Moulder – My Bloody Valentine + mix Jesus & Mary
Chain[2]

Barbiero[3] – Guns N'Roses Soundgarden

George Drakoulias – Black Crowes[4]

John Hanlon – « Ragged Glory » « Freedom »[5]

Dave Jerden – Jane's Addiction Talking Heads Alice In Chains[6]

Ed Stasium – Living Color[7]

Ron St Germain – Anthrax Death Angel *The* Youth[8]

Scott Litt[9]

Liste de producteurs envisagés par Cobain pour «Nevermind», qui sera finalement produit par Butch Vig et Nirvana, et mixé par Andy Wallace. – 1. Les lettres de noblesse de Bill Price incluent le «Never Mind The Bollocks» des Sex Pistols en tant qu'ingé-son, et deux albums du Clash et des Guns N'Roses comme coproducteur. Chris Thomas a produit l'album des Pistols et la moitié du «White Album» des Beatles en l'absence de George Martin. – 2. Responsable du fameux «Loveless» de My Bloody Valentine en 1991, Moulder a également produit (et pas seulement mixé) The Jesus & Mary Chain. – 3. Michael Barbiero, producteur du meilleur Guns N'Roses, «Appetite For Destruction», en 1987. – 4. Le producteur des Black Crowes a également remixé The Jesus & Mary Chain en 92 et «Dust» des Screaming Trees de Mark Lanegan en 1996. – 5. Deux albums de Neil Young sur lesquels Hanlon a travaillé en tant qu'ingé-son. – 6. Producteur (entre autres) des deux premiers albums d'Alice In Chains et de Jane's Addiction, Dave Jerden, entre la fin des années 80 et le début des années 90, transformait tout ce qu'il touchait en disque de platine. – 7. «Vivid», l'album de Living Colour qui a cartonné en 1988. Stasium a aussi produit entre autres les Ramones et Soul Asylum. – 8. *The* Youth pour Sonic Youth, idoles ultimes de la génération Cobain. – 9. Connu pour son travail avec R.E.M. et les Replacements, Scott Litt remixera deux titres de «In Utero» («Heart-Shaped Box» et «All Apologies») et coproduira avec Nirvana l'album «Unplugged In New York».

E t les têtes de nœud poilues et suantes, racistes et macho-sexistes, qui sombrerez bientôt dans un bassin rempli de lames de rasoir et du sperme de l'insurrection de vos enfants, la croisade armée des déprogrammés, souillant le sol de Wall Street de débris révolutionnaires, tuant à la fois de deux maux le moindre et le plus grand, apportant une éternelle purification stérile et bactériologique, botanique et végétale que nos ancêtres pourront contempler avec admiration et respect.

Le mâle américain viole

de plusieurs façons.

Se faire passer pour l'ennemi pour infiltrer les rouages de l'empire et commencer lentement à le pourrir de l'intérieur

C'est un job interne – ça commence avec les gardiens des institutions et les cheerleaders, enfin, peu importe, on s'en fout.

[NdE – ÉCRIT DANS UNE BULLE DANS LA MARGE] :

seront pendus par les couilles avec des pages de *Scum Manifesto*[1] agrafées sur le corps

1. Brûlot féministe enragé de Valerie Solanas, également connue pour avoir tenté d'assassiner Andy Warhol.

«Smells Like Teen Spirit»

Venez jouer – inventez les règles
Éclatez-vous un max on sera perdants à l'arrivée

Notre petite clique existe depuis toujours et
restera là jusqu'à la fin
Pour connaître oh non un gros mot

Chargez les flingues et amenez vos amis
Je sais je sais c'est pas bien de choquer
Enlevez vos fringues je vous verrai au tribunal

Nous nous unissons d'avance pour ce jour spécial
Ce jour qui verra le sacrilège amnistié

[NdE – DANS LA MARGE] :

Les assemblées se changent en meetings. Les débris révolutionnaires jonchent le sol de Wall Street, vos enfants ont pris le pouvoir, vous avez été prévenus, les représentants de la Goinfrerie auront vingt-quatre heures pour changer ou partir, faute de quoi ils seront arrachés comme de mauvaises herbes, et tués d'un coup derrière la nuque pour économiser les balles.

Cursed Ant the word

smells like Teen Spirit

It will
be fun

Come out and play make up the rules
have lots of fun we know weil lose

our little group has always been and
always will until the end

Pep
Assembly's
Become
Rallys

to know   oh no
A Dirty Word

Bend

load up on guns & bring your friends
I know I know   It's wrong to
Take off your clothes I'll see you in court   offend

Abort
Abort

Club

we merge ahead this special day
this day giving Amnesty to Sacrilege

flyers
fly

learn all three chords

store

Handle

And Anointed
with a HO
to the back
of the neck
to save
Bullets

Un présent de choix reçu de toi

Oh non je connais un gros mot

Reçu de toi

Maintenant j'oublie pourquoi je goûte – oh yeah
Je suppose que ça me fait sourire
Pourquoi tu ne pleures pas quand je suis loin
Oh yeah nous voulons ce qu'il y a de mieux pour toi

(Ce qu'il y a de mieux pour toi) c'est la nouveauté

Le plus beau jour que j'aie jamais vécu
Est celui où le lendemain n'est pas venu
Je suis nul dans ce que je fais de mieux
Bien content de savoir que la plupart des autres sont dociles
Et pour ce don je me sens béni

On ne m'accorde plus aucun crédit

A night of choise I got from you

oh NO I know A Dirty word

~~I~~ ~~AK~~ I never know

got from you.

Now I forget just why I taste - oh yeah
I guess It makes me smile
why dont you cry when I'm ~~gone~~ AWAY
oh yeah we want whats best for you

_____ repeat   is something New

The finest day Ive ever had
WAS when Tomorrow never came
I'm ~~~~ bad at what I do best
I'm blessed to know
And for this gift I feel blessed   that MOST ARE
TAkING
my credit and away from me

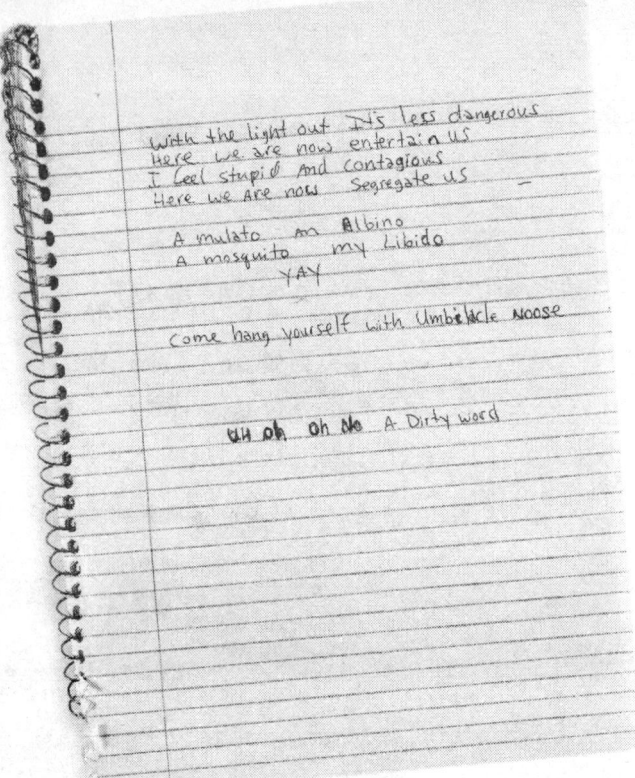

With the light out It's less dangerous
Here we are now entertain us
I feel stupid And contagious
Here we are now Segregate us

A mulato an Albino
A mosquito my Libido
        YAY

come hang yourself with Umbelacle Noose

UH oh oh No A Dirty word

À l'extinction des feux c'est moins dangereux
On est là maintenant distrayez-nous
Je me sens stupide et contagieux
On est là maintenant isolez-nous

Un mulâtre un albinos
Un moustique ma libido
        Yay

Venez vous pendre au cordon ombilical

Uh oh oh non un gros mot

Vendre les enfants pour manger

Le temps influence l'humeur…

Le printemps est de retour

Les glandes reproductrices

La première case – en haut à gauche – de cette mini-BD est l'ébauche de la pochette finale de « Nevermind ». Les légendes constituent le premier couplet de « In Bloom », chanson incluse dans l'album.

« Lithium »

Je suis si heureux car aujourd'hui j'ai trouvé mes amis
Ils sont dans ma tête

Je suis si moche, mais c'est pas grave car toi aussi
Nous avons cassé nos miroirs

Dimanche matin ressemble aux autres jours pour ce que j'en ai à faire
Et je n'ai pas peur
Hébété j'allume des cierges car j'ai trouvé Dieu
Hey Hey Hey

Je suis si seul, mais c'est pas grave je t'ai rasé la tête
Et je ne suis pas triste

Peut-être simplement
C'est de ma faute, d'après ce que j'entends mais je ne suis pas sûr

Je suis tellement content, je suis impatient de te retrouver
là-bas – mais je m'en fous

Je suis si excité, c'est pas grave, mes intentions sont bonnes

Je t'aime bien – je ne vais pas craquer
Tu me manques – je ne vais pas craquer
Je t'aime – je ne vais pas craquer
Je t'ai tué(e) – je ne vais pas craquer

Lithium

① ✱ I'm so happy because today i found my friends
   They're in my head.

✗ I'm so ugly but thats ok cause so Are you
   ~~And the~~ we broke our mirror ♪

④ Sunday morning is ~~the~~ ~~da~~ everyday for All I care
   And I'm ~~excited scared~~ not scared
   Light my candles IN A DAZE ~~and scared~~ cause I found God
   Hey Hey Hey

   I'm so lonely but thats ok I shaved your head
   And I'm not sad

   And Just may be
   I'm to blame for All I've heard but I'm not sure

   I'm so ~~excited~~ I can't wait to meet you
   there - but I don't care

   I'm so horny thats ok my will is good
   ~~And I've got food to tie me over and~~
   ~~Keep my mind on meeting you~~
   ~~And all my friends. And AgAin~~

   I ~~like~~ love you ⎰ Im not gonna crack
   I miss you ⎱
   I love you
   I Killed you

«Smells Like Teen Spirit»

Venez jouer inventez les règles
Enlevez vos fringues je vous verrai au tribunal
On sera perdants mais on s'emmerdera pas
Venez jouer inventez les règles
Idiot savant dyslexique malentendant
Chargez les flingues et amenez vos amis
Une poignée de main supposée secrète
Notre petite clique a toujours existé et durera
jusqu'à la fin
Nous nous sommes entaillé les poignets pour faire un pacte en jurant
de ne jamais revenir en arrière

Un mulâtre un albinos
Un moustique ma libido
Yay

Une consigne
de bouteille
coincé dedans
pas de modèle

Un déni
Qui sera le roi et la reine des jeunes déclassés
Je déteste parler en pourcentages
C'est sympa de savoir que le choix existe

[NdE – marge gauche] :
Névrotiquement
Léthargique

Tribu
Territoire
Pisser
Laisser sa marque

[NdE – marge droite] :
Le même pourcentage existe depuis toujours et durera jusqu'à la fin.
172 Dire n'importe quoi, juste pour exprimer une opinion.

smells like teen spirit feel

Come out and play make up the rules so stupid
I know I hope to bring the truth

Take off your clothes I'll see you in court

we'll lose and we wont be bored
Come out and play, make up the rules

Dyslexic idiot student with bad hand writing
load up on guns & bring your friends
The secret hand shakes pretend

parents

variety

undeserving

Neurotically
cathartic
Tribe

our little group has always been, and always will
until the end
We cut our hands & made a pact swore we're never going back

Tribe
territory

A mulato an Albino
A mousquito my Libido

YAY   A deposit
for A bottle
inside it
role model

A Denial

Who will be the king & Queen
of the Out-casted teens
I hate to use percentages it's nice to know there is
a choice

The same percent has always
been always will until the end

Since I'm the in
just is trying an opinion

« In Bloom[1] »

Vendre les enfants pour manger – le temps
influence l'humeur

Le printemps est de retour – les glandes
reproductrices

C'est lui qui aime toutes
les jolies chansons – et qui aime chanter
à l'unisson – et qui aime tirer au
fusil Mais il ne sait pas
ce que ça veut dire sait pas
ce que ça veut dire et je dis AAHH

Nous pouvons en avoir davantage
La nature est une pute
Les fruits sont abîmés
L'âge tendre en fleur

1. Portrait à peine déguisé de Dylan Carlson, leader de Earth et ami intime de Cobain. C'est lui
174 qui acheta le fusil avec lequel se tua Cobain.

IN BLOOM

Sell the kids for food - weather
Changes moods

Spring is here Again - re-Productive
glands?

Hes the one who likes all the
pretty Songs - and he likes to sing
along - and he likes to shoot his
Gun   But He knows not
what it means   know not
what it means and I SAY AAHH

We CAN HAVE Some MORE
NATURE is A whore
Bruises on the fruit
Tender Age in Bloom

175

«Verse Chorus Verse»

Chanceuse la brebis galeuse victime d'un chantage
Je te verrai au tribunal
J'étais si défoncé que je me suis gratté jusqu'au sang

À la fin des utopies et
Au bout du rouleau
J'ai été aspiré dans ton puits de goudron aimanté

L'herbe est plus verte de ce côté
Ça pousse à couper les ponts
Réinventer ce qu'on savait
J'attends avec impatience qu'on m'intente un procès

Tu es la cause de ma douleur
On se sent si bien quand on ressent de nouveau

Du sel sur l'océan dans un aquarium de fumées
Où est ma collection de timbres ? Je commence à m'ennuyer
Avoir un autre bébé le plein n'est pas encore fait
J'ai perdu tous mes contacts et je ne manque plus de fer
J'ai vu l'image de Jésus sur un panneau en bois

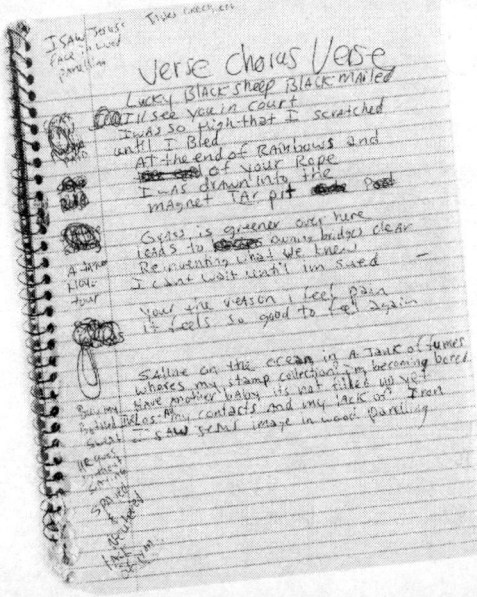

Verse Chorus Verse

Neither side is sacred No one wants to
win - feeling so sedated think I'll just
give in - Taking medication till my
stomachs full - Im A moody baby

grass is greener - over here -
Youre

Reinventing what we knew
I cant wait until im sued

«Verse Chorus Verse»

Rien n'est sacré personne ne veut
gagner – je me sens si amorphe je crois que je vais
abandonner – bouffer des médocs jusqu'à en avoir
l'estomac rempli – je suis un bébé boudeur

L'herbe est plus verte – de ce côté
Tu es

Réinventer ce qu'on savait
J'attends avec impatience qu'on m'intente un procès

«Come As You Are»

Viens comme tu es – comme tu étais
comme je veux que tu sois
comme un ami – comme un ami – comme un
vieil ennemi – Prends ton temps
dépêche-toi – Tu as le choix
Ne sois pas en retard – Repose-toi
Comme un ami – Comme un vieux
souvenir la souvenance ah

Viens couvert de gadoue – trempé dans la javel
comme je veux que tu sois
comme une mode comme un ami comme un vieux souvenir

Tu disais que je te faisais penser à ce que demain tu serais
Et je jure que je ne suis pas armé

Drain you

Power

Come As you are

Come as you are - as you were -
As I want you to be -
as A friend - as a friend - as an
old enemy - Take your time -
hurry up - the Choice is yours -
dont be late - take a rest -
as a friend - as an old -
memoria memory ah

Come doused in mud - Soaked in Bleach
As I want you to be -
As a Trend as a friend as an old
enemy memoriah

You said that I remind you of yourself tomorrow

And I swear that I dont have A Guys

«Lounge Act [1]»

Toi – qui fais tout marcher droit
Et excelles dans l'art du rappel
Me supplies de me détendre
On dirait que c'est jamais assez
Flemmarder dans la mer
Et voilà tout ce que j'ai

Je me suis brûlé les mains pour ne plus sentir
Je mouillerai mon lit pour t'arranger
Je m'arracherai les yeux
Je porterai des talons aiguilles
Je me torturerai l'esprit pour prouver que je peux toujours
Le sentir sur toi

Toi – qui souhaites que tout s'en aille
Ramène-le un autre jour

La sécurité est un costume particulier
Qui enveloppe un foyer

1. Cobain reconnut avoir écrit «Lounge Act» en référence à Tobi Vail qui le congédia après
180 quelques mois d'une relation jamais clairement établie.

Lounge Act

You. - keepin everything in line
mastering the art to remind
begging me to lighten up
never seems to be enough
    Lounging in the sea
    and we got this

I burnt my hands so I can't feel
I'll wet my bed to make you a deal
I'll gouge my eyes
I'll wear high heels
I'll wrack my brains to prove I can still
    smell "Him" on you

You- wishin everything away
Bring it back Another day

Safety is a special suit
cover up A home

«On A Plain»

Je vais commencer sans paroles
Je me suis défoncé au point de me gratter jusqu'au sang

Le plus beau jour que j'aie jamais vécu
fut celui où j'ai appris à pleurer sur commande

Refrain
Je m'aime plus que toi – Je sais que c'est
mal alors que devrais-je faire?

Ma mère mourait chaque nuit
C'est plus prudent de ne pas dire que je vous l'ai dit

On a encore fait chanter la brebis galeuse
Oublié de mettre le code postal

L'heure est venue de tout embrouiller
D'écrire des lignes qui n'ont aucun sens

J'ai déjà entendu ça quelque part
Dans un rêve que j'ai gardé en mémoire
À ma décharge je suis châtré et stérilisé
Bon sang qu'est-ce que je cherche à raconter?

Un dernier message spécial pour la route
Après c'est bon je peux rentrer chez moi

I'm on a plain [1] Je ne peux pas me plaindre
I'm on a plane [2] Je ne peux pas me plaindre

---

1. Jeu de mots entre les diverses significations de «plain» : évident ou ordinaire, banal, voire «plaine», puisque Cobain ajoutait un «e» dans une première version de ce vers (voir «Primary», page 138). – 2. Ainsi orthographié, «plane» signifie «avion».

ON A PLAIN

I'll start this off without any words
I got so high that I scratched till I bled

The finest day that I've ever had
was when I learned to cry on command

Chorus (I love myself better than you I know its
wrong so what should I do)

my mother died every night
Its safe to say dont quote me on that

The Black sheep got black mailed again
Forgot to put on the zip code

It is now time to make it unclear
to write off lines that dont make sense

Somewhere I have heard this before
IN A dream my memory has stored
As defense I'm Neutered & spayed
What the Hell Am I trying to say?

one more special message to go
And then I'm done then I can go home

IM ON A plAin I cAnt complain
I'm on A plAne I cAnt complain

Salut, j'ai 24 ans. Je suis blanc, issu de classe très moyenne, né sur la côte de l'État de Washington. Mes parents possédaient une chaîne stéréo encastrée dans un meuble imitation bois et un coffret de quatre disques de hits radio du début des années 70 intitulé «Good Vibrations », sur Ronco[1]. On y trouvait des tubes comme «Tie A Yellow Ribbon» de Tony Orlando & Dawn et «Time In A Bottle» de Jim Croche. Après des années de suppliques ils m'ont finalement acheté une batterie en fer-blanc avec les peaux en carton qu'ils ont trouvée au dos d'un catalogue Sears[2]. La batterie n'était pas arrivée depuis une semaine que ma sœur avait déjà fait des trous dedans avec un tournevis.

Je pleurais en écoutant «Seasons In The Sun[3]». Ma mère jouait une chanson de Chicago au piano, je ne me souviens pas du titre mais je n'oublierai jamais la mélodie. Ma tante[4] m'a offert une slide guitare hawaïenne bleue et un ampli pour mon septième anniversaire. Au cours de ces précieuses premières années, elle m'a également donné les trois premiers albums des Beatles, ce dont je lui serai éternellement reconnaissant, sachant que mon développement musical se serait probablement arrêté net si j'avais dû endurer une autre année de Carpenters et d'Olivia Newton John.

En 1976 j'ai découvert que les Beatles étaient séparés depuis 1971. Mes parents ont divorcé et je suis allé vivre avec mon paternel dans un mobile home dans un bled de bûcherons encore plus petit qu'avant. Les copains de papa l'ont convaincu de s'inscrire au club de disques Columbia et bientôt des disques sont arrivés presque chaque semaine au mobile home, s'empilant jusqu'à former une chouette petite collection.

1. Ronco Records. – 2. Spécialisé dans les soldes et «bonnes affaires» en tout genre. – 3. De Terry Jacks; premier 45 tours acheté par Cobain. – 4. Mari Fradenburg. Sœur de Wendy, la mère de Cobain, elle enregistra sur son magnétophone les premières chansons de son neveu. Peu de temps avant sa mort, Cobain voulut lui rendre la pareille en lui proposant d'enregistrer un disque.

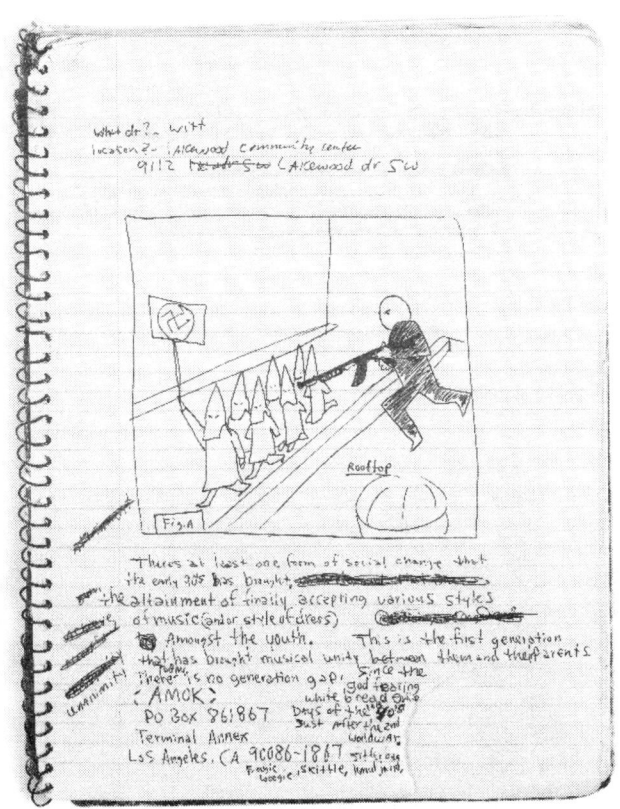

Le début des années 90 aura apporté au moins une forme de changement social : le droit pour la jeunesse d'adopter divers styles de musique (et/ou de fringues). Voici la première génération en mesure d'avoir des affinités musicales avec ses parents. Aujourd'hui, il n'y a plus de conflit de générations, pour la première fois depuis l'ère des bigots bourgeois de la fin des années 40. Juste après la guerre, à l'époque du jitterbug, du boogie-woogie, du skiffle et du swing.

« AMOK »
PO Box 861867
Terminal Annex
Los Angeles, CA 90086-1867

Nous remercions : tous les parents démobilisateurs pour donner à leurs enfants la volonté de leur montrer ce dont ils sont capables, et les machos blancs américains pour rappeler à la petite fraction d'entre nous capable de discerner l'injustice de vous combattre et de savoir à quoi s'en tenir quant à vos instincts sadiques et malsains. Puissiez-vous pourrir comme vous vous êtes emmerdés à rester en vie.

Merci aux personnalités politiques et à ceux de l'industrie du spectacle qui sont les Goinfres par excellence de nous rappeler

Ne nique pas tes enfants
Ne

« Le rock est l'expression de la liberté en musique[1]. Ce qui veut dire faire et jouer ce qu'on veut. Nirvana signifie se délivrer de la douleur et de la souffrance du monde extérieur, et ça rejoint ma définition du punk rock », s'exclame le guitariste Kurt Kobain. Nirvana cherche à mélanger énergie punk et riffs hard rock, à l'intérieur d'une sensibilité pop.

« En parlant de sensibilité, ajoute le bassiste Chris Novoselic, ça serait chouette d'avoir plus de sens pratique, un minimum de sens commun, comme penser à payer la note de téléphone ou le loyer. » Le groupe a signé un contrat avec DGC un peu plus tôt cette année et profite désormais de tous les bénéfices inhérents à cette situation. « Bénéfices, bonus, rien à branler mec, ils nous jettent un os et on reste un moment sous le feu des projecteurs », grommelle le batteur Dave Grohl. Cynique à l'égard de l'industrie musicale, Nirvana n'en ressent pas moins la nécessité de mener sa croisade musicale perso.

1. Projet de bio destiné à la maison de disques pour « Nevermind » – jamais utilisé.

« Nevermind », deuxième album du groupe mais le premier sur un gros label, a été bouclé deux ans après la sortie de leur premier disque « Bleach ». Kurt commente : « Ça vous est déjà arrivé un jour de vouloir vous mettre à chercher du boulot, mais il est déjà deux heures de l'aprèm et c'est foutu ? Et le lendemain un pote rapplique chez vous, alors vous vous dites que vous vous occuperez de ça demain, puis le jour d'après, puis plus tard, etc., etc., etc. » Quoi qu'il en soit, le "virus de la procrastination" n'a nullement affecté le travail de composition du groupe. Un EP intitulé « Blew » est sorti. Il comprend deux titres extraits de « Bleach » (« Love Buzz » et « Blew ») et deux nouvelles chansons (« Been A Son » et « Stain »). À l'automne 90, le groupe a publié le single « Sliver »/« Dive ». Plusieurs inédits en studio et des enregistrements live circulent également sur le douteux marché des pirates.

Nirvana a aussi beaucoup joué durant cette période – trois grosses tournées, dont deux visites en Angleterre et quelques dates dans d'autres pays européens. Ils se sont produits à Berlin au lendemain de la chute du Mur. «Les gens de l'Ouest offraient des paniers de fruits à ceux qui se présentaient et un type s'est mis à pleurer à la vue de bananes», se remémore Kobain.

L'origine du groupe remonte à 87. L'histoire classique de deux étudiants en arts qui s'emmerdent, lâchent leurs études et forment un groupe. Kobain, un peintre au couteau-scie spécialisé dans la nature et les paysages marins, rencontre Novoselic, dont la passion consiste à coller des coquillages et des bouts de bois sur de la toile de sacs à pommes de terre, au célèbre Institut d'arts manuels de Grays Harbor. Selon Chris : «Quand j'ai vu le travail de Kobain, j'ai su que quelque chose de spécial était à l'œuvre. Je me suis présenté et je lui ai demandé ce qu'il pensait du mobile en macaronis sur lequel j'étais en train de travailler. Il m'a suggéré de coller des paillettes dessus. Dès lors, une association artistique est née qui a posé les bases de la collaboration magique qu'est aujourd'hui Nirvana.» APRÈS une longue succession de batteurs Nirvana a finalement

[NdE – Le texte de cette bio s'arrête sur «finalement»]

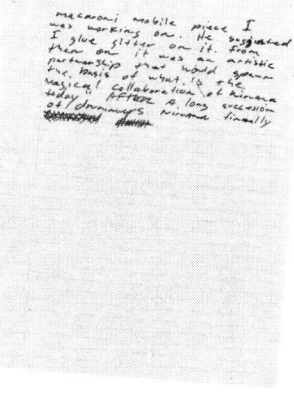

189

« Smells Like Teen Spirit »

Éléments requis[1]

1) Une Mercedes Benz et quelques vieilles bagnoles
2) L'accès à un centre commercial désaffecté, le rez-de-chaussée et une bijouterie.
3) Plein de faux bijoux
4) Un amphi (salle de gym)
5) Des centaines de surveillants, étudiants
6) Six tenues noires de cheerleaders avec le signe « A » de l'anarchie imprimé sur la poitrine.

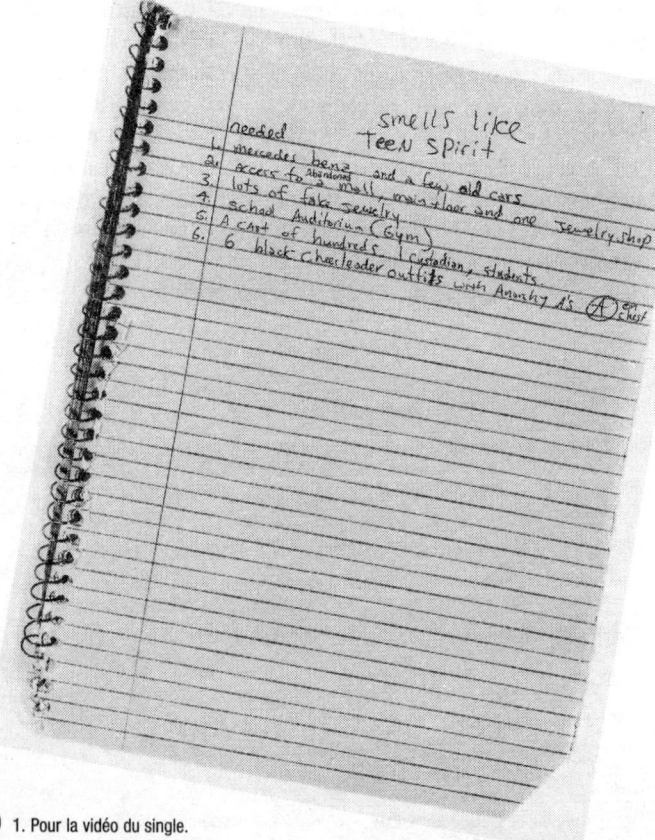

1. Pour la vidéo du single.

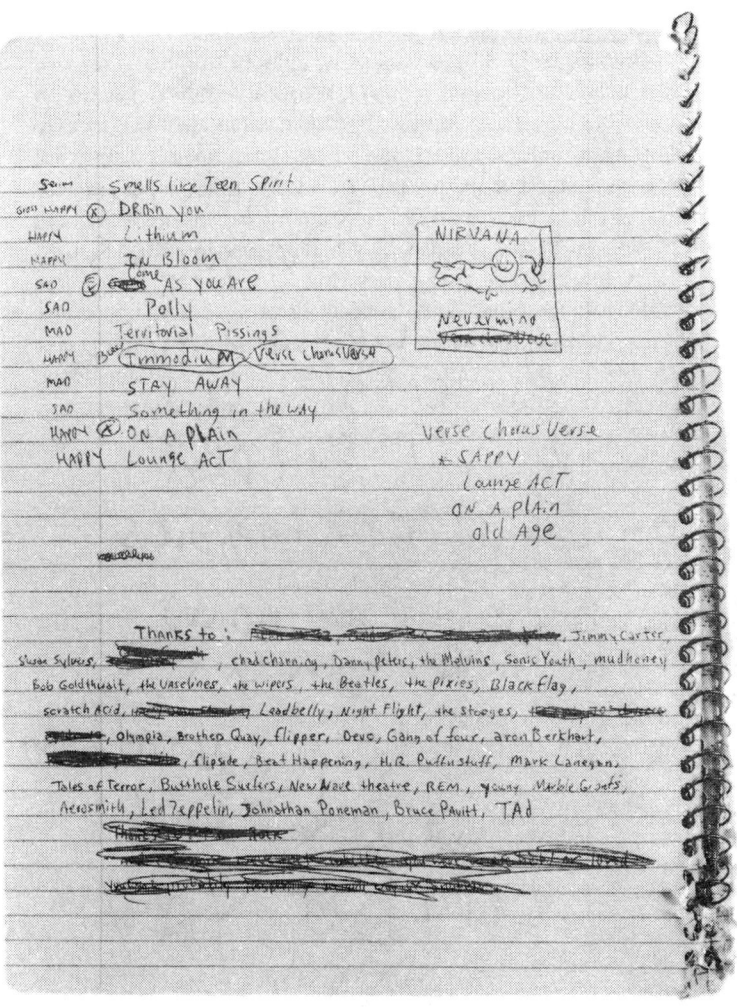

Liste de chansons et de remerciements pour la pochette de «Nevermind».

J'avais une cigarette à la main, je croyais que c'était un stylo, j'ai commencé à écrire une lettre à mon député, je lui parlais de la misère et de la corruption, des filles gothiques qui dansent dans les boîtes de strip-tease tout en essayant d'arrêter la défonce et à quel point elles sont vraiment, vraiment sensibles, je lui disais que si davantage de vampires végétariens renonçaient à poursuivre les fautes professionnelles, assis dans l'obscurité à canaliser les énergies combinées de toutes les âmes des bébés perdus de cette planète, alors nous pourrions tous siroter des boissons alcoolisées parfumées à l'anis près des berges paresseuses du Rhône ou du Rhin. Je n'ai pas de grief particulier à votre encontre, aucune terrible et amère privation en général. Et ça me fait vraiment mal aux poumons. Cette clope a mariné dans la peur du CCPP[1] et a été aspergée de puissantes ballades heavy metal, ce qui me donne l'occasion d'utiliser un papier à lettres imprégné de mon parfum favori et de coller un timbre à l'envers. Ce qui prouve seulement l'importance de l'odeur ici et là, avant les hommes préhistoriques et le silex ou même les bouteilles couleur citron. Bon, définissez vos priorités.

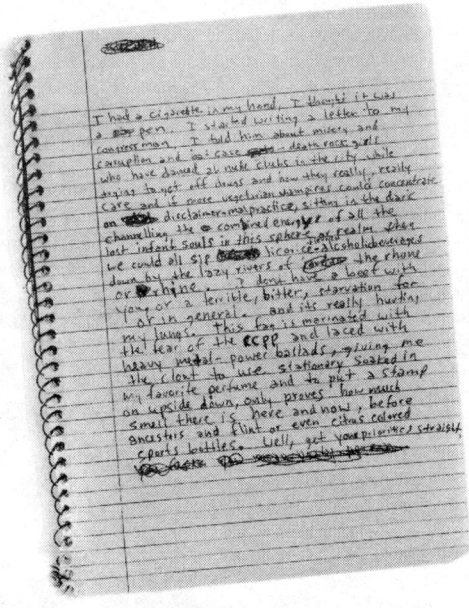

1. Trop d'organisations américaines portent ces initiales pour deviner de laquelle il s'agit. Cobain
a pu vouloir écrire CCCP, les initiales de l'Union soviétique.

Breeders – « Pod » – Un chef-d'œuvre qui vous empêchera à jamais d'oublier votre ex-petite amie.

Pixies – « Surfer Rosa » – Un fossile métallique indestructible tombé d'un vaisseau spatial, avec ou sans la putain de production.

Leadbelly – « Last Sessions, Volume 1 » (Folkways) – Organes, hémorroïdes, cellules et il savait sans doute différencier les plants de cannabis mâles et femelles.

Vaselines – Les EP roses et verts. Eugene + Frances = amour évident.

Young Marble Giants – « Colossal Youth » – Comme être étendu dans un poumon d'acier rempli d'eau tiède et de sels de magnésium.

Wipers – « Is This Real ? » – Ouais, ça l'est.

Shonen Knife – « Burning Farm EP » – Quand je les ai finalement vues sur scène, j'ai été métamorphosé en fillette hystérique de neuf ans à un concert des Beatles.

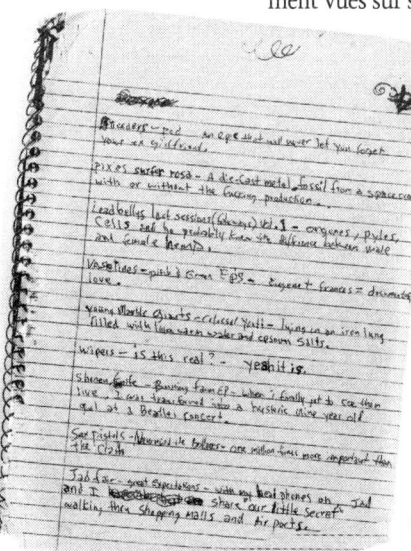

Sex Pistols – « Nevermind The Bollocks » – Un million de fois plus important que The Clash.

Jad Fair – « Greater Expectations » – Avec un casque sur les oreilles, Jad et moi partageons « notre petit secret », arpentant centres commerciaux et aéroports.

Sa mâchoire s'est décrochée,
révélant un petit bouc soigneusement taillé.

His jaw dropped, and off slid his finely sculpted, bohemian goatee.

Ouais, et puis ils se sont torché le cul avec et ensuite ils y ont foutu le feu!

Réinsertion, compassion : groupes. Généralement de petites organisations à but non lucratif ou subventionnées par l'État, destinées à aider les victimes de viol à surmonter les violences qui leur ont été infligées, également appelées «centres d'aide aux victimes de viol» ou «planning familial» et qui, soit dit en passant, viennent d'être informées du fait qu'il sera bientôt illégal pour les docteurs travaillant dans ces centres (souvent à titre bénévole) de proposer aux jeunes femmes enceintes tous les choix envisageables, c'est-à-dire : ils n'ont plus le droit de proposer le choix de l'avortement.

Je me demande s'il s'agit d'une décision délibérée de votre part de ne pas imprimer des mots clés comme «réinsertion» ou «compassion», ne laissant à la place que le mot «groupe», de telle façon que cette ridicule petite citation puisse être interprétée comme si j'attaquais d'autres sortes de groupes (des groupes rock) pour ne pas aborder le problème du viol et ensuite affirmer d'un ton moralisateur que la chanson «Polly» a été écrite en réaction à ces groupes (vos prétendus groupes rock) et déclarer que notre groupe à nous (Nirvana) s'est consciencieusement lancé dans une pieuse croisade, en tant que groupe, pour apprendre aux hommes à ne pas violer.

[NdE – DANS LA MARGE] : Ça se passe aux États-Unis, alors pourquoi en auriez-vous quelque chose à foutre? Mais ça pourrait tout aussi bien se passer ici.

Nous trouvons très frustrant de nous être lancés deux heures durant dans un entretien en profondeur et d'avoir perdu ces deux heures à accorder ce que nous pensions être une

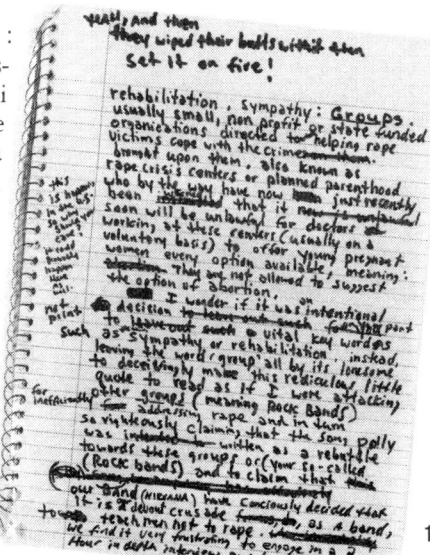

195

interview assez poussée pour qu'à l'arrivée, seuls quelques mots gênants car sortis de leur contexte apparaissent, sans parler d'une citation intégralement repiquée dans un autre article paru dans le *New Musical Express* il y a quelques mois (l'attaque sur les Guns N'Roses), l'ensemble donnant à l'arrivée l'impression que nous sommes un groupe n'ayant rien de mieux à exprimer que de confuses divagations politiques de seconde zone. Nous ne sommes pas politiquement corrects mais, oui, nous avons des opinions sur ces sujets et nous ne méritons pas un tel déballage mensonger.

Quant à être strictement un groupe politique, il est assez évident que nous ne sommes pas suffisamment qualifiés ou engagés pour même essayer. C'est pourquoi 90 % de nos interviews consistent en considérations plus ou moins spirituelles sur la musique ou nos animaux domestiques, et quand on nous presse de dire autre chose, seulement 10 % de nos opinions politiques personnelles et sincères apparaissent, et pourquoi cela ? On apprend à notre détriment qu'il est impossible de faire confiance à la majorité des journalistes anglais incestueusement compétitifs.

« Et si nous parlions politique ? » Mais combien de fois les journalistes des deux magazines[1] se sont-ils poignardés dans le dos, ont-ils menti ou magouillé dans le seul but de doubler l'autre pour une couv sur le même groupe ? Euh, juste une supposition. Les tabloïds sensationnalistes sont

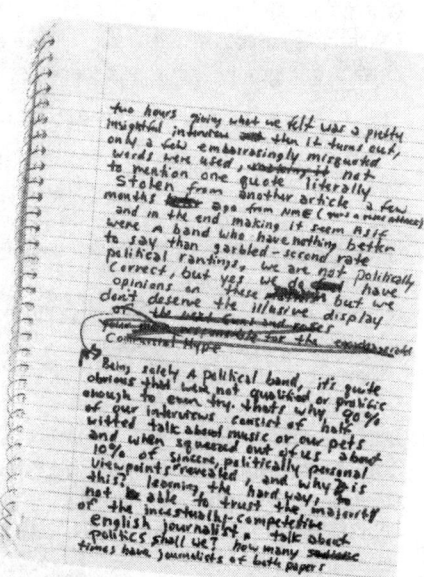

1. Cobain se réfère aux deux principaux hebdomadaires britanniques de l'époque, le *New Musical Express* et le *Melody Maker*, ce dernier aujourd'hui disparu.

quasi inoffensifs et on peut comprendre leur utilité dans la mesure où la plupart des groupes rock actuels sont ineptes, mais l'intérêt pour la musique semble avoir été détourné au profit du plaisir égoïste et vicelard de journalistes qui incitent naturellement les groupes à devenir paranos, sur leurs gardes, blasés, grossiers et peu coopératifs. Le journaliste anglais est un juge autoproclamé de seconde zone qui n'a pas réussi à devenir thérapeute, c'est un parasite[1] répugnant, difforme, nain, détraqué de l'intérieur et fondamentalement incapable de maintenir une relation stable (sauf avec ses semblables), un authentique masochiste qui se délecterait du glamour de clichés de lui-même à poil, les mains menottées dans le dos, à genoux avec une couche de bébé et un vibromasseur fourré dans la bouche, et que ces clichés figurent en couverture de chaque magazine européen. Les rivaux et les voleurs vomiront un jour ensemble un tabloïd mensuel.

Et les pauvres bribes d'information se soumettront aux arts privés de liberté.

Love Kur-d-t Koebane

[NdE – DANS LA MARGE] :

Nous déclinons avec grand plaisir l'opportunité de nous faire violer par les journalistes rosbifs. En répondant à de futures demandes d'interviews : Non merci. Non merci beaucoup.

---

1. «Enemic», néologisme figurant dans le manuscrit et jeu de mots vraisemblable avec *NME*, *New Musical Express*.

Salut[1],

Ouais, tous les mots en «ismes» se répondent, mais au sommet de la chaîne alimentaire trône toujours le macho blanc corporate[2], le mâle fort comme un bœuf, irrécupérable à mon avis. Je veux dire, les rapports de classe sont déterminés par le sexisme parce que c'est le mâle qui contrôle tous les autres «ismes». C'est une affaire d'hommes. Et d'après moi, les gens ne peuvent réfuter aucun «isme» ou penser que certains sont plus ou moins importants. Sauf pour le sexisme. Il est en charge. Il décide. Je continue à penser que pour aborder tous les autres «ismes», il faut d'abord mettre à nu le sexisme. Il est presque impossible de déprogrammer l'oppresseur mâle génétiquement constitué, en particulier quand il a été biberonné au sexisme de génération en génération, comme les monstres réacs de la NRA[3] et les bâtards de fils à papa corporate au pouvoir, ceux qui sont nés sans autre option que de tout posséder et de laisser quelques miettes s'écraser à leurs pieds pour le reste d'entre nous. Mais il y a des milliers d'esprits innocents, des jeunes garçons crédules de quinze ans qui commencent à peine à se conformer à ce qu'on leur a inculqué sur ce qu'un homme est supposé être, et les moyens abondent. Le plus efficace s'appelle le divertissement. L'industrie du spectacle commence seulement à nous accepter, principalement à cause d'une hype bidon issue de la prise de conscience sociale et environnementale : la nouvelle

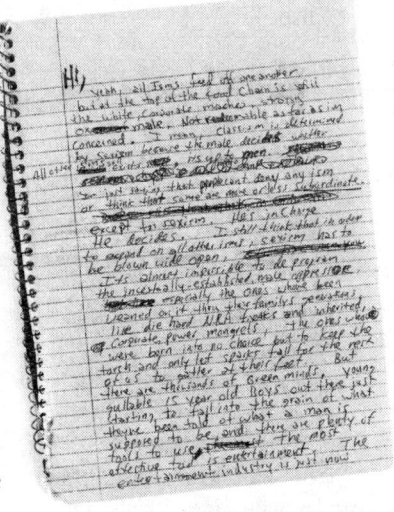

---

1. Lettre à Tobi Vail écrite quelques jours après la fin des séances d'enregistrement de «Nevermind» au printemps 1991. – 2. Institutionnalisé. Le mot «corporate», devenu courant, figure désormais tel quel dans nombre de textes en langue française. – 3. National Rifle Association, puissante association de lobbying des armes aux États-Unis représentée par l'acteur Charlton Heston. La NRA s'oppose à toute forme de contrôle sur l'achat des armes à feu.

attitude des 90's, au point mort à cause du contrecoup patriotique de la guerre[1] et tous ses meetings façon Nuremberg. Mais ils utilisent les MÉDIAS! Les médias. Les grosses compagnies discographiques, les malfaisants oppresseurs (bon sang, faudrait que je trouve un autre mot!) corporate, ceux qui sont de mèche avec le gouvernement, ceux sur qui le mouvement underground s'est vengé au début des années 80, ces compagnies subventionnent désormais des groupes prétendument subversifs et alternatifs pour qu'ils mènent leur croisade. Bien sûr ce n'est pas pour ça qu'ils filent de la tune, mais parce que ça ressemble à un truc qui pourrait rapporter gros. Mais nous pouvons nous servir d'eux! Nous pouvons nous faire passer pour l'ennemi afin d'infiltrer les rouages du système et de commencer à le pourrir de l'intérieur. Saboter l'empire en faisant semblant de jouer leur jeu. Se compromettre juste assez pour les mettre au pied du mur. Et les têtes de nœud poilues, suantes, machos et sexistes sombreront bientôt dans un bassin rempli de lames de rasoir et de la semence de l'insurrection de leurs enfants, la croisade armée des déprogrammés, souillant le sol de Wall Street de débris révolutionnaires.

Assassinant à la fois de deux maux le moindre et le plus grand, apportant une éternelle purification stérile et bactériologique, botanique et végétale que nos ancêtres pourront contempler avec admiration et respect. RESPECT Saiiiiigneur!

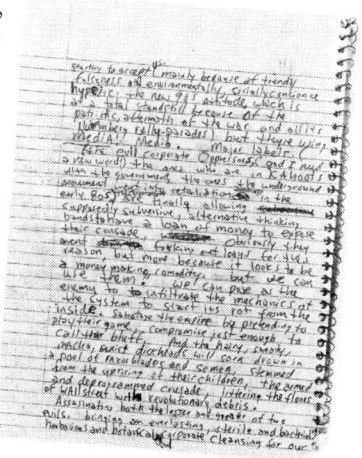

(Reprenons) : se faire passer pour l'ennemi pour infiltrer les rouages de l'empire et commencer lentement à le pourrir de l'intérieur, c'est un job interne – ça commence avec les gardiens des institutions et les cheerleaders. Et ça se termine avec les entertainers[2].

La jeunesse attend, impatiemment.

La vasectomie pour les homophobes.

C'est comme ce que Kathleen[1] racontait sur ce cours qui se tenait dans son école où ils enseignaient aux filles comment se préparer à être violées, et en regardant par la fenêtre, elle voyait les violeurs jouer au foot et se disait « mais c'est eux qui devraient être ici pour apprendre à ne pas violer ».

Tellement vrai. Séduisez-les avec du divertissement de qualité, et assenez-leur un grand coup de réalité.

La révolution sera télévisée.

Il y a cette nouvelle chaîne 24 heures sur 24 sur le câble appelée *The 90's*, pour l'instant on ne la capte que dans quelques États mais une sorte de résumé, la version magazine, est diffusée une fois par semaine sur le canal hertzien, c'est drôlement instructif, et même si ça dépeint l'injustice d'une façon un peu conservatrice-libérale, c'est tout neuf donc c'est normal qu'il y ait des imperfections. J'ai regardé plusieurs fois et j'ai vraiment bien aimé. *Night Flight* aussi est de retour, tu sais, l'émission qui passait du théâtre expérimental ?

Nous avons l'intention d'infiltrer ces shows et d'autres avec si on nous en offre l'occasion. Ouais, je sais, je suis un cliché ambulant, confus et pas cultivé, mais je n'ai plus besoin d'être inspiré, seulement soutenu.

Ah ouais, la Goinfrerie, j'allais presque oublier la Goinfrerie. Le groupe possède désormais une image : antigoinfrerie, contre le matérialisme et le consumérisme, et nous avons bien l'intention d'intégrer cette image dans toutes nos vidéos. Dans la première, « Smells Like Teen Spirit », on nous verra en train de marcher dans

1. Kathleen Hanna emmenait le groupe Bikini Kill formé avec Tobi Vail au Evergreen College d'Olympia à la fin des années 80.

un centre commercial en lançant des milliers de dollars en l'air tandis que les gens autour de nous se ruent comme des vautours pour en ramasser un maximum, ensuite on entre dans une bijouterie et on casse tout dans une explosion de violence punk rock antimatérialiste, puis on se rend à une réunion d'étudiants avant un match et les cheerleaders ont le signe A de l'anarchie imprimé sur leurs sweats et les gardiens des institutions devenus révolutionnaires et militants brandissent des fusils avec des fleurs au canon sur les étudiants qui poussent des hourras et cavalent au milieu du centre en jetant leur fric et leurs bijoux et leurs cassettes d'Andrew Dice Clay[1] qui forment un gros tas auquel on fout le feu avant de se barrer de l'immeuble en hurlant. Oh, mais Twisted Sister[2] n'aurait pas déjà fait ça, par hasard ?

Tout ce qu'on m'a pris ces deux derniers mois : un portefeuille, mon permis de conduire, etc., 400 dollars, trois guitares (y compris la Mosrite), toutes mes chouettes pédales d'effet 70's, mon appartement et mon téléphone. Mais j'ai une Fender Jaguar de gaucher de 67 vraiment chouette qui à mon avis est presque aussi cool qu'une Mustang. Donc je considère que ça compense la perte de la Mosrite.

Pendant qu'on était à Los Angeles
On s'est presque fait tuer par des membres de gangs.
Bon, un truc du style.

Dave Franz et moi on était dans le parking d'une célèbre boîte de catch féminin en train d'essayer de dégoter des tranquillisants, quand deux énormes bagnoles se sont arrêtées juste à côté de nous et que cinq cholos[3] avec des flingues et des lames en sont descendus, ils se sont avancés vers la voiture la plus proche de la nôtre et ont commencé à beugler et à s'injurier les uns les autres en argot de gang.

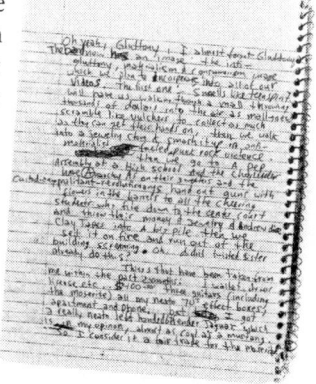

1. Comique américain ouvertement sexiste et homophobe qui connut un bref quart d'heure de gloire au tout début des années 90. – 2. L'un des plus caricaturaux des groupes glam rock des 80's peu appréciés de Cobain. – 3. Mexicains ou Américains d'origine mexicaine.

C'est alors que, fidèles à leur devise « Protéger et servir », les flics se sont pointés, les mecs des gangs se sont trissés dans leurs bagnoles, provoquant une course-poursuite du feu de Dieu. Il y avait même des hélicoptères avec des projecteurs.

Inutile d'ajouter qu'on s'est dépêché de trouver nos calmants et de se casser. On a fait un concert vraiment marrant avec Fitz Of Depression[1] dans un minuscule coffee-house[2] appelé le Jabberjaw. On était indescriptiblement déchirés à l'alcool et à la défonce, désaccordés et plutôt, euh, titubants. Il m'a fallu quinze minutes pour changer une corde de guitare pendant que les gens huaient et me traitaient de Robin Zander bourré (le chanteur de Cheap Trick[3]?).

Après le concert j'ai couru dehors et j'ai gerbé. Puis je suis revenu et j'ai vu Iggy Pop qui était là, alors je lui ai donné un gros baiser mouillé de vomi et je l'ai serré dans mes bras. C'est un type vraiment chaleureux et cool et sympa et intéressant. C'était probablement le moment le plus flatteur de ma vie.

Comme tu l'as sans doute deviné, je prends pas mal de drogues ces derniers temps, l'heure est peut-être venue d'un petit séjour à la Betty Ford Clinic[4] ou à la bibliothèque Richard-Nixon[5] pour m'empêcher de malmener plus longtemps mon petit corps de rat anémique. Je suis impatient de rentrer à la maison (quel que soit cet endroit), au lit, névrosé et affaibli par le manque de nourriture, à me plaindre que « le temps craint » et que c'est là l'unique raison de mon malheur. Tu me manques, Bikini Kill.

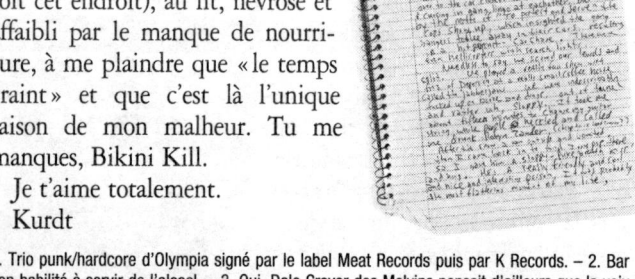

Je t'aime totalement.

Kurdt

1. Trio punk/hardcore d'Olympia signé par le label Meat Records puis par K Records. – 2. Bar non habilité à servir de l'alcool. – 3. Oui. Dale Crover des Melvins pensait d'ailleurs que la voix de Cobain ressemblait à celle de Zander. – 4. Le plus fameux des centres de désintoxication américains a été fondé par la femme du président Gerald Ford. De Liza Minelli à Jerry Garcia, toutes les célébrités en proie à des problèmes de dépendance y ont séjourné. – 5. Fondée par Nixon après le Watergate et peu avant sa mort, la bibliothèque se concentre essentiellement sur les écrits politiques – on peut y consulter les discours de tous les présidents américains. Rien à voir avec la drogue, mais association d'idées typique de la rhétorique Cobain.

Un petit pourcentage de la population est NÉ avec la capacité de discerner l'injustice. Ces gens ont tendance à se poser des questions sur l'injustice et à chercher des réponses d'une manière que leurs oppresseurs estimeraient anormale. Ils ont des tendances et des talents en ce sens où ils ont su très tôt qu'ils avaient le don de remettre en cause les plans établis par d'autres pour leur avenir.

Ces enfants-là sont généralement hyperactifs, des mômes ingérables qui ne savent jamais quand s'arrêter, parce qu'ils sont si obnubilés par ce qu'ils essayent de prouver qu'ils finissent par choquer, sans le vouloir bien sûr. C'est une bonne chose.

Ils traversent généralement l'enfance en pensant qu'ils sont spéciaux. C'est en partie instinctif, et peut-être aussi que leurs parents ou leurs profs leur ont dit qu'ils étaient spéciaux, peut-être qu'on les a mis dans des écoles de surdoués taillés pour la réussite dès le primaire. Pour d'obscures raisons ils finissent par devenir des personnes conscientes de leurs capacités, mais qui ne les comprennent pas, et dont l'ego est hypertrophié par l'insistance de la société à considérer que les gens dotés d'une perspicacité supérieure à la moyenne devraient être mis sur un piédestal car capables d'accéder facilement au succès. Finalement ils se changent en ados complètement désorientés et amers enclins à ne plus rien voir d'autre que l'injustice parce qu'à ce stade, ils ont (normalement) été confrontés à d'autres qui leur ressemblent et apprennent comme eux d'aînés marginaux et doués.

> There is a small percent of the population who were BORN with the ability to detect injustice. they have Tendencies to question injustice and to look for answers (by disapproving standards) that would be considered abnormal. They have Tendencies and talents in the sense that they know from an early age that they have the gift to challenge what is expected of their future.
>
> These kids are usually hyperactive, uncontrollable brats who never know when to quit because they so wrapped up in whatever their trying to prove, that they eventually offend someone, not meaning to of course. This is good.
>
> They usually go through childhood thinking their special. it's partly instinctual or maybe theyve been told by their parents or teachers, maybe theyve been put in a gifted childrens over achiever class in grade school. for whatever reason they end up molding into a person aware of their abilities and not understanding them and having bloated egos caused by societys insistance that people with overly-functional insight should be praised and considered on a higher level, easy access to success. Eventually they became totally confused and bitter adolescents who tend to see nothing but injustice because by that time they (usually) have had the chance to be exposed to others like them who learn from their gifted, bohemian ancestors.

Le pourcentage le plus important, qui a toujours dominé et dominera toujours l'autre, ne serait-ce que par le nombre, n'est pas NÉ avec la moindre notion de ce qu'est l'injustice. C'est le fond du panier des lourdauds de souche, les éboueurs ou les avocats de la vie. Ce n'est pas leur faute parce qu'il leur manque ce groupe spécial de cellules supplémentaires dans le cerveau qui favorise une conscience en éveil.

Ce n'est définitivement pas héréditaire.

Ce n'est définitivement pas leur faute.

Ils ne sont pas simplement dans l'erreur.

Bien entendu, les extrêmes et les degrés de la capacité à détecter l'injustice se rencontrent à tous les niveaux de la société et ces gens entrent généralement dans la catégorie qu'on pourrait comparer (pas assimiler) à celle des demeurés légers.

Vous savez bien, ceux qui trahissent tous les symptômes avec leurs yeux de mongoliens, mais que cela n'empêche pas de jouer dans des feuilletons télévisés à heure de grande écoute.

Tous les autres prétendus talents comme la danse, le chant, faire l'acteur, de la gravure sur bois et l'Art sont essentiellement le résultat acquis d'un exercice, la quête de la perfection par la pratique.

Aucun talent authentique n'est entièrement organique.

Et pourtant le talent à l'évidence supérieur n'est pas seulement le fruit du travail, mais également ce petit don spécial accordé en bonus à la naissance – et nourri par la passion. Un amour inné, totalement spirituel, inexplicable, new age, putain de cosmique et débordant d'énergie pour la passion. Eh oui, ils représentent un pourcentage plus infime encore du petit pourcentage. Ils sont spéciaux! Se méfient des faiseurs de systèmes. Tout ne peut pas être jaugé selon la logique intégrale ou la science. Personne n'est suffisamment spécial pour répondre à ça.

celebrities The larger percent who have and always will dominate
the smaller percent were not **BORN** with even
the slightest ability to comprehend Injustice.
these are the stump dump Garbage men of life.
   Its not their fault because they physically
lack that special, extra gump of cells in the
brain that welcome a questioning conciousness.
This is definitely not hereditary.
   It is definitely not their fault.
   They aren't simply misguided.
   Of course the extremes of and levels of the
ability to detect injustice range to all levels.
not described
AS these people usually fit in the bracket that
   Could be easily compared to the level of
   one who is marginally retarded.
   you know, the ones who have the symptoms of
mongoloid rings around the eyes yet they can still
act on prime time television dramas.
   All other so called talents like, dance, singing,
acting, wood carving and Art is mostly a developmental
cultivation of exercise through perfection thru practice.
   NO True talent is fully organic.
born
passion Yet the obviously Superior talented have
not only control of study but that extra
special little gift at birth - fueled
by passion! A built in, totally spiritual,
unexplainable, New Age, fuckin, cosmic
energy bursting love for passion.
And yes, they are an even smaller percent
amongst the small percent. And they Are
special! mistrust All Systematizers.
All things cannot be evaluated to the point
of total logic or science. No one is special enough to
answer that.

205

Ceci ne doit pas être pris au sérieux.
Ceci ne doit pas être lu comme des opinions.
Ceci doit être lu comme de la poésie.

Il est évident que j'ai le niveau d'études d'un élève de seconde. Il est évident que ces mots n'ont pas été longuement pensés ni même relus. J'aime appeler ce style d'écriture, de la perspective d'un lycéen, sa tentative pour démontrer que quel que soit notre niveau d'intelligence, nous nous posons tous des questions sur l'amour et le manque d'amour et la peur de l'amour.

Il est bon de remettre en cause l'autorité et de la combattre, ne serait-ce que pour rendre les choses un peu moins chiantes, mais je suis toujours revenu à la conclusion que l'homme était irrécupérable et que des mots qui n'ont pas forcément le sens qu'on leur prête peuvent être employés dans une phrase de façon artistique. L'anglais académique est vraiment trop chiant. Et ce bref arrêt au stand qu'on appelle la vie, dont nous nous préoccupons si intensément, n'est rien d'autre qu'un petit week-end passé en prison, comparé à ce qui viendra avec la mort.

La vie est loin d'être aussi sacrée que la faculté d'apprécier la passion.

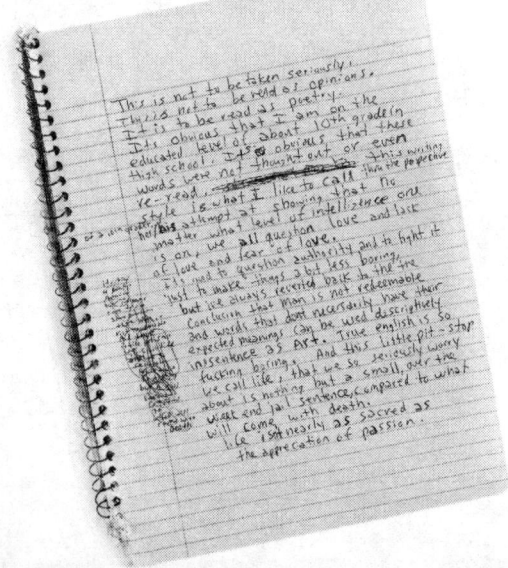

206

S i on devait me coller dans un *ghetto*, je préférerais encore atterrir dans le même *dépotoir* que des *bons* groupes comme Mudhoney, Jesus Lizard, les Melvins et Beat Happening, plutôt que d'être un *locataire* du régime des Propriétaires de l'Entreprise.

Je veux dire, on joue le jeu corporate et on le joue du mieux qu'on peut; mais d'un seul coup on se retrouve à jouer un jeu au lieu d'utiliser la force de vente des grosses corporations tout en restant dans notre petit monde. Parce qu'on a vendu dix fois plus de disques que ce à quoi on s'attendait. C'est tout bonnement un choc pour moi de faire des interviews avec des magazines que je ne lis pas.

Beaucoup de groupes se prétendent alternatifs alors qu'ils ne sont rien d'autre que des versions épurées des groupes de tocards chevelus du Sunset Strip[1] d'il y a quelques années.

J'adorerais être banni de toute association avec Pearl Jam ou les Nymphs ou autres petits joueurs.

Les groupes alternatifs ont essayé de ____[2] le grand public chaque année depuis les Sex Pistols et ont échoué à chaque fois, pas à cause des groupes mais parce que le moment n'était pas propice. Les années Reagan ont été incroyablement efficaces pour ôter toute chance à quiconque d'acquérir une conscience en état de marche, c'est d'ailleurs pourquoi il y a eu tant de groupes indés géniaux «do it yourself» pendant les années 80, en réaction à Reagan qui était un trouduc complet.

1. À Los Angeles. Terrain d'élection du hard rock et du glam metal de la fin des années 80 représenté notamment par des groupes comme Mötley Crüe et les Guns N'Roses. – 2. Verbe manquant.

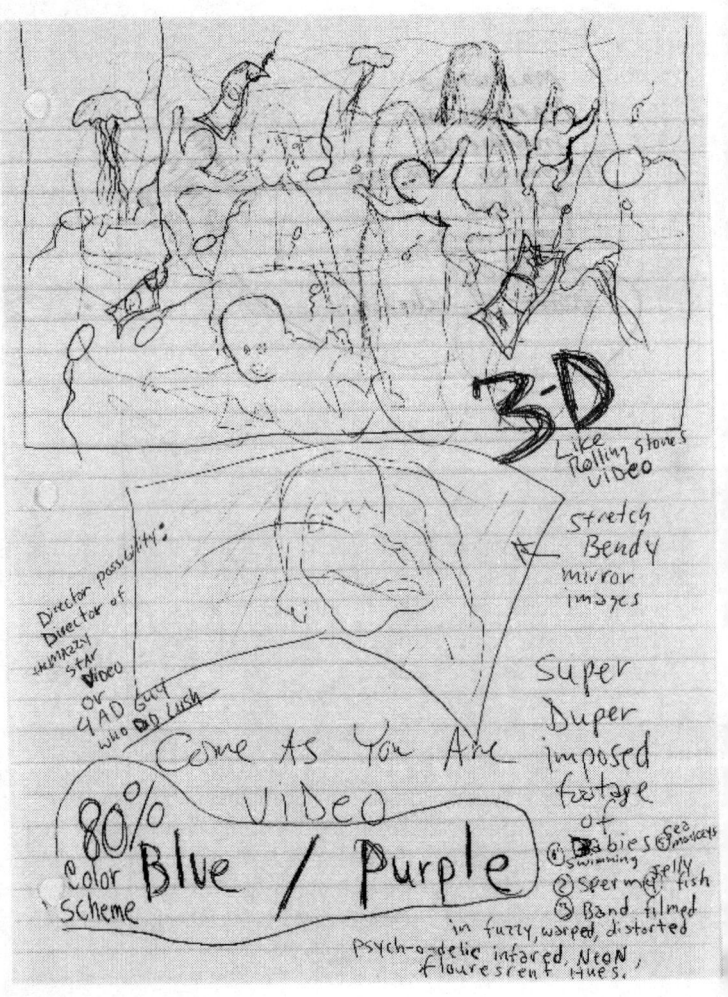

Vidéo en 3D comme les Rolling Stones.
Images déformées par des miroirs.

Super géniales séquences de

1) Bébés nageant

2) Sperme

3) Le groupe filmé dans des nuances fluo de néon psychédélique, flou, tordu, déformé

4) Méduses

5) Singes de mer

Possibilités de réalisateurs : le réalisateur de la vidéo de Mazzy Star ou le type de chez 4AD qui a fait Lush

Vidéo de « Come As You Are »
Combinaison des couleurs 80 % Bleu/Violet

Melvins

Ils ont des stickers Bush ou Reagan « Votez républicain » sur les pare-chocs de leur van pour écarter les méchants flics tabasseurs de Rodney King.

Les trois membres du groupe se sculptent régulièrement divers modèles de petits boucs à la mode. Oh, sauf le quasi-imberbe, yeux en soucoupe, visage poupin, parfois avec un peu de chair sur les os et parfois Annorexorcist[1], portant des Levi's violets méga-moulants, une coupe de cheveux comme Jimmy dans *H.R. Pufnstuf*, ex-accro au thé, fumeur non fumeur, le type sympa à 100 % qu'est Dale Crover.

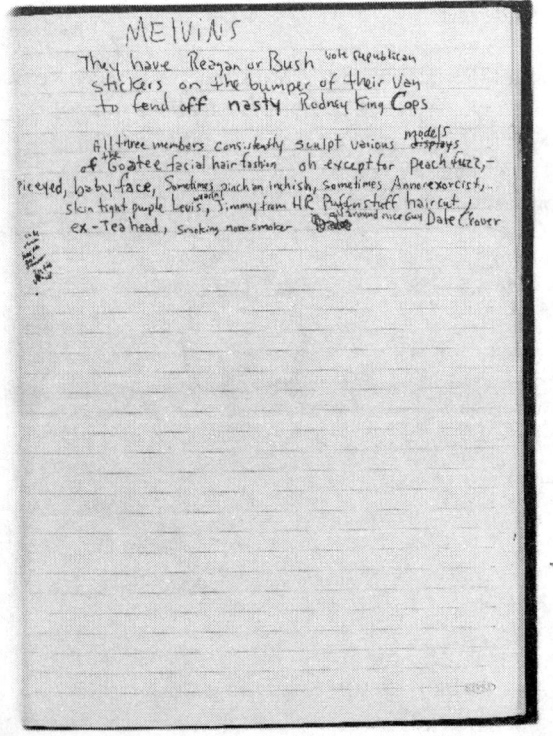

1. Contraction d'« anorexique » et d'« exorciste ». Cobainisme typique.

C'est difficile de faire la différence entre un entertainer sincère et un honnête escroc.

J'ai si violemment vomi que mon estomac s'est littéralement retourné pour révéler les nerfs aussi fins que des cheveux que j'ai entretenus et élevés comme mes enfants, décorant et faisant mijoter chacun d'entre eux comme si Dieu m'avait baisé et planté en moi ces précieux petits œufs, et je les arbore avec la fierté d'un paon et rempli d'orgueil maternel comme une pute délivrée du devoir des viols répétés et de la torture, promue à un job plus digne de bonne vieille prostitution quotidienne, ordinaire et saine. Mes plumes, c'est ma chatte.
Cartoon
Oh comme j'aime l'effet brutal produit par un seul mot à méditer comme
Cartoon
Putain mec, pense à ce truc
Cartoon
Heavy mec
Heavy

Si vous pensez que tout a déjà été dit et fait
Alors comment se fait-il que rien n'ait été réglé et résolu ? Je vous le demande.
De façon sarcastique, d'un air méprisant – à la mode des années 90.
Un peu, euh, sur la défensive, pour ne dire que le minimum et accomplir le pire.

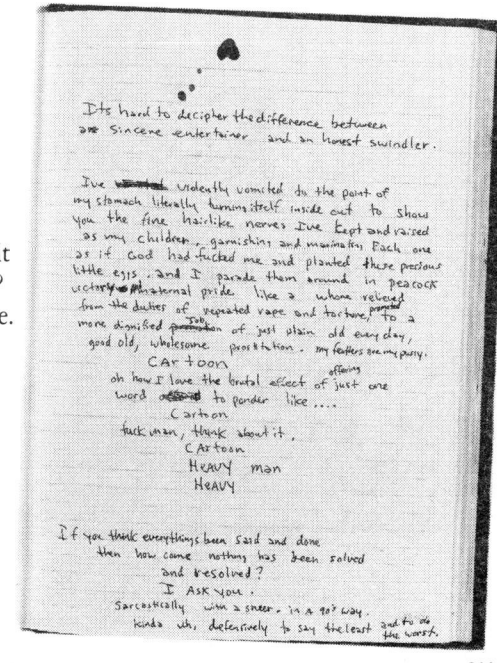

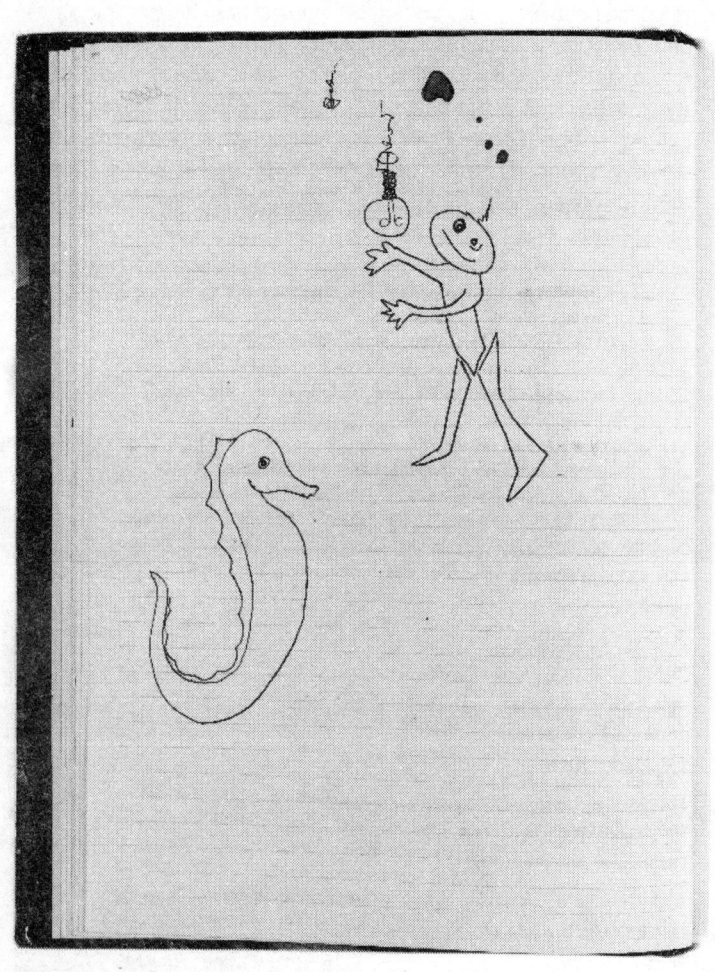

Je me sens un peu crétin à écrire comme ça sur le groupe et moi-même comme si j'étais une icône américaine pop-rock, un demi-dieu ou le produit autoproclamé de la rébellion packagée par le business. Mais mes amis m'ont rapporté tellement d'histoires insensées et de rumeurs débiles circulant sur mon compte, et j'ai lu dans mes interviews tant d'analyses freudiennes pathétiques et nulles de mon enfance jusqu'au stade actuel de ma personnalité, et comment je suis un héroïnomane notoire, foutu, alcoolique, autodestructeur, mais *tellement* sensible, frêle, fragile, doux, narcoleptique, *névrosé*, un minable prêt à overdoser à chaque minute, péter les plombs et se jeter d'un toit, me faire sauter le caisson ou ces trois trucs d'un seul coup. Eeeeeh oui, DIEUU, je n'arrive pas à gérer le succès! Le succès! Et je me sens si incroyablement *Coupable*! D'avoir abandonné mes vrais compagnons, ceux qui croient en nous depuis des années, cette petite fraction de fidèles qui, dans dix ans, lorsque Nirvana sera aussi mémorable que Kajagoogoo, viendra voir nos concerts de reformation, sponsorisés par des marques de couches, chauves, gros et essayant encore de ROCKER dans des parcs d'attractions le samedi : spectacle de marionnettes, montagnes russes et NIRVANA[1].

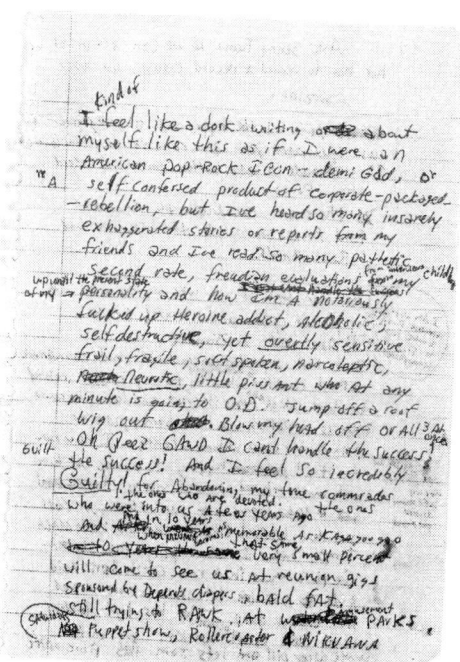

1. Référence au *Spinal Tap* de Rob Reiner (1984), qui dépeint d'hilarante façon le déclin d'un groupe finissant effectivement par se produire dans des parcs d'attractions.

Demander à Jenny Tums[1] si on peut republier son essai «Comment enregistrer un disque» pour ce fanzine.

Après toute la hype et l'attention poussée dont nous avons fait l'objet depuis un an, je suis parvenu à ces deux conclusions :
1) Nous avons fait un disque commercialement meilleur que Poison.
2) Il y a quatre fois plus de mauvais journalistes rock que de mauvais groupes rock.

Ah oui, et pour ceux que mon état physique et mental actuel intéresserait :

Je ne suis pas gay, même si j'aimerais bien, juste pour faire chier les homophobes.

Je ne suis pas un junkie.
Je souffre depuis trois ans d'une maladie de l'estomac peu courante et assez gênante laquelle, *à propos*, n'est *pas* liée au stress, ce qui veut dire qu'il ne s'agit *pas* d'un ulcère parce que la douleur nauséeuse, brûlante que je ressens dans la partie supérieure de ma cavité abdominale n'obéit à aucun schéma particulier, ce qui a laissé perplexes beaucoup de docteurs. Je ne sais jamais quand ça va arriver, je peux être à la maison dans l'atmosphère la plus détendue qui soit, sirotant de l'eau de source, pas de stress, pas d'agitation et soudain Wham! comme un coup de fusil : le glas de l'estomac a sonné. À d'autres moments je peux faire 100 concerts d'affilée, descendre de l'acide borique[2], donner un million d'interviews télé et rien, même pas un rot. Les docteurs n'ont aucune idée sur la question, sauf l'habituel : «Bon, Kurt, essayez cette nouvelle pilule antiulcère et insérons ce tube à fibre optique muni d'une caméra vidéo (un endoscope) dans votre œsophage pour la troisième fois et regardons ce qui se passe là-dedans. Une fois de plus. Ouaip, vous souffrez. Votre estomac est très enflammé et tout rouge. Bon, d'accord. Essayez à partir de maintenant de manger des glaces.» Je vous en supplie Seigneur, tant pis pour les

1. Jenny Toomey du label Simple Machines (voir page 267). – 2. Antiseptique léger. L'ingestion 214 de doses massives peut entraîner l'apparition d'un état de choc sévère.

OH LA CULPABILITÉ LA CULPABILITÉ[1] (Par : KurDt, le garçon qui nie)

Ce texte reprend, dans un ordre différent, le contenu des quatre pages précédentes. Avec cependant quelques modifications et/ou rajouts, à commencer par l'insistante répétition des mots « succès » et « culpabilité », ici saisis en majuscules. Également : évoquant les « conseils avisés » qu'on lui prodigue et qu'il ne supporte plus d'entendre, Cobain commence le paragraphe par : « Mon conseil préféré de la part des idiots qui se disent concernés », et le termine par : « À l'arrivée, je me tords de rire en pensant que ce crétin, M. Bons Conseils, et d'autres comme lui, m'ont fait gagner 30 cents » (selon toute probabilité en achetant un disque de Nirvana). Avant de suggérer que Crispin Glover devrait peut-être rejoindre Nirvana, il note : « J'aimerais bien flipper pour vous ». Enfin, il conclut son texte par ce souhait réalisé depuis : « J'aimerais mourir avant de me changer en Pete Townshend », référence ironique aux paroles de l'hymne des Who « My Generation » où Townshend fait déclarer au chanteur Roger Daltrey : « J'espère mourir avant d'être vieux ».

1. « Oh, the Guilt » est aussi le titre d'une chanson de Nirvana figurant sur un « split single » partagé avec Jesus Lizard sorti sur le label indépendant Touch & Go au début de l'année 1993.

WomBan

DE_JA VOO- DOO   BY: KurDt Kobain

stomach bile

An industrial size garbage sack filled with liquid demerol,
sweet cutgrass juice, the urine of extremely retarded,fetal alcohol syn
syndrome victims from Costa Mesa who are one chromosone away from severely
dangerous examples of why we will become a third world country in a matter
of years. If this is the current state of the underground,youth culture
Id rather retire to my big mansion petting my pot bellied pig,eating Hagen
Dahs ice cream with this garbage sack I.V. , in an iron lung deprevation
tank,submerged in a glasseno a gold aquarium filled with epson salts
with full visibility of a television monitor projecting endless footage
of fishing and golfing program while the gratetul dead pumped through
the speaker. Relaxing , lying naked except for a tie dyed T- shirt dyed
with the urine of Phil Collins and the blood of Cherry Garcia,
Ill be so relaxed and famous that an old men named Bob will travel miles
to visit me. He will pull apart my pyles and stick it in. He will die
just as he comes inside of me and all of his orgones and bad thoughts
and desires for truth will soak into the walls of my lower intestines.
I will be re-fueled. so re-fueled as to work up the energy to run on
foot to the grave of Leadbelly, dig up his corpse and put us on a one
way ticket to the Vatican. I will nail the corpse of Huddie in a corner
of the ceiling, paint him white and decorate him with costume jewelry.

womben

Womban

DE-JA VOO-DOO   par : KurDt Kobain

U n immense sac-poubelle rempli de démerol[1] liquide, douce rosée d'herbe coupée, bile stomacale d'attardés sévères, les victimes du syndrome de l'intoxication alcoolique fœtale de Costa Mesa[2] qui ne sont éloignés que d'un chromosome d'exemples extrêmement dangereux expliquant pourquoi nous serons un pays du tiers-monde dans quelques années. Si c'est ça l'état actuel de la jeune culture underground, je préfère encore me retirer dans ma résidence luxueuse à caresser le petit bedon de mon cochon, avalant des glaces Häagen Dazs au moyen d'une transfusion intra-veineuse par sac-poubelle, logé dans un caisson de décompression semblable à un poumon d'acier, immergé derrière la paroi trans-parente, non, dorée, d'un aquarium rempli de sulfate de magnésium offrant une vision panoramique sur un écran de télé-vision diffusant non-stop des émissions sur la pêche et le golf, tandis que les haut-parleurs déversent du Grateful Dead. Totalement relaxé, allongé nu à l'exception d'un tee-shirt délavé par l'urine de Phil Collins et le sang de Jerry Garcia[3].

Je serai tellement relax et célèbre qu'un vieil homme appelé Bob fera des centaines de kilomètres pour venir me voir. Il me déchirera les hémorroïdes et me la mettra profond. Il mourra en éjaculant en moi et tous ses organes, ses mauvaises pensées et ses désirs de vérité seront absorbés par les parois de mon côlon. Je serai revitalisé. Tellement revitalisé que j'arriverai à rassembler l'énergie nécessaire pour courir jusqu'à la tombe de Leadbelly, déterrer son cadavre et nous prendre tous les deux un aller simple pour le Vatican. J'accrocherai le corps de Huddie[4] à un coin du plafond, je le peindrai en blanc et le parerai de joyaux précieux.

1. Narcotique puissant aux effets similaires à ceux de l'héroïne, parfois administré aux cancé-reux en phase terminale. – 2. Ville de Californie située près de la baie de Newport. – 3. Orthographié «Cherry Garcia» dans le manuscrit en référence à la marque d'ice-cream de couleur rouge portant le nom du défunt chanteur du Grateful Dead. – 4. Prénom du bluesman vénéré de Cobain, qui reprit plusieurs de ses chansons avec Nirvana, dont le poignant «Where Did You Sleep Last Night» qui conclut l'album «Unplugged In New York» de 1994.

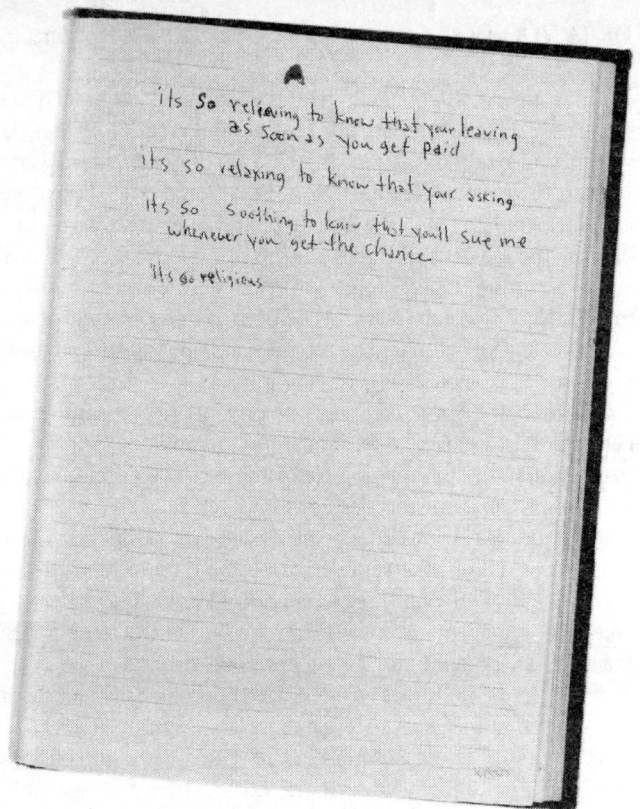

'its so relieving to know that your leaving
    as soon as you get paid

its so relaxing to know that your asking

its so soothing to know that you'll sue me
    whenever you get the chance

'its so religious

C'est si réconfortant de savoir que tu pars
Dès que tu as été payé

C'est si relaxant de savoir que tu demandes

C'est si apaisant de savoir que tu me traîneras en justice
Dès que tu en auras l'occasion

C'est si religieux

Ébauche des paroles de «Frances Farmer Will Have Her Revenge On Seattle», sur «In Utero».
Native de Seattle, l'actrice, rebelle au dogme hollywoodien, fut déclarée folle et internée dans
un hôpital psychiatrique de l'État de Washington (le même que celui où échoua l'arrière-grand-
père maternel de Cobain après une tentative de suicide). Elle y subit des électrochocs et même
une lobotomie partielle. Le jour de son mariage avec Cobain, Courtney Love portait une robe
220 ayant appartenu à Frances Farmer.

E lle me regarde comme un Poissons[1] – quand je suis faible
Je suis enterré dans ta boîte en forme de cœur depuis des
semaines
J'ai été aspiré dans ton piège, puits de goudron aimanté
J'aimerais pouvoir manger ton cancer quand tu vires au noir

Hey, attends – j'ai pas fini de me plaindre
Éternellement redevable de tes conseils précieux
Hais – Attends

Elle me refroidit comme de la glace – maux de tête et frissons
Je me ferai à manger tout seul

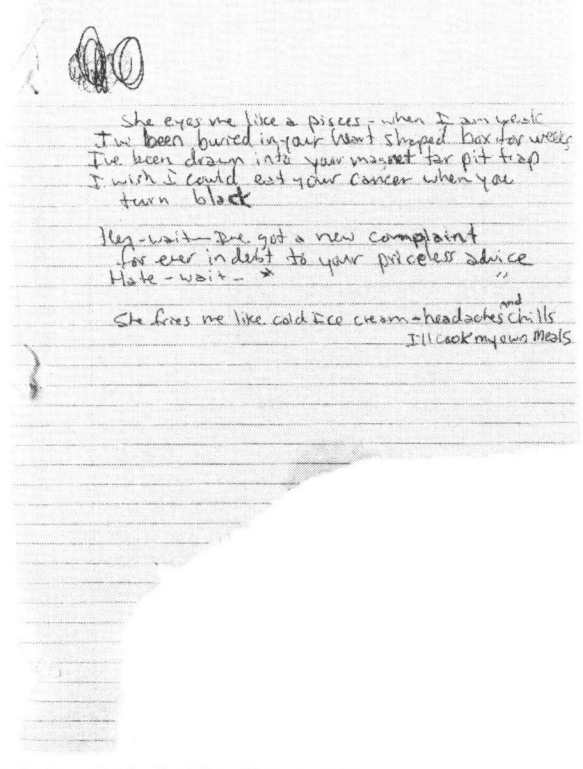

Ébauche des paroles de «Heart-Shaped Box» sur «In Utero».

1. Signe astrologique de Cobain.

Incertitude/Certitude

J'aimerais qu'il existe quelqu'un à qui je puisse demander conseil. Quelqu'un qui ne me donne pas l'impression que je suis un sale type si je déballe tout et que j'essaye d'expliquer les insécurités qui m'empoisonnent depuis, oh, disons vingt-cinq ans maintenant. J'aimerais que quelqu'un puisse m'expliquer pourquoi au juste je n'éprouve plus le désir d'apprendre, alors que j'avais tant d'énergie et l'envie de parcourir des kilomètres et de passer des semaines à chercher n'importe quoi de nouveau et de différent. J'étais une sorte d'aimant attirant des personnalités excentriques qui me faisaient découvrir des bouquins et des disques obscurs, et j'absorbais tout comme un fanatique accro au sexe, un bambin attardé mental hyperactif qui vient pour la première fois de goûter au sucre. Les obsessions de la semaine : livres de médecine sur les vagins, les Meat Puppets[1] et

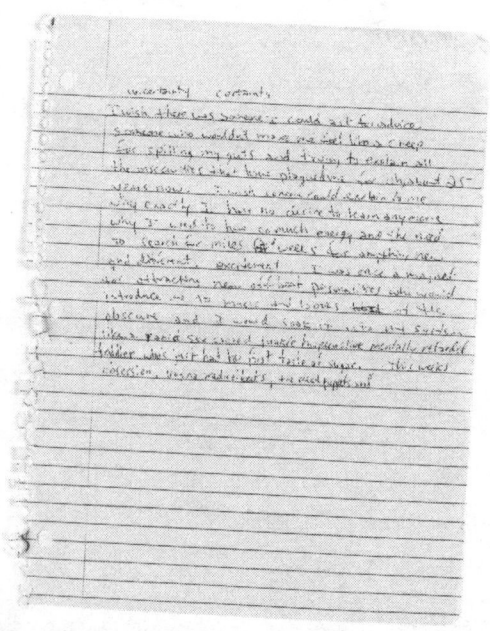

1. Groupe de Phoenix, Arizona, emmené par les frères Kirkwood, Curt et Chris. Cobain les a invités en 1993 à participer à l'enregistrement de l'album «Unplugged In New York» où Nirvana reprend trois chansons des Meat Puppets : «Plateau», «Oh Me» et «Lake Of Fire».

Lester Bangs[1]

Pourquoi, bordel, les journalistes s'acharnent-ils à pondre des analyses freudiennes minables de mes paroles, alors que 90 % du temps ils n'ont pas été fichus de les retranscrire correctement ?

Il y a plus de mauvais journalistes rock qu'il n'y a de mauvais groupes rock.

Mais putain, qu'est-ce qu'ils leur apprennent à l'école aux journalistes, en tout cas ?

Qu'est-ce qu'ils utilisent comme références ou comme exemples ?

Est-ce que quelqu'un se souvient de Lester Bangs ?

[NdE – DANS LA MARGE] :
J'aurais imprimé les paroles sur la pochette de l'album si j'avais su que ça poserait un tel problème aux gens.

[NdE – LE TEXTE REPREND ICI] :
Je livre les citations factuelles qui me viennent à l'esprit. J'en ai marre de me cogner des discussions interminables avec des journalistes pour découvrir ensuite qu'ils n'ont conservé que les extraits les plus anecdotiques et tabloïd de deux heures d'interview.

Les groupes rock sont à la merci des journalistes et selon moi, aucun d'entre eux ne mérite de posséder un stylo.

Il faut probablement être plus qualifié pour devenir soudeur que pour dégoter un job de journaliste.

---

1. Légendaire rock-critic américain mort en 1982. Connu principalement pour ses brillants articles dans le magazine américain *Creem*, Bangs contribua à créer le concept de punk rock au début des années 70. Il partageait avec Cobain un goût pour les groupes obscurs et bruyants, ainsi qu'un style d'écriture volontiers délirant : avec William Burroughs, Bangs apparaît comme l'influence littéraire majeure de ce journal.

Merci pour vos minables évaluations freudiennes de mon état d'esprit actuel, «oh là là, je me sens coupable parce que je ne m'attendais pas à vendre tant de disques».

Demandez à mes amis : j'ai toujours été aussi maigre. Vous ne me connaissez qu'en photo, et l'image grossit tout le monde de cinq kilos. Vous ne m'avez jamais vu en vrai avant cette nuit on ne peut plus mémorable.

Je souffre de narcolepsie. Je souffre de mal dormir et mal manger. Je souffre d'être en tournée depuis sept putains de mois.

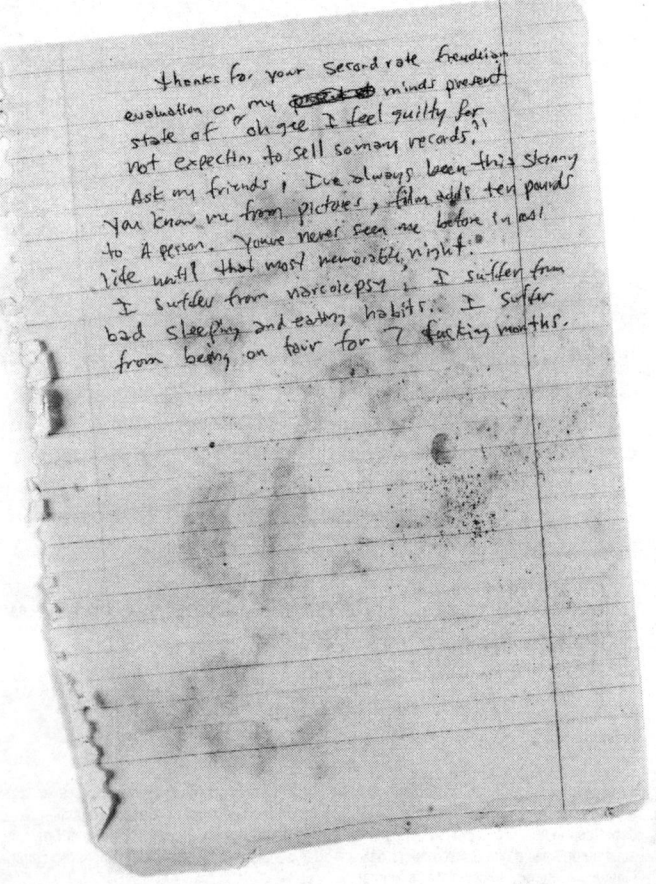

Parfois je me demande si je ne suis pas le garçon le plus veinard du monde.

Pour je ne sais quelle raison, il m'est arrivé plein de trucs vraiment cool depuis un an, et je ne pense pas spécialement aux babioles et autres cadeaux qui m'ont été offerts parce que je suis porté aux nues par la critique, l'idole internationalement adorée des teenagers, le chanteur blond semi-divin, honnête jusqu'à l'os, qui bégaye mais ne mâche pas ses mots, affecté d'un défaut d'élocution mais capable d'un discours cohérent quand on lui remet un award, le golden boy, la rock-star qui a enfin, enfin, avoué son abominable toxicomanie de deux mois, inondant le monde entier du classique « je ne peux pas garder le secret plus longtemps parce que ça me fait mal de dissimuler la moindre parcelle de ma vie privée à mes fans fervents qui se font du souci », ceux qui pensent qu'on leur appartient et qu'on est des caricatures, mais qui nous aiment quand même, allez. Oui mes enfants, de la bouche même d'un putain de boutonneux intégral parlant au nom du monde entier, « nous apprécions vraiment que vous admettiez finalement ce dont nous vous avons accusé, nous avions besoin de l'entendre, nous étions inquiets parce que, bon, hum, à court de potins croustillants et de blagues et de spéculations au travail, à l'école et dans les fêtes ». Eeeh ouais, la nouvelle incarnation amère et geignarde, le roi de rechange du rock s'est égaré après des débuts prometteurs. Donc, voilà les biens que j'ai eu la merveilleuse occasion d'acquérir, les gens merveilleux que j'ai rencontrés et les choses qu'on m'a dites et que je chéris au plus profond de mon cœur. Premièrement, pendant que j'étais à Londres, en Angleterre, au mois de juin, je suis allé à Rough Trade Records[1] où j'ai renouvelé ma pathétique tentative annuelle pour trouver le premier album des Raincoats.

1. Magasin de disques.

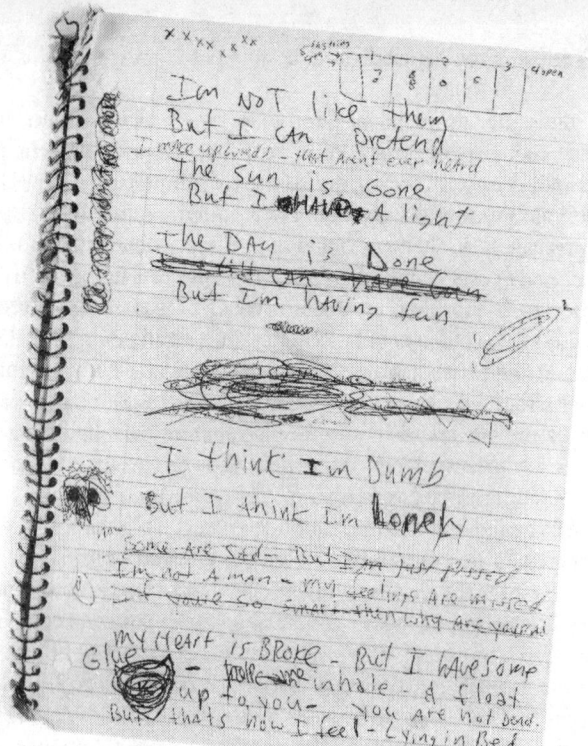

Je ne suis pas comme eux
Mais je peux faire semblant
J'invente des mots – que personne n'entend
Le soleil est parti
Mais j'ai de la lumière

La journée est finie
Mais je m'amuse

Je dois être simplet
Mais je pense être seul

Mon cœur est brisé – Mais j'ai de la colle
Aide-moi à inhaler – Et à flotter
jusqu'à toi – Tu n'es pas mort
Mais c'est ce que je ressens – Allongé sur mon lit.

Nouvelle mouture/ébauche de «Dumb».

Je ferais mieux de me la fermer.

Mais une brise fraîche me gerce les lèvres tandis que ma mâchoire pend, déversant des torrents de bave coupable. J'ai les pupilles en tête d'épingle et pourtant la stupide presse anglaise a gobé que je souffrais de narcolepsie. Ouais, parlons de défonce. J'ouvre la bouche à l'intention de la jeunesse mécontente pour lui poser une question. Êtes-vous gay? Bisexuel? Fanatique? Plouc? Reine du bal de l'école? Star du porno? Danseur ou danseuse topless? Saviez-vous que le King, le King du Rock'n'Roll Elvis Presley, était mort dans ses toilettes face contre terre et pantalon baissé, étouffé dans sa moquette bleue à longs poils tandis qu'un reste d'excrément sortait fièrement de son gros cul énorme? Vous arrive-t-il parfois d'être assez furieux contre papa et maman, comme qui dirait, en un sens?

Je me suis défoncé à l'héroïne pendant trois semaines après notre dernière tournée européenne, ai développé une petite dépendance, m'en suis débarrassé en trois jours dans un hôtel (dormant, tremblant, vomissant et les pires pets qu'on puisse imaginer). Puis, trois jours plus tard, on est partis en tournée en Australie et ensuite au Japon, où j'ai attrapé de pénibles troubles gastriques. Je suis allé voir un docteur qui m'a donné des pilules pour l'estomac que je connaissais déjà et qui ne marchent pas, ainsi que plusieurs cachets de méthadone à cinq milligrammes.

Ces comprimés ont mis fin aux douleurs d'estomac, mais comme je n'en avais plus en rentrant à la maison, je suis allé quelques jours dans un hôpital pour décrocher de ça aussi. Nouveaux pets pestilentiels.

Ouais, je me suis défoncé pendant trois semaines et maintenant on me considère comme un infâme toxico émacié à peau jaune, zombie, junkie, cause perdue, à deux doigts de la mort, autodestructeur, porc égoïste, un loser qui se pique dans les coulisses quelques secondes avant de monter sur scène.

Les multiples humeurs de Kurdt Kobain   par : Kurdt Cobain

Bébé   Geignard   Brute   Déluré

J'ai essayé l'héroïne pour la première fois à Aberdeen en 1987 et j'en ai pris environ dix autres fois entre 87 et 90. Quand je suis rentré de notre deuxième tournée en Europe avec Sonic Youth, j'ai décidé de recourir quotidiennement à l'héroïne en raison d'une affection gastrique dont je souffrais depuis déjà cinq ans et qui m'avait littéralement amené au bord du suicide. Pendant cinq ans, chaque jour de ma vie, chaque fois que j'avalais un morceau de nourriture, je ressentais une douleur atroce, brûlante et nauséeuse, dans la partie supérieure de la paroi de mon estomac. La douleur devenait encore plus sévère quand j'étais en tournée, à cause de l'absence d'un régime convenable et d'horaires de repas stricts. Depuis le début de ces troubles, j'ai subi 10 examens gastro-intestinaux, parties supérieures et inférieures, lesquels ont tous révélé une inflammation au même endroit. J'ai consulté 15 docteurs différents et essayé environ 50 sortes de médicaments pour l'ulcère. Les opiacés puissants sont le seul remède qui se soit avéré efficace. De nombreuses fois, je me suis retrouvé complètement immobilisé au lit pendant des semaines à vomir et à crever de faim. J'ai donc décidé que, tant qu'à se sentir comme un junkie, je pouvais aussi bien en devenir un pour de bon. Après la dernière tournée européenne, je m'étais juré de ne plus jamais repartir sur la route si mon état ne s'améliorait pas partiellement ou totalement. J'ai pris de l'héroïne pendant environ un mois avant de me rendre compte que je n'allais pas pouvoir m'en procurer quand nous serions en Australie et au Japon. Aussi Courtney et moi nous sommes-nous désintoxiqués dans une chambre d'hôtel.

Je suis allé en Australie et bien entendu les douleurs d'estomac sont immédiatement revenues. On a dû annuler quelques concerts parce que la douleur me paralysait complètement, plié en deux sur les toilettes à dégueuler de l'eau et du sang. Je n'étais pas loin de mourir de faim. Je ne pesais même plus 50 kilos. Sur les conseils de mon management, on m'a emmené voir un docteur qui m'a prescrit du Physepton. Les cachets semblaient marcher mieux que tout ce que j'avais essayé auparavant, et un peu plus tard pendant la tournée, j'ai lu l'inscription imprimée en tout petit sur la bouteille, qui disait : « Physeptone – contient de la 229 méthadone[1]. » De nouveau accro. On a survécu au Japon mais à ce moment-là, les opiacés et la tournée avaient commencé à faire des ravages sur mon corps. Et je n'étais pas en meilleure santé que lorsque je ne prenais pas de drogues. Je suis rentré à la maison pour y découvrir que Courtney était de nouveau accro, donc on est allés deux semaines dans un centre de désintoxication. Elle s'en est tirée. J'ai retrouvé illico cette nausée brûlante familière, et décidé de me tuer ou de mettre fin à la douleur. J'ai acheté un flingue mais à la place, j'ai choisi la défonce. Je suis resté à l'héro jusqu'à un mois avant la date prévue pour la naissance de Frances. Puis, une fois de plus, je suis retourné en désinto[2] où j'ai traversé deux mois de la cure la plus lente qu'il m'ait été donné de connaître – soixante jours de gerbe et de famine, relié à une perfusion, gémissant sous l'effet des pires douleurs d'estomac que j'aie jamais ressenties. Les deux dernières semaines, on m'a fait découvrir un médicament appelé buprénorphine qui soulage la douleur en quelques minutes. C'est un truc qui a été utilisé de façon expérimentale dans quelques centres pour le sevrage de la cocaïne et des opiacés. Le principal avantage de ce médicament, c'est qu'on ne lui connaît pas d'effets secondaires. Ça agit comme un opiacé mais ça ne défonce pas. J'en prends des doses de plus en plus petites depuis maintenant neuf mois, et je n'ai pas eu un seul problème d'estomac. La puissance de la buprénorphine[3] est équivalente à celle d'un barbiturique faiblement dosé, sur une échelle de 1 à 10 ça correspond à 1 tandis que l'héroïne est à 10.

1. La méthadone se présente sous forme de comprimés et d'ampoules contenant un liquide clair injectable. Ces deux formes sont prescrites sous le nom pharmaceutique de Physeptone. – 2. Frances Bean Cobain est née le 18 août 1992 au Cedars-Sinai Medical Center de Los Angeles. Tandis que Courtney Love séjournait dans le service obstétrique de l'établissement, son mari suivait sa nouvelle cure de désintoxication dans une autre aile de l'hôpital. – 3. Antalgique commercialisé en Europe sous les noms de Temgésic ou Subutex. Outre-Atlantique, la buprénorphine est apparue comme une alternative possible à la méthadone dès la fin des années 70, mais son usage est longtemps resté expérimental, comme l'explique Cobain.

Chère eMptyTV[1]

La quintessence de tous les DIEUX corporate.

Comment osez-vous vous rallier à ce journalisme trash émanant d'une grosse vache détestée à l'école qui a sérieusement besoin de se faire bousiller le karma ? Je n'ai maintenant plus d'autre but dans ma vie que de DÉBINER MTV ET LYNN HIRSCHBERG[2] qui, soit dit en passant, est de mèche avec son amant Kurt Loder[3] (poivrot Gin Blossoms[4]) !

Nous survivrons sans vous. À l'aise. La vieille garde SOMBRE À TOUTE VITESSE.

Kurdt Kobain, musicien rock professionnel. Enculés.

1. Jeu de mots intraduisible entre «empty» (vide) et MTV (la chaîne télévisée). – 2. En septembre 1992, le magazine américain *Vanity Fair* publia un article sur Courtney Love intitulé «Strange Love» dans lequel la journaliste Lynn Hirschberg laissait entendre que la chanteuse aurait pris de l'héroïne alors qu'elle se savait déjà enceinte. En dépit de nombreux démentis et menaces de procès, l'article, repris et commenté par la plupart des médias – dont MTV –, faillit coûter aux Cobain la garde de leur bébé. – 3. Ex-journaliste de *Rolling Stone*, Kurt Loder a rejoint MTV aux balbutiements de la chaîne dont il est devenu – et resté – l'animateur vedette. – 4. Groupe de rock alternatif américain qui récolta au début des années 90 deux hits («Hey Jealousy» et «Found Out About You») écrits par Douglas Hopkins. Viré par ses camarades lassés de ses graves problèmes d'alcool et de ses états dépressifs récurrents, Hopkins se tua par balle le 5 décembre 1993 – soit quatre mois jour pour jour avant Cobain. Dans l'esprit de ce dernier, un «gin blossom drunk» est donc un alcoolique irrécupérable, voire suicidaire.

«4 Month Media Blackout[1]»

Utiliser une seule fois et détruire
Atteinte à la piraterie[2]
Après naissance d'une nation[3]
Crève la dalle sans passe-partout
3) Je t'aime pour ce que je ne suis pas
Je ne voulais pas ce que j'ai eu
4) Couverture piquée de brûlures de clopes
Parlez en même temps chacun votre tour
1) Ça n'a rien à voir avec ce que tu penses
Si toutefois il t'arrive de penser

De quoi ai-je besoin – qu'est-ce qui cloche avec moi
De quoi ai-je besoin – qu'est-ce que je crois penser

(Pont)
Nous nous servons de tes ennemis
Et épargnons épargnons tes amis
Et trouvons trouvons l'endroit où tu vis
Et crachons crachons la vérité.
2) Les contraires bipolaires s'attirent
D'un seul coup j'ai perdu les eaux
Photocopies gratos pour tous les adosalternatifs
5) Mot de seconde zone se passe de mots

1. La chanson, réponse à peine voilée à l'article de *Vanity Fair*, figure dans une version quasi identique sur «In Utero» sous le titre «Radio Friendly Unit Shifter». – 2. Jeu de mots intraduisible entre «piracy» (piraterie) et «privacy» (vie privée). – 3. *The birth of a nation* dans le texte, expression américaine courante et titre d'un des premiers films de l'histoire du cinéma, réalisé en 1915 par D.W. Griffith.

4 month media blackout

use just once and destroy
invasion of our piracy
after birth of a nation
starve without your skeleton key

(3) ✗ I love you for what I am not
   ✗ I did not want what I have got
(4) ✗ blanket acned with cigarette burns
   speak at once while taking turns

(1) ✓ this has nothing to do with what you think
   ✗ If you ever think at all
   ~~speak once on this too~~
   ~~revolutionary debris~~
   ~~litters the floor of Wall street~~

what is what I need — what is wrong with me
what is what I need — what do I think I
think

we use your enemies   ⎞ Bridge ✗
and save save your friends   ⎟
and find find your place   ⎠
and spit spit the truth

(2) ✗ Bi polar opposites attract
   ✗ All of a sudden my water broke
   ~~free xeroxes for all alternateens~~
(3) ✗ second rate word by pass threat
                    of ferns

He's such a knob

9 month media BLACKOUT

I love you my lovely dear
I don't want you anywhere

I want you to be my bride
no not really, I just lied

Will you love me with your might
I'll beat you an inch, from your life

hold me tight with breaths of truths
I wish a terminal disease on you

Gosh I feel so darn confused
ever felt like you've been used?

Bi-polar opposites attract

All of a sudden my water broke

I love you for what I'm not

primary →
Second rate word play bypass throat ← throat

Bypass
Use once and destroy
invasion of our piracy
afterbirth of a nation
blanket acned with cigarette burns
I forget what I look like to you
starve without your skeleton key

«9 Month Media Blackout[1]»

C'est un tel connard.

Je t'aime ma tendre et chère
Je ne veux pas que tu traînes n'importe où

Je veux que tu sois ma femme
Non, pas vraiment, c'est juste une blague

M'aimeras-tu de toutes tes forces?
Je te cognerai jusqu'à te laisser presque morte

Tiens-moi bien serré avec ton souffle de vérités
Je te souhaite une maladie qui te fasse crever

Mince alors je me sens tellement embrouillé
Tu t'es déjà sentie vraiment utilisée?

Les contraires bipolaires s'attirent

D'un seul coup j'ai perdu les eaux

Je t'aime pour ce que je ne suis pas

Premier jeu de mots de seconde zone se passe de mots

Utiliser une seule fois et détruire
Atteinte à la piraterie
Après naissance d'une nation
Couverture piquée de brûlures de clopes
J'ai oublié ce à quoi je ressemble pour toi

Crève la dalle sans passe-partout

---

1. Nouvelle version, plus éloignée que la précédente, de la chanson qui deviendra « Radio Friendly Unit Shifter » sur « In Utero ».

Question d'opinion

[NdE – MARGES GAUCHE ET DROITE] :
un rendez-vous avec la fusion
Deuxième choix
Troisième Génération

Favoris

« Raw Power » – The Stooges
« Funhouse » – The Stooges
« The Stooges » – The Stooges
« Generic Flipper » – Flipper
« Surfer Rosa » – Pixies
« Trompe Le Monde » – Pixies
« Pod » – Breeders
Vaselines – EP rose

Aerosmith – « Rocks »

Gang Of Four – « Entertainment ! »
« Nevermind The Bollocks » – Sex Pistols
« Flowers Of Romance » – PIL
« Jamboree » – Beat Happening
« Superfuzz Bigmuff » – Mudhoney
« Leadbelly's Last Sessions » – Huddie Ledbetter
« Landshark » – Fang
« Millions Of Dead Cops » – MDC [1]
« Damaged » – Black Flag
« Scratch Acid EP » – Scratch Acid
« Locust Abortion Technician » – Butthole Surfers
« Rock For Light » – Bad Brains
« Raincoats » – Raincoats
« Philosophy Of The World » – Shaggs
« Combat Rock » – Clash

---

1. Millions of Dead Cops, groupe texan également «connu» sous le nom Millions of Damn Christians ou encore Multi-Death Corporation. L'album cité par Cobain est le premier de MDC
236 (1982).

« Are We Not Men » – Devo

B-52's

« Colossal Youth » – Young Marble Giants

Kleenex

« Slits » – Slits

« Daydream Nation » – Sonic Youth

« Man Who Sold The World » – David Bowie

« GI » – Germs

Saccharine Trust – EP

« Get The Knack » – The Knack

« Atomizer » – Big Black

« Greater Expectations » – Jad Fair

« Is This Real ? » – Wipers

« Youth Of America » – Wipers

« Rubbing The Impossible To Burst » – Huggy Bear

XTC

Le lavement ne me quitte pas
Brûlures de cigarettes sur les oreillers
Rempli d'approches
Maudit par des talents bienvenus
Je n'ai jamais été si positif

Je suis exactement ce que je fais
Tout est sous contrôle
Je n'ai besoin d'aucune aide
Et je préférerais pas
S'il vous plaît laissez-moi être
un obsédé du pouvoir
J'apprécie votre attention
Le pourboire est-il compris ?
Mettez-le ici

Handler of the gods[1]

---

1. Intraductible : jeu de mots avec le titre d'une biographie de Led Zeppelin. *Hammer Of The Gods*, par Stephen Davis.

~~The~~ barium never left me
Cigarette burns in comforters
riddled with approach
Cursed ~~with~~ welcome talents
Ive never been ~~so~~ yes

I know exactly what i'm doing
its all under control
I dont need any help
Id rather not
please leave me be
control freak
I appreciate your concern
has gratuity been added?
Set it down over there
~~after the handler~~
handler of the gods

«Drain You» (live) (écrit par Nirvana) extrait de l'album «Nevermind». À noter, le futé petit bidouillage de Kurdt dans la première moitié de la chanson.

«School» (live) (écrit par Nirvana) extrait de l'album «Bleach» paru en 1989.
Un hymne grunge basique écrit en *mi*.

«Son Of A Gun»
«Molly's Lips» } (écrits par les Vaselines) deux chansons composées par le groupe préféré de Nirvana, les Vaselines. Eugene Kelly et Frances McKee sont les Lennon et McCartney, les Boyce et Hart, les Ferrante et Teicher, les Shield et Yarnell, les Captain et Tennille de l'underground.

«D-7» (écrit par Greg Sage)
S'il existe un «son de Seattle», il vient de Portland, Oregon, sous la forme d'un trio du début des années 80 appelé The Wipers.

«Turn Around» (écrit par Devo) cette chanson n'était disponible que sur la face B du single «Whip It»

Drain you (Live) (with Jon Nirvana) from the Nevermind LP   note Kurdt's
~~clever~~ clever, little guitar fuck up
in the first half of the song.

School (Live) (with Jon Nirvana) from ~~the~~ 1989's Bleach LP
   staple
   A grunge Anthem in the ~~key~~ of E'
                              Key

Son of A Gun (written by Vaselines) two ~~other~~ songs written by Nirvanas #1
                                      favorite Love Band the Vaselines from Scotland
Mollys lips } thanks to Eugene Kelly and Francis McKee, the lennon & Mccartney
of the Boyce and ~~Hart~~ or the ferrante & Teicher of the
underworld. written by Shield & Yarnell, Captain & tennile

D-7 (Greg Sage) ~~crossed out text~~
~~crossed out text~~ portland ~~there~~ Once you
If there is a "Seattle Sound" it came from portland ~~washington~~
in the early 80's by A three piece band named the Wipers.

Turn Around (Devo) written by this song was only available on the B-Side
of the whip it single

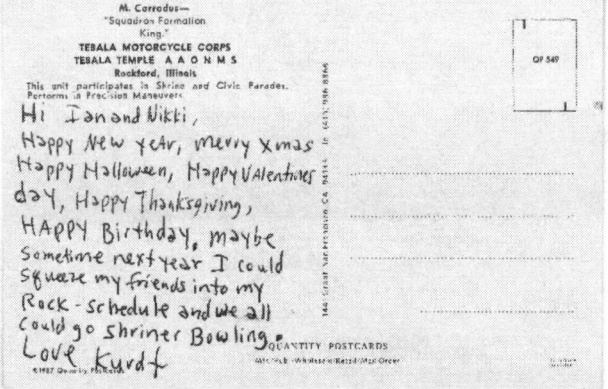

Salut Ian et Nikki,

Bonne année, joyeux Noël, bon Halloween, bonne fête de la Saint-Valentin, bon Thanksgiving[1], bon anniversaire, peut-être l'année prochaine j'arriverai à caser mes amis dans mon planning rock et on pourrait tous aller jouer au bowling avec des pèlerins en guise de quilles.

Love, Kurdt

1. Jour férié d'action de grâces conclu par un dîner traditionnel et familial au menu célèbre (dinde rôtie et tarte au potiron), célébré chaque année le quatrième jeudi de novembre en souvenir de la première récolte sur le sol américain en 1621 des Pères Pèlerins.

Sur ce collage reprenant les paroles les plus fameuses de « Smells Like Teen Spirit » (« Here we are now, entertain us… »), Cobain a fait figurer quelques vers d'un poème d'Alicia Ostriker, professeur d'anglais à l'université de Rutgers, New Jersey, et auteure d'un ouvrage intitulé *The Emergence of Woman's Poetry in America*.

244 L'une des couvertures des cahiers dans lesquels Cobain rédigeait son journal.

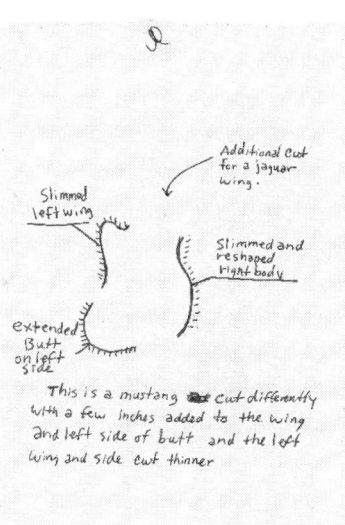

Additional Cut for a jaguar wing.

Slimmed left wing

Slimmed and reshaped right body

extended Butt on left side

This is a mustang ~~cut~~ cut differently with a few inches added to the wing and left side of butt and the left wing and side cut thinner

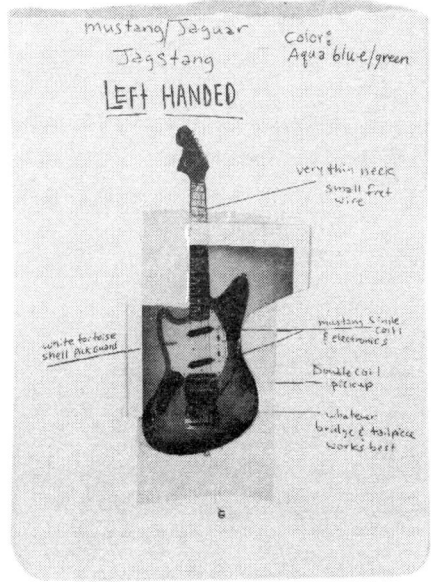

mustang/Jaguar
Jagstang

Color:
Aqua blue/green

LEFT HANDED

very thin neck
small fret wire

mustang Single coils & electronics

white tortoise shell Pickguard

Double coil pickup

whatever bridge & tailpiece works best

Cobain, gaucher (« left-handed »), avait imaginé cet hybride baptisé « Jagstang » entre la Fender Mustang qu'il utilisait habituellement et la Fender Jaguar. Il la voulait dans les tons bleu-vert (« Aqua blue/green »). 245

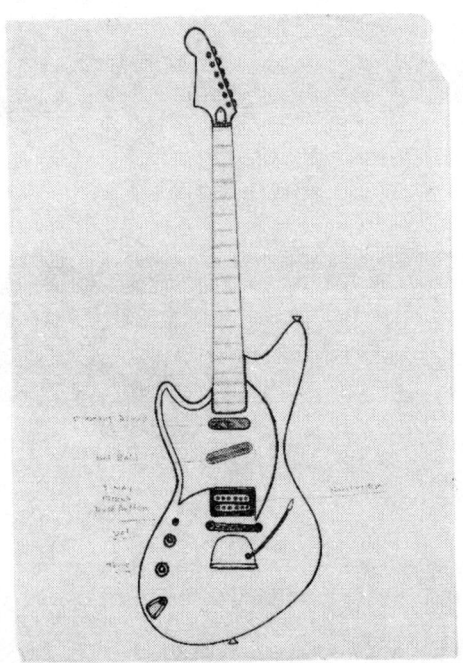

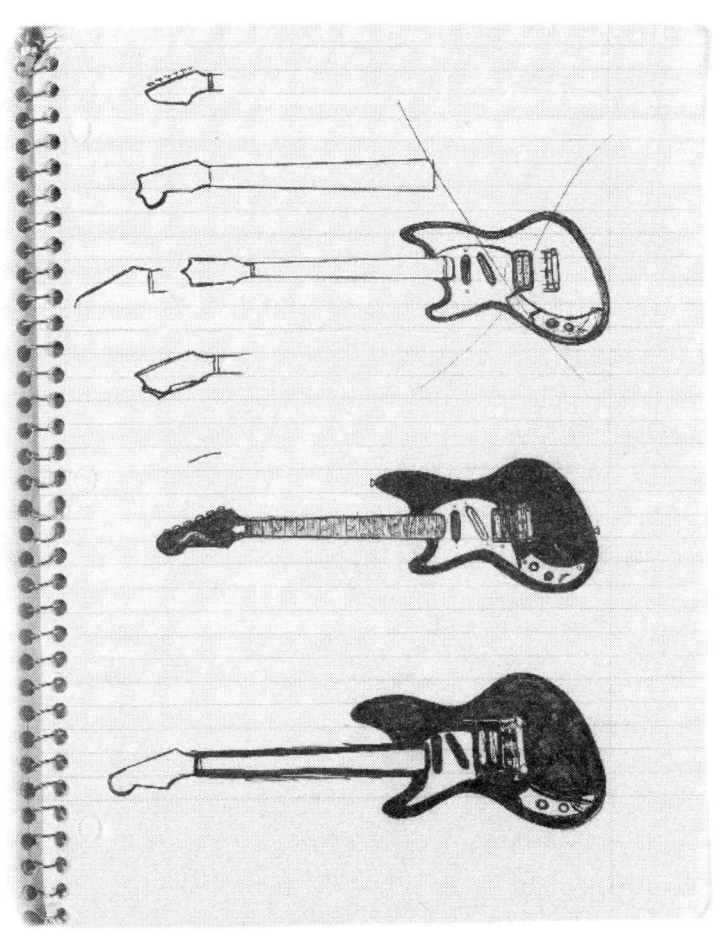

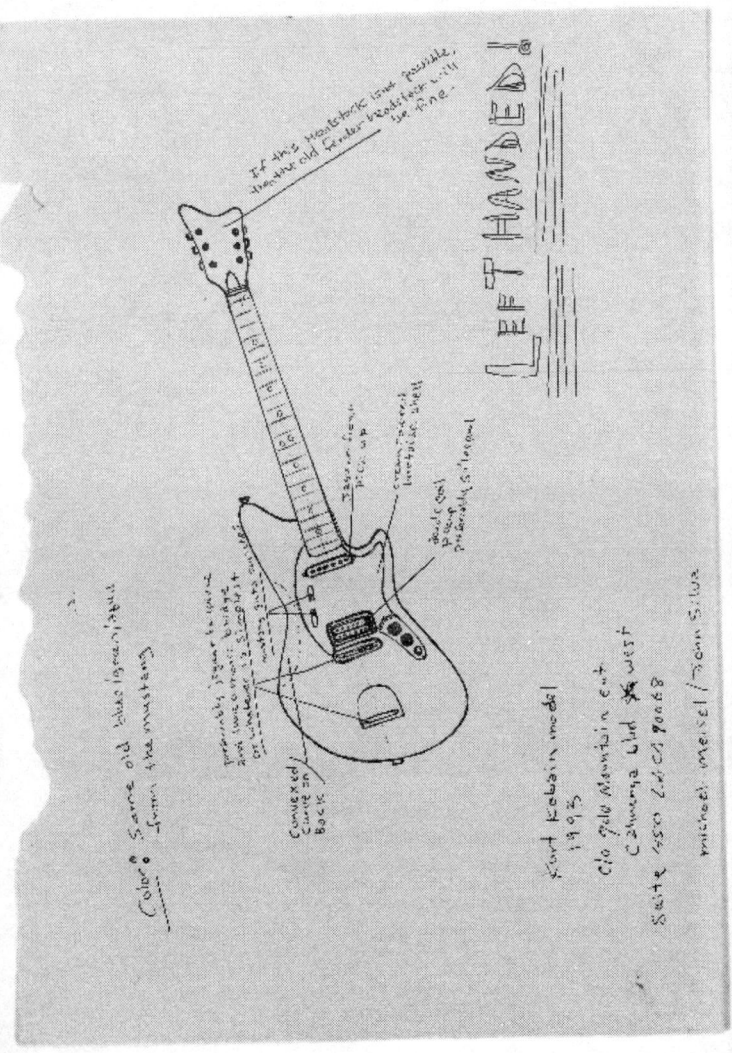

Color: Same old blue (green, light — from the mustang)

If this Mastoric isn't possible, the usual old Fender bridge/tailpiece will be fine.

LEFT HANDED!

Zebra-frame P.U. up.

cream-painted tortoise shell

back coil preamp probably Gibson.

Convexed curve on back.

possibly Jaguar-type vibrato and possibly bridge on contour w/ Stopbar — with gibson-type elevation

Kurt Kobain model
1993

c/o Gold Mountain ent.
3¢ Zawanga Blvd West
Suite 450 LA CA 90048

michael meisel / John Silva

Sept mois plus tôt j'ai choisi de me mettre dans une situation exigeant le plus haut niveau de responsabilité possible[1]. Une responsabilité qui ne devrait jamais être prise à la légère. Chaque fois que je vois une émission à la télé avec des enfants mourants, ou le témoignage d'un parent qui vient de perdre son enfant, je ne peux pas me retenir de pleurer. La pensée de perdre mon bébé me hante chaque jour. Je suis même un peu nerveux à l'idée de l'emmener quelque part en voiture au cas où j'aurais un accident. Je jure que si je me retrouve un jour dans une situation similaire à celle que tu as connue – le divorce – je me battrai jusqu'à la mort pour garder le droit de subvenir aux besoins de mon enfant. Je ferai tout pour lui rappeler que je l'aime plus que moi-même. Pas parce que c'est le devoir d'un père, mais par amour. Et si Courtney et moi finissons par nous haïr, nous serons tous deux suffisamment adultes et responsables pour nous montrer courtois l'un envers l'autre en présence de notre enfant.

Je sais que pendant des années tu as eu l'impression que ma mère nous avait en quelque sorte lavé le cerveau, à Kim[2] et moi, pour que nous te détestions.

Je n'insisterai jamais assez pour dire à quel point c'est entièrement faux et je pense que c'est une très mauvaise et paresseuse excuse que tu utilises pour ne pas avoir davantage essayé de remplir tes devoirs paternels. Je ne me souviens pas avoir entendu ma mère te débiner une seule fois jusqu'à bien plus tard, durant mes deux dernières années de lycée. À ce moment-là, j'étais arrivé à me faire ma propre idée des choses sans avoir besoin que ma mère s'en mêle. Cependant, elle avait remarqué mon mépris pour toi et ta famille, et agissait en conséquence, saisissant chaque occasion de déballer ses frustrations à ton encontre. À chaque fois qu'elle a proféré des saloperies sur ton compte, je lui ai fait savoir que je n'appréciais pas et trouvais ça complètement inutile. Je n'ai jamais pris parti, pour elle ou toi, pour la bonne raison qu'en grandissant j'éprouvais un mépris égal pour vous deux.

1. Lettre à Donald Cobain, père de Kurt Cobain. – 2. Kimberly Cobain, sœur cadette de Cobain née trois ans après lui.

V u la formulation que je m'autorise, c'est pas très facile d'être prolifique en ce qui concerne les paroles de chansons[1]

Les garçons écrivent des chansons pour les filles – Quel monde simple
Comment je pourrais faire pour – Savoir ce qui se passe à l'intérieur
Que puis-je dire d'autre ? – Tous mes mots sont gris
Que devrais-je écrire d'autre ? – Je suis désolé d'être blanc

Un truc si facile – Une bague si brillante
Laisse-moi me faire pousser des seins – J'ai triché à l'examen
Je n'ai pas le droit – De dire ce que tu penses
Tu n'es pas autorisé(e) à chanter – Toutes mes excuses

Au soleil au soleil je me sens entier au soleil
Au soleil Je suis marié Et enterré

Tu as tous les droits – De vouloir une dispute
Que puis-je faire d'autre ? – Je suis amoureux de toi

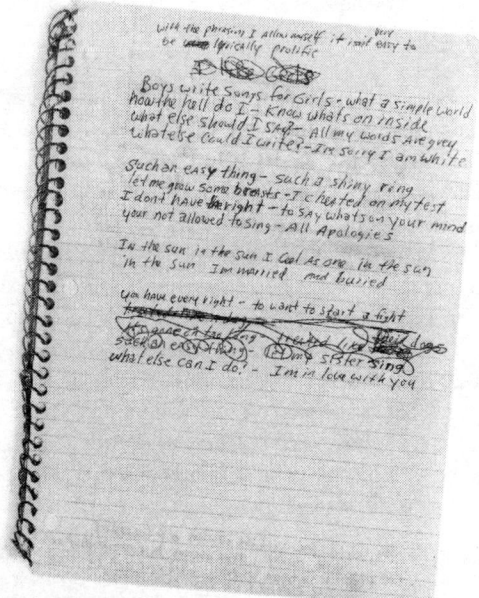

250 1. Le texte de celle-ci est une nouvelle ébauche de «All Apologies» sur l'album «In Utero».

Fax de Steve Albini, «preneur de son» (c'est ainsi que l'intransigeant producteur aime à se décrire, et qu'il est crédité sur la pochette de «In Utero») du dernier album studio de Nirvana, sur lequel Cobain a noté le matériel à utiliser lors de l'enregistrement. 251

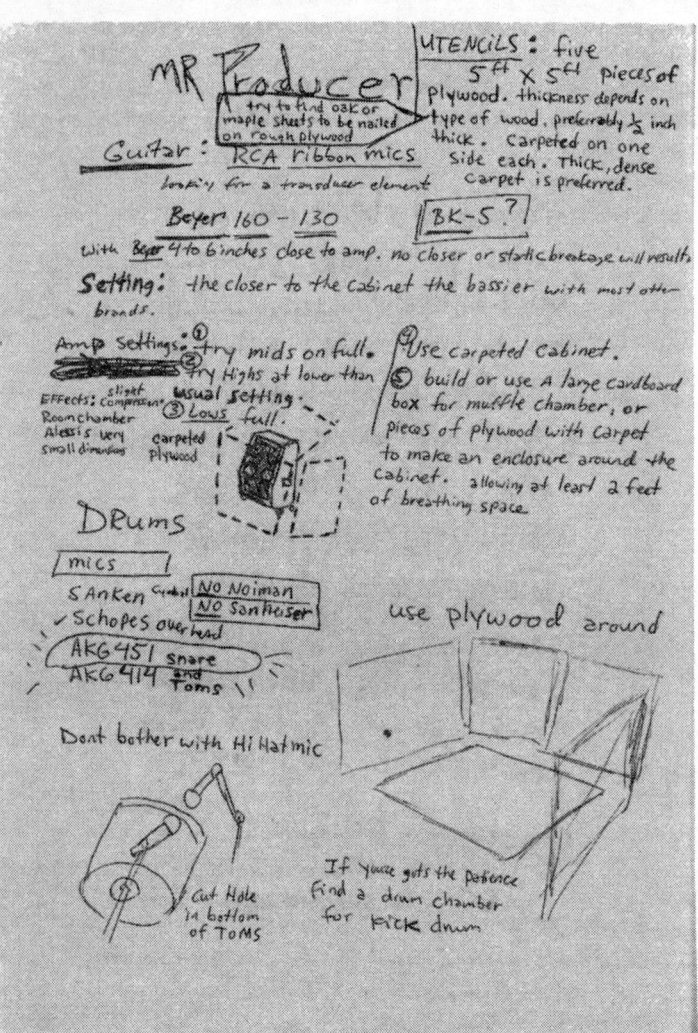

Note technique détaillée pour les séances de «In Utero». Cobain y indique au producteur, choisi pour ses techniques d'enregistrement singulières (Albini dispose un peu partout dans le studio des dizaines de micros, de préférence «vintage»), ses marques préférées, les distances à respecter entre les micros et les amplis, et les réglages de ces derniers. Il requiert également que certains éléments de l'équipement (amplis, batterie) soient logés dans des caissons de bois ou de carton recouverts de moquette. L'effet recherché a été obtenu : c'est le son étouffé, dense et abrasif de «In Utero».

Nouvelles idées pour les Melvins[1]

Mettre les micros à l'intérieur des toms.

Enregistrer Dale avec les cymbales recouvertes de bande adhésive pour qu'elles ne fassent pas de bruit! Ce qui nous permettra de régler à un volume beaucoup plus élevé les micros d'ambiance – on ajoutera les cymbales ensuite.

Installer trois micros sur la caisse claire. L'un d'entre eux enregistré à un volume *très très* puissant, jusqu'au niveau de distorsion après 4 décibels environ

Plus deux micros d'ambiance supplémentaires à côté de la petite pièce des micros Schoeps positionnés à environ un mètre de la caisse claire et du pied de la grosse caisse. Utiliser pour ça des micros très directionnels

Plus d'effet chorus sur la basse.

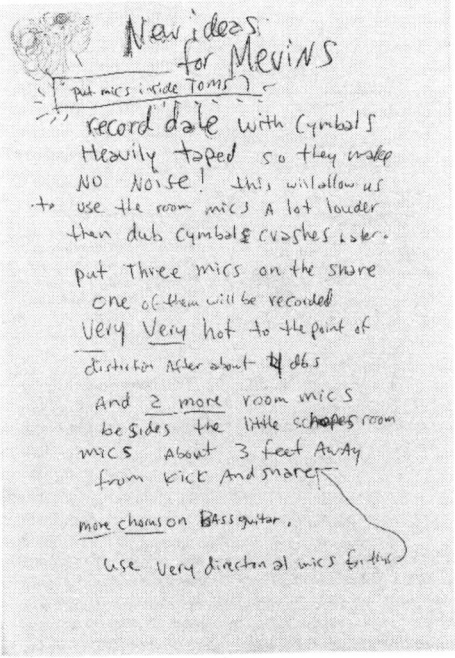

1. Cobain a participé à la production de l'album des Melvins «Houdini» sorti en 1993.

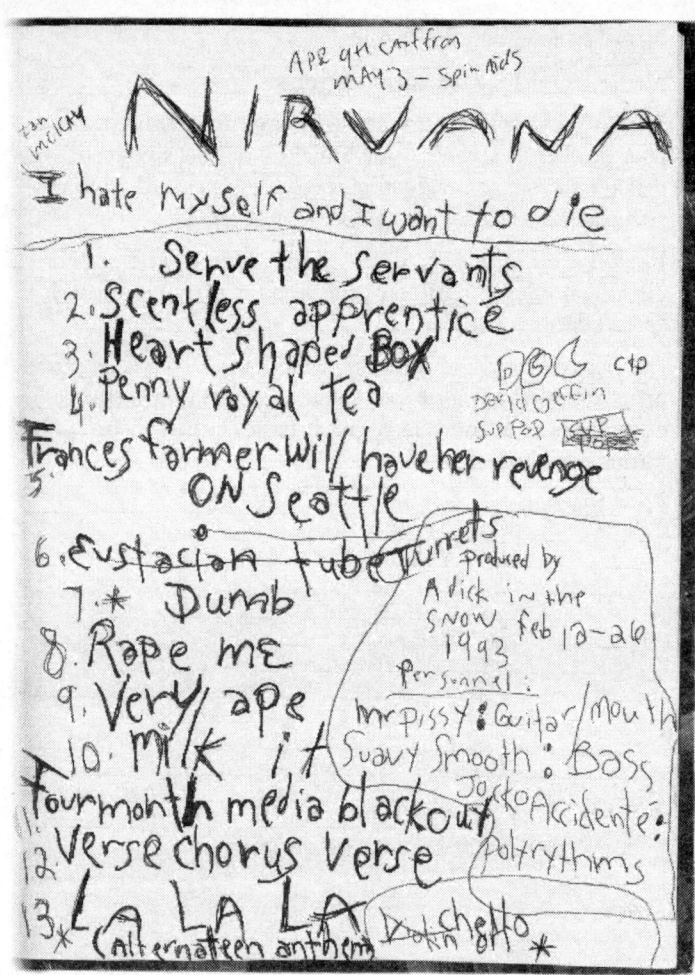

Track-listing de «In Utero». L'album devait initialement s'intituler «I Hate Myself And I Want To Die» («Je me déteste et je veux mourir»), mais Cobain accepta de reconsidérer son idée quand Novoselic l'informa des risques de poursuites judiciaires qu'un tel intitulé pourrait provoquer. (Une chanson portant ce titre figure sur la compilation «The Beavis And Butt-Head Experience» sortie chez Geffen en 1993.) «All Apologies» s'intitulait au départ «La La La (Alternateen Anthem)». La production de l'album, enregistré en moins de quinze jours («du 12 au 26 février 1993»), est créditée à «A dick in the snow» («Un con dans la neige»), soit Steve Albini. «Jacko Accidenté aux polyrythmes» n'est autre que Dave Grohl, «Suavy Smooth» («Suave et Doux») se rapporte au bassiste Krist Novoselic, et Cobaïn lui-même («guitare et bouche») se donne le sobriquet de «M. Pissy» – Monsieur Pleurnichard.

Salut Simon[1],

Merci tout plein pour les dessins, les images et la musique. C'est le plus beau cadeau que j'aie reçu depuis un bon moment!

J'adooore les Stinky Puffs! Et je serai ravi d'en entendre davantage dès que vous aurez de nouveaux enregistrements. Je me demandais si tu aimerais faire quelques dessins pour la pochette du prochain album de Nirvana qui sera commercialisé sitôt que nous aurons le visuel. Je trouve que tu dessines vraiment bien et je serais très touché si tu acceptais ma proposition. J'ai quelques idées.

Hi Simon,
Thanks a load for the
drawings, pictures and music.
They're the best presents, I've recieved
in a really low time!
I looove the stinky
puffs! and would love to hear
more once you all record some
more. I was wondering if
you would be interested in drawing
some pictures for the cover of
the next NIRVANA record wich will
be ready to sell once we have the
art work done. I think you draw
really good and ——→ (over)

---

1. Simon Timony, un ami de Cobain âgé d'une dizaine d'années, a fondé un groupe sous influence Nirvana appelé les Stinky Puffs. Quelques mois après le suicide de Cobain, Timony a rejoint Dave Grohl et Krist Novoselic sur la scène d'un club de Seattle pour y interpréter avec eux une ode à Cobain de sa composition. C'est la première, et pour l'instant la seule, apparition scénique commune des membres survivants de Nirvana.

Nirvana : «I Hate Myself and I Want To Die»
(Dave, Chris et Kurt)

ou

Ce que tu veux

Ce serait génial si tu faisais au moins 5 dessins, ainsi nous n'aurions que l'embarras du choix.

Le titre de l'album est plutôt négatif mais assez drôle. Ça va s'appeler : «I Hate Myself and I Want To Die».

Voici quelques informations qui doivent figurer au dos de la
pochette :
Dave - batterie. Chris - basse. Kurt - guiitare-n-bouche
DGC Records et Sub Pop[1]. Enregistré par Steve Albini.
Violoncelle sur «La La La» et «Dumb», et, oh, pochette de
Simon Timony

Bon, Bye
Réponds-moi vite
Love, Kurdt
Salut, Jad !

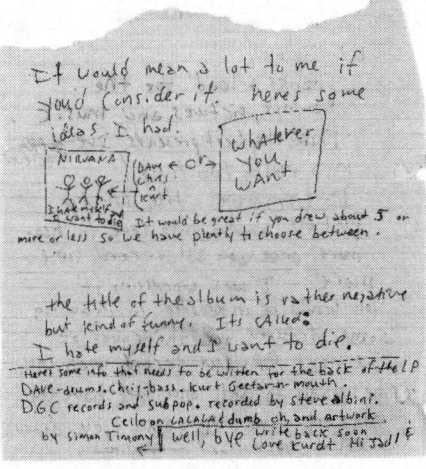

---

1. Outre les bénéfices financiers, la plus grande satisfaction de Sub Pop est d'avoir obtenu par
contrat de faire figurer le nom du label indépendant sur les enregistrements de Nirvana publiés
chez Geffen.

Ayant récemment développé des relations avec des employés de l'Ogre Corporate (copyright Calvin Johnson de Beat Happening pour le slogan), j'ai appris qu'il existait dans cette industrie quelques très sincères et respectables mélomanes qui se faisaient passer pour l'ennemi afin d'infiltrer les rouages de l'empire. Pour aider à détruire ce que nous connaissons tous depuis trop longtemps : le rock merdique, préfabriqué, la daube incestueusement et politiquement liée au business, le rideau de fumée qui bouche les artères de l'honnêteté et du talent véritables, et pour maintenir les lèche-culs qui ne veulent prendre aucun risque, les indignes, au sommet. Au sommet du tas de merde. Le tas commence avec les lèche-culs et grimpe jusqu'en haut où, cerise sur le gâteau, les magazines musicaux « old school » toisent les oisillons d'un œil mort, et leur donnent à bouffer des vers déshydratés. Mais, comme je l'ai déjà dit, le petit pourcentage de groupes méritants et d'employés aimant réellement la musique continuera à rogner le tas et si nous échouons nous attendrons simplement que la cerise pourrisse et meure de vieillesse. Et nous utiliserons votre décomposition historique comme référence, une histoire à raconter aux enfants le soir, le souvenir de l'avertissement donné de planter la prochaine fois nos graines à côté d'un trou du cul plus propre.

Vous n'avez pas réussi à conditionner la jeunesse souterraine que vous avez engendrée. Vous-mêmes auriez dû rester sur des kleenex, ou sous la forme d'œufs brouillés ou pochés de sperme neutralisé.

1 Sonic Youth – « Goo » – DGC
2 Mudhoney – « Every Good Boy Deserves Fudge » – Sub Pop
3 Pixies – « Trompe Le Monde » – Elektra
4 Teenage Fanclub – « Bandwagonesque » – DGC
5 Hole – « Pretty On The Inside » – Caroline
6 Beat Happening – « Dreamy » – Sub Pop
7 Television Personalities – « Strangely Beautiful EP » – Fire Records
8 Shonen Knife – « Pretty Little Baka Guy » (réédition) – Zero (Import japonais)
9 Melvins – « Bullhead » – Boner
10 Violent Femmes – « Why Do Birds Sing ? »
PS. Urge Overkill – « The Supersonic Storybook » – Touch & Go
Single N° 1 : Army Of Lovers – « Crucified »

Since my freshly found relationships with employees of the corporate ogre ~~record company~~ (company and Calvin Johnson) I've ~~been~~ learned that there are a handful of very honorable and sincere music lovers who are posing as the enemy to institute the mechanics of the empire. to help destroy what we all have known for too long as ~~corporate~~ shit. Rock, prefabricated, ingesturally politically business, ~~to smear~~ screen honesty and true talent and to keep ~~them~~ willing to Kiss Ass of the ~~record~~

~~1 Sonic Youth - Goo~~
~~2 Every good boy deserves fudge — Mudhoney~~
~~3 Bandwagonesque — Teenage fanclub~~
~~4 Trompe Le monde - Pixies~~
~~5 Beat Happening — dreamy~~
X ~~6 violent femmes - why do birds sing?~~
X ~~7 Bull Head — melvins~~
~~8 strangely Beautiful EP Television personalities~~
~~9 Army of Lovers — Pretty Little Bake Guy reissue — Shonen knife~~
~~10 Hole - out of time Hole pretty on inside~~
~~Not Single crucified Army of Lovers~~

1 Sonic youth - Goo -[DGC]
2 Mudhoney - Every good boy deserves fudge - [Sub Pop]
3 Pixies - Trompe le Monde - [Electra]
4 Teen age fanclub - Bandwagonesque - [DGC]
5 Hole - pretty on the inside - [Caroline]
6 Beat Happening - dreamy - [Sub Pop]
7 Television personalities - strangely beautiful EP - [Fire records]
8 Shonen Knife - Pretty little Bake Guy (reissue) [Zero service import]
9 Melkins - Bullhead - [Boner]
10 Violent femmes - why do birds sing?
    P.S. urge Overkill - Supersonic storybook - [Touch -n- Go]
    NO 1 Single: Army of Lovers - crucified

uncharlenging, and most importantly, kowtowing at the top of the Heap the Heap of Dung. The Heap starts with the ass kissers at the top all the way up to the top where the most cherry or music publication sixs feasting down the Baby Birds with eyes shit shut, and feeding them dehydrated worms. But as I said before the small percent of deserving bands and music loving employees will keep sawing away at the Heap and if we fail we will just simply wait until the cherry rots of old age and we will use your historical decomposition As a reference and a subtly bad time story As remembrance as a warning to neptune. Plant our seeds closer to a cleaner Asshole.

You have failed at conditioning the young ones of the underworld whom you have spawned. and you yourselves are ~~fucked~~ should have been jchenek or poached fried or scrambled sperm. neuter-osis.

« Serve The Servants »

À l'origine cette chanson parlait d'arriver à l'âge adulte à un moment où l'on est assez grand pour se débrouiller sans l'aide de ses parents. Un sujet pour les vingt ans et quelques, si on veut. J'ai toujours pensé qu'une personne ne devait pas se forcer à aimer ses parents simplement à cause des liens du sang. Si vous n'aimez pas vos parents ou votre famille, ne faites pas semblant, dites-leur ce que vous ressentez. À ma façon, j'ai décidé de faire savoir à mon père que je ne le détestais pas. Je n'ai simplement rien à lui dire et je n'ai pas besoin d'une relation père/fils avec quelqu'un avec qui je ne veux pas passer un Noël chiant. Autrement dit : je t'aime. Je ne te hais pas. Je ne veux pas te parler.

« Scentless Apprentice »
Le Parfum, de Patrick Süskind.

« Heart-Shaped Box »
La théorie vagin/fleur de Camille[1], saignant et se répandant sur le tissu que Léonard[2] aurait utilisé pour améliorer son deltaplane s'il n'était pas mort avant de pouvoir changer le cours de l'histoire. Merde. Moi, Claudius[3], jouerai les imbéciles pour votre bon plaisir ! Et Dorothy et Toto (le chien, pas le groupe)[4]. Et les hémorroïdes antiques.

L'hippocampe mâle féconde la femelle, elle porte les bébés durant l'essentiel des phases de gestation, puis les transfère au père qui les porte durant les derniers stades et les met finalement au monde.

1. Paglia, auteure de *Sexual Personae* que Courtney Love fit découvrir à Cobain. – 2. De Vinci. – 3. Référence à *I, Claudius*, roman historique de Robert Graves. Figure pathétique de l'histoire romaine, l'empereur Claudius passait pour un idiot congénital mais, une fois arrivé au pouvoir, se révéla tyrannique, cruel et vicieux. – 4. Dorothy, incarnée par Judy Garland, et Toto, les deux personnages principaux du *Magicien d'Oz.*

La majorité de nos prétendus héros rebelles de l'Ouest sauvage n'étaient rien d'autre que des Confédérés psychopathes complètement barges. Partisans des manières à l'ancienne de rage bipolaire attisée par l'alcool employées durant les années de transmutation. Tuant tous les basanés qu'ils pouvaient trouver. Héros mon cul ! Si seulement j'avais un cœur. Écoutez-moi bien, vous, petits morveux bornés gâtés pourris. IL ne vous hait pas. Je vous aime. Bon dieu, ça fait tellement de bien d'être clean, Dr Bronner. Un peu comme Axl les fesses à l'air dans sa vidéo épique[1].

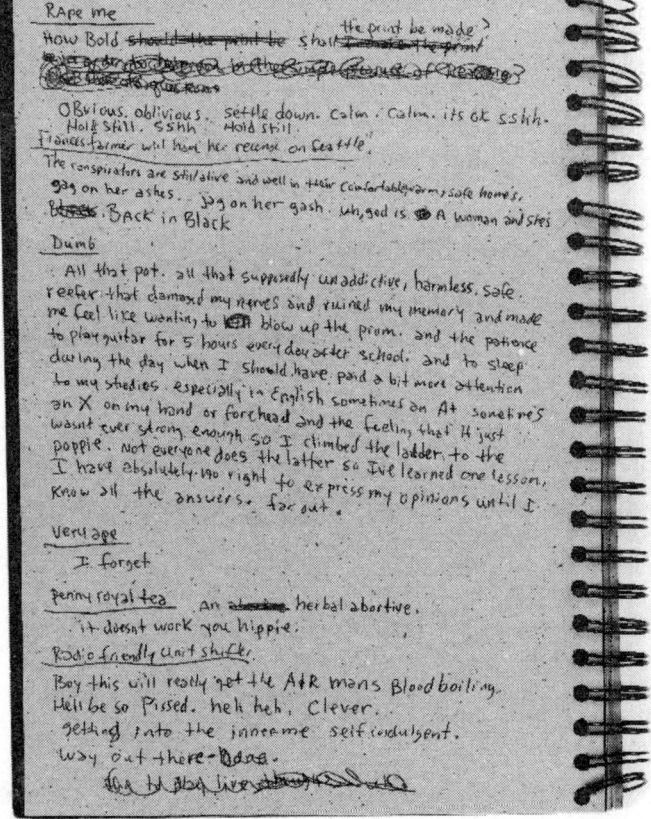

1. Le clip de «Don't Cry», où le chanteur des Guns N'Roses se montre singulièrement agité.

« Rape Me »
Les caractères d'imprimerie, quelle graisse ? Évident. Inconscient.
Calme-toi. Sage. Sage. Ça va aller. Chuut. Tiens-toi tranquille.
Chuut. Tiens-toi tranquille.

« Frances Farmer Will Have Her Revenge On Seattle »
Les conspirateurs sont toujours vivants, bien installés, au chaud
et en sécurité dans leurs maisons. Suffoquant sur ses cendres.
Déchirant sa fente. Euh, Dieu est une femme et elle réapparaît
endeuillée[1].

« Dumb »
Toute cette marijuana. Toute cette dope supposée inoffensive,
sûre, sans effet d'accoutumance qui m'a attaqué les nerfs, ruiné la
mémoire, donné l'envie de foutre en l'air la fête de l'école et la
patience de jouer de la guitare pendant cinq heures tous les jours
après les cours. Et dormir pendant la journée alors que j'aurais dû
prêter un peu plus d'attention à mes études, en particulier l'anglais où parfois j'avais A + et parfois un zéro pointé sur les mains
ou le front. Et le sentiment que ce n'était jamais assez fort, donc
je suis passé aux opiacés. Tout le monde ne fait pas ça, aussi ai-je
appris une leçon : je n'ai absolument pas le droit d'exprimer mes
opinions, à moins que je ne connaisse toutes les réponses. Très
profond, ça.

« Very Ape »
J'ai oublié.

« Pennyroyal Tea »
Une plante abortive. Ça ne marche pas, espèce de hippie.

« Radio Friendly Unit Shifter »
Là, ça va vraiment faire bouillir le directeur artistique. Il va être
fumasse. Hé hé, malin. En plein dans le mille de mon moi com-
plaisant et excentrique.

1. « Back in Black » dans le texte, célèbre hit d'AC/DC.

Se renseigner sur le film *Dante Inferno* des années 30[1] qu'on pourrait utiliser au lieu de fabriquer notre propre décor
On se servirait des séquences avec les gens emmêlés à de vieux chênes desséchés

« Sebadoh »
Salaire d'Alex[2]

« Tourette's »
Moi. Vieillard.
Je suis arrivé à la conclusion. Mais personne n'écoutera plus.

Les oiseaux. Les oiseaux sont et ont toujours été des vieillards réincarnés atteints du syndrome de Tourette[3] qui ont réussi à déjouer le schéma reproductif. Ils baisent, s'occupent de leurs maisons et de leurs enfants sans jamais oublier leur véritable mission : hurler à pleins poumons, avec une rage démoniaque horrifiée, chaque matin à l'aube pour nous rappeler qu'ils connaissent la vérité. Dans le monde entier, ils nous hurlent aux oreilles le meurtre et le sang mais malheureusement, nous ne parlons pas le langage des oiseaux.
Les baleines répondent à l'aide d'un message similaire à notre intention : elles s'échouent

Cet album est dédié à ceux de nos parents qui sont morts.
Ils sont en sécurité, bien au chaud et sourient avec bonheur.

1. Film réalisé par Harry Lachman en 1935 avec Spencer Tracy et Claire Trevor. – 2. McLeod, road manager de Nirvana. – 3. Le syndrome de Gilles de la Tourette (SGT) est un trouble neurologique caractérisé par des mouvements involontaires, rapides et soudains, qui se produisent de façon répétée et stéréotypée, ainsi qu'une propension à crier des mots orduriers à caractère sexuel, religieux ou scatologique.

« All Apologies »
Rien n'a ou n'aura.
Rien ne pourrait ou ne devrait
Des alternateens[1] ignorant les
banderoles du sponsor Budweiser
derrière les groupes de plus de dix
ans d'âge. Un alibi pour baiser

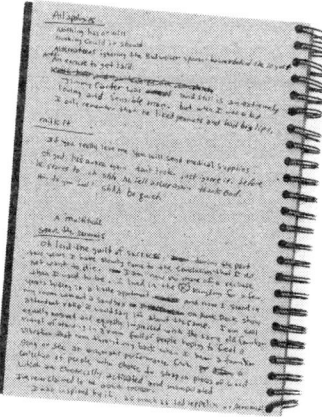

Jimmy Carter était et demeure
un homme aimable et sensible à
l'extrême. Mais quand j'étais
gamin, je me souviens seulement
qu'il aimait les cacahuètes et
avait une grosse bouche.

« Milk It »

Si vous m'aimez vraiment vous enverrez des caisses de médicaments. Oh, Seigneur, il est de nouveau réveillé, ne regardez pas, contentez-vous d'ignorer, avant qu'il se mette à... oh, chuut, il s'est rendormi, Dieu merci. Comment tu te sens ? Chuut reste tranquille.

Une multitude
« Serve The Servants »

Oh Seigneur, la culpabilité qu'engendre le succès[2] ! Ces deux dernières années, je suis lentement arrivé à la conclusion que je ne voulais pas mourir. Je ne suis pas plus isolé qu'avant. J'ai vécu pendant quelques années dans le royaume K[3], retranché dans un petit appartement et aujourd'hui, je me tiens dans une pièce sans bac à sable[4]. Quant à ma fréquentation de concerts punk, je dirais que rien n'a changé. Je reste simultanément agacé et bluffé par le vieux rituel consistant à se tenir dans une salle remplie de gens, dans l'espoir de sentir une vibration me parcourir l'échine quand j'entends une chanson familière ou quand j'assiste à une performance énigmatique donnée par un groupe de gens qui ont choisi de se harnacher de bouts de bois électrifiés.
Je n'ai jamais prétendu être un punk rocker
Ça m'a inspiré. Au même titre que Led Zeppelin ou Aerosmith.

---

1. Contraction de « alternatif » (comme le rock) et « teenagers ». – 2. Orthographié par Cobain « sucksess » : « to suck » = craindre. – 3. Le label de Calvin Johnson. – 4. Lorsqu'il vivait à Olympia avec Tracy Marander, Cobain avait aménagé un bac à sable au milieu de l'appartement pour ses tortues.

Et les Beatles, mais, Seigneur, pitiiiiié, jamais Paul!
Est-ce que c'est très nombriliste de parler de moi comme ça?
Je suppose que cette chanson s'adresse à mon père qui est
incapable de communiquer au niveau affectif que j'ai toujours
attendu de lui.

Nordic Trac
1-800-382 91 77

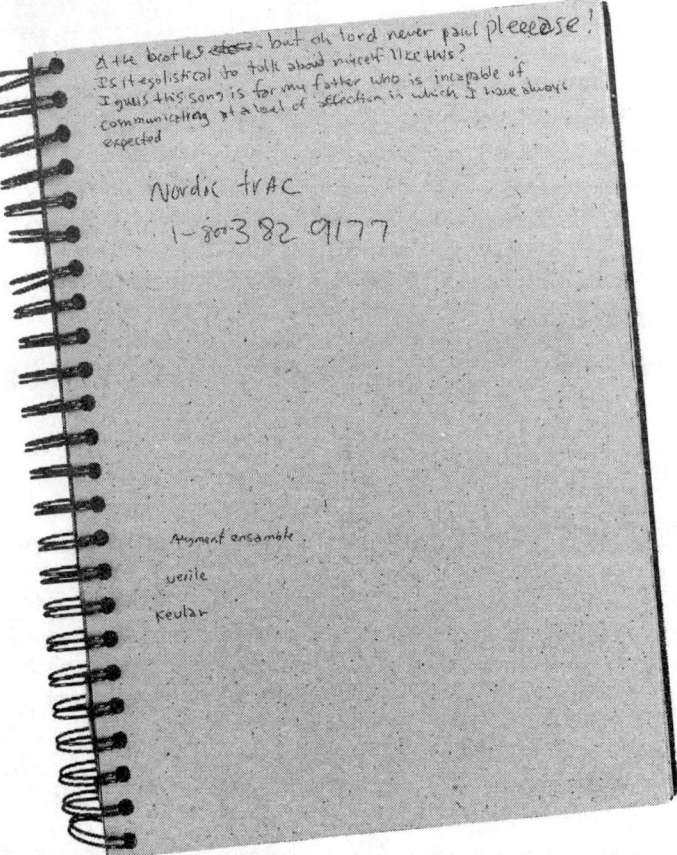

Kevin[1] & Co
Pour le long-métrage

1) Sur « Aneurysm » : garder le son du concert d'Amsterdam au premier changement, c'est-à-dire Kurt en manteau

2) Enlever Dave et Chris jouant des chansons d'Aerosmith

3) Ajouter en sous-titre le mot « bronchite » clignotant sur toute la durée de « Dive »

4) Des images de nous avec Jason[2] (« Les débuts ») et pour les sous-titres, « Jason Everman/guitare, Chad Channing/batterie, chez Rhino Records à Los Angeles, 88 ». *Sélection de chansons*

5) Enlever la deuxième moitié de Dave parlant de nouveaux groupes

6) Démarrer ma tirade au moment où je dis « Blag Flag, Flipper » et laisser tomber le reste

7) Sous-titre sur « Come As You Are » : « Leçon de rock star : si ta guitare est désaccordée, chante pareil »

8) Le prestigieux *Top Of The Pops*, équivalent britannique d'*American Bandstand*[3]
Monter la première vidéo de « In Bloom » tournée à une seule caméra avec nous en robes fracassant le décor

9) Remplacer « Molly's Lips » par la version de Reading avec Eugene au chant

Ajouter la scène où je tends ma guitare au public. Je crois que c'est extrait de Reading.

Et la performance de Kurdt à Rio avec le pénis et les pétales de fleurs devant la caméra

1. Kevin Kerslake, réalisateur du documentaire sur Nirvana *Live! Tonight! Sold Out!!* et de la vidéo de « Heart-Shaped Box ». – 2. Everman, brièvement employé comme deuxième guitariste aux débuts de Nirvana. – 3. Émissions musicales télévisées.

Salut,

J'e suis le bohémien lunatique du groupe. Le chanteur blond. L'artiste sensible.

J'aime : les pâtes, les tortues marines, les filles aux yeux étranges, écrire, lire, me taire, décorer les gâteaux, faire de l'équitation, nettoyer des armes, les imitations de Sally Struthers[1], les pina coladas et me faire surprendre par la pluie[2], l'enculage, l'acupuncture, la peinture, les amis, les chats, les chèvres, les pulls en mohair, cultiver un bataillon de boutons, les scarifications, jouer avec mon groupe, ma femme, ma famille et tous ceux avec qui notre groupe travaille.

Je n'accepterais de porter un tee-shirt «tie-dye[3]» que trempé dans le sang de Jerry Garcia et l'urine de Phil Collins.

Voici quelques-uns de mes groupes préférés : Vaselines, Breeders, Stooges, Pixies, Sex Pistols, Raincoats, Melvins, Tales Of Terror, Scratch Acid, Butthole Surfers, Young Marble Giants, Urge Overkill, Marine Girls, Jesus Lizard, Teenage Fan Club, Slits, Mudhoney, Beat Happening, Cramps, Shonen Knife, Delta 5, Sonic Youth, Black Flag, R.E.M., Meat Puppets II[4], Witchy Poo, Hole, TV Personalities, Daniel Johnston, Sonics, Leadbelly, Wipers, Half Japanese, Dead Moon, Public Enemy, Big Black, Germs, Hüsker Dü, Dinosaur Jr, Captain America, Saints, Velvet Underground, Lee Hazlewood, Hank Williams, Flipper, Feederz, Lewd, Bad Brains, Patsy Cline, Devo, Clash, Fear, Army Of Lovers, Fugazi, Bikini Kill, Beatnik Termites, The Staple Singers, Discharge, Cannanes, Bratmobile, Saccharine Trust, Dirt, Pavement, Love Child, Superchunk, Boredoms, Sebadoh, Axemen, Cows

[NdE – Dans la marge]

Shocking Blue, Wire, Leonard Cohen, Pylon, B-52's, Duh, Didjits, Mazzy Star, Sun City Girls, Calamity Jane, Tinklers, Some Velvet Sidewalk, Go Team, Rites Of Spring, Void, Shop Assistants, Nip Drivers

---

1. Actrice américaine de sitcoms. – 2. «I like pina coladas and getting caught in the rain», paroles extraites de «Escape (The Pina Colada Song)», tube de l'année 1979 par Rupert Holmes. – 3. À motifs psychédéliques et couleurs délavées, l'archétype du vêtement hippie. – 4. En fait le titre d'un album de 1984 des Meat Puppets.

Labels Indépendants[1]

Eire Records
399 Seven Sisters Road
London N15 Grd England

Suck Dog[2]
Po Box 1491
Dover NH 03820

Simple Machines[3]
Po Box 10290 Arlington
VA 22210 – 1290

SST[4]
Po Box Lawndale CA 90260

Touch and Go
25520 Chicago IL 60625

K
Po Box 7154
Olympia WA 98507

Seminal Twang, Sympathy for the Record Industry, Boner, Matador, Sub Pop, Ecstatic Peace, Kill Rock Stars, Feel Good All Over, Homestead, 4 AD, Rough Trade, CD presents, Alternative Tentacles[5], Twin Tone

TK Records[6]
42423 Portland Oregon
97242

---

1. La plupart des adresses mentionnées ne sont évidemment plus valables. – 2. Label créé à la fin des années 80 par Lisa Carver (également éditrice du fanzine *Rollerderby*) pour promouvoir son propre groupe Suckdog. – 3. Label (aujourd'hui disparu) fondé à la fin des années 80 par Jenny Toomey et Kristin Thompson (du groupe Tsunami), également éditrices d'une brochure expliquant comment fabriquer des disques. – 4. Label essentiel du hardcore californien. A publié les disques de nombreux groupes fétiches de Cobain : Black Flag, Meat Puppets, Saccharine Trust, Screaming Trees, Hüsker Dü, Sonic Youth… – 5. Le label du chanteur des Dead Kennedys, Jello Biafra. Basé à San Francisco. – 6. TK pour Tim Kerr. Label éclectique qui commercialisa un maxi de William Burroughs et Gus Van Sant (« The Elvis of Letters », en 1995), mais aussi des enregistrements de Richard Hell, Pere Ubu ou le Velvet Undergroud.

Caroline
114 West 26th Street
NY NY 10001

Magazines musicaux : *Fact Sheet Five*[1]
Fanzines : *Bikini Kill, Alternative Press, Jigsaw, Ink Disease, Your
Flesh, Girls Germs, Flipside, Maximum Rock'n'Roll, Murder Can Be
Fun, Spin, Forced Exposure, Amok, REsearch, Option, Kitten Kore, And
She's Not Even Pretty*[2].

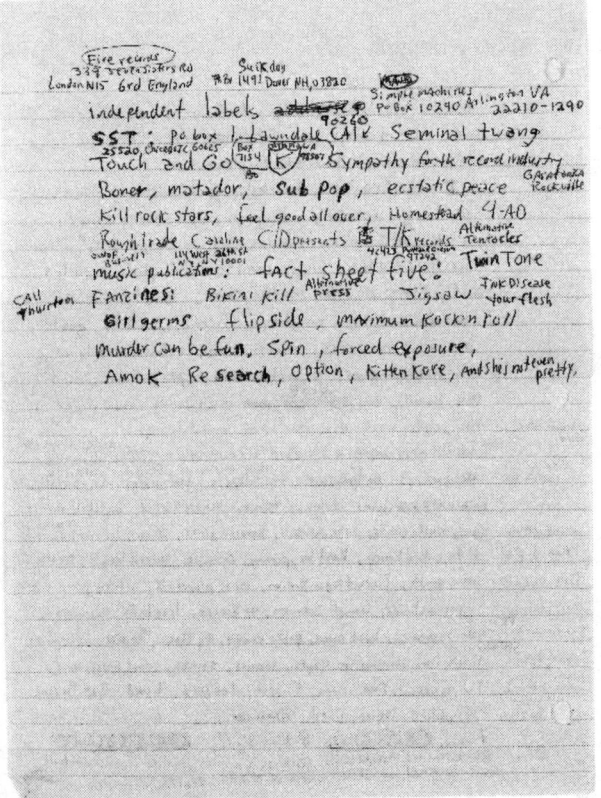

[NdE – Dans la marge]
Appeler Thurston[3]

1. Pas strictement musical, le très influent *FSF* recensait les autres fanzines. – 2. Le fanzine de
Courtney Love. – 3. Thurston Moore de Sonic Youth.

1) Sortir la version Albini : *masterisée* – ordre des chansons différent – sous le *titre* : « I Hate Myself And I Want To Die ». Album vinyle, cassette et *8-track*[1] – Oui ! Oui ! Oui ! Albini crédité comme producteur et mixologiste[2]. Accompagné d'un *sticker* disant : « Le dernier enregistrement studio de Nirvana pour 93, inclut "Heart-Shaped Box", "Rape Me" et 12 autres chansons. » *Points de vente* : petites boutiques de quartier et partout où on peut trouver du vinyle.
PAS D'ENVOIS PROMO !!!

2) Un mois plus tard : après force mauvaises chroniques et commentaires sur l'aspect vicelard d'un disque sans concessions exclusivement disponible en format vinyle, cassette et 8-track, nous sortons la version avec basse et guitare acoustique remixée et réenregistrée sous le titre « Verse Chorus Verse » en vinyle, cassette et, Dieu nous pardonne, CD. Accompagnée d'un *sticker* disant : « Voici la version sympa pour les radios, vendeuse, édulcorée dont, à propos, NIRVANA est très fier. Inclut "Heart-Shaped Box", "Rape Me" et 10 autres chansons. »

3) Sortir la vidéo de « Heart-Shaped Box » en même temps que la première version exclusivement disponible en vinyle, cassette et 8-track, mais avec le son de la version remixée.

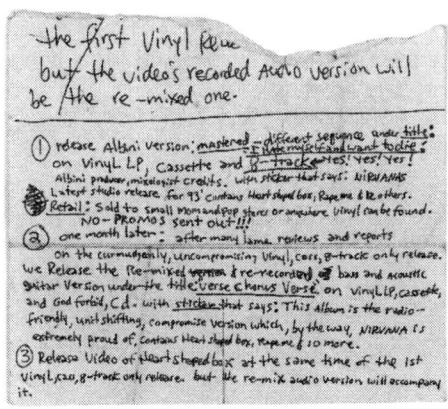

Plan marketing « bipolaire » imaginé par Cobain pour « In Utero ».

1. Format spécial pour autoradios déjà largement tombé en désuétude en 1993 – d'où l'enthousiasme de Cobain. – 2. Néologisme cobainien.

Effet technicolor pour film

Vieillard parcheminé sur lit d'hôpital, un fœtus en caoutchouc dans le bocal de sa perfusion. Chris, Dave et moi sommes assis au pied du lit, attendant son dernier soupir avec impatience. Dans la chambre d'hôpital, les stores sont presque entièrement baissés, une aveuglante lumière blanche les traverse. Beaucoup de fleurs dans la pièce, et Kurdt tenant une vieille montre de gousset qui oscille comme un pendule – signe que le temps est écoulé.

Petite fille aryenne de quatre ans avec des cheveux blonds ensoleillés et des yeux bleus pénétrants portant une robe du Ku Klux Klan, assise dans une petite cabane.

Les murs de la cabane sont recouverts de lis aux tiges coupées à la racine, collés partout sur les murs. Chaque fleur dégage une lumière vive projetée de l'arrière. Un autre plan de la petite fille tenant la main d'un vieux. Il l'agrippe comme si elle ne devait jamais s'échapper. Du sang rouge vif surgit de l'intérieur de la robe de la petite fille.

Plan rapproché d'encre rouge ou de sang détrempant le tissu blanc.

Puis un coup de vent fait s'envoler sa cagoule du Ku Klux Klan, la caméra la suit survolant un champ de pavots, finalement la cagoule se change en filet à papillons et se met à poursuivre des papillons à travers champs avant de tomber dans une petite flaque de goudron (encre de Chine).

Autre plan rapproché sur l'encre noire et visqueuse détrempant le tissu blanc.

La cagoule devenue complètement noire se révèle être un chapeau de sorcière qui s'envole au loin d'un coup de vent

Vieillard parcheminé à l'allure singulière[1] sur une croix, des corbeaux sur les bras, lui picorant le visage – Épouvantail/Jésus.

Concept de la vidéo de « Heart-Shaped Box ».

1. Cobain avait demandé à l'écrivain William Burroughs, qui déclina, de jouer ce rôle.

Animation. Forêt *Dante Inferno* des années 30
Corps emmêlés à de vieux chênes desséchés
Peut-être qu'on peut utiliser des images de ce film

Illusion d'optique

Technicolor effect for film.

Old weathered man in hospital bed with a rubber foetus in his IV Bottle chris dave and I sitting at the foot of the bed, impatiently waiting for them to pass away. In the hospital room the curtains are drawn 90% of the way with a blinding white light shooting through the curtains. Lots of flowers in the room and I hold an old pocket watch dangling back and forth — indicating that time is running out.

4 year old aryan girl with bright blonde hair with vivid blue eyes. in a klu klux klan robe on sitting in a small shack. The walls of the shack is covered with star gazer lillies with stems cut off and the butt end of the flowers and glued on the everywhere on the walls. Each flower has a bright light alluminating from behind them. another shot of the little girl holding hands with an elder. to squeezes her hand as if she could never escape. bright red blood soaks in from inside of the girls robe. Close up of red ink or blood soaking in to white fabric then a gust of wind blows her KKK hat off, the camera follows it into a field of poppies, eventually the hat turns into a butterfly not and chases butterflies through out the field. then it falls into a small pool of black tar/studio ink. another close up of black ink - goo soars into the white fabric after the hat is completly black it appears to be a black witches hat and blows away with a gust of wind.

old cross.
old interesting looking man on a cross with black crows on his arms, pecking at his face — scarecrow/Jesus.

Animation, forest Dantes inferno from the thirties bodies entwined in old oak trees maybe you can use the original footage from that movie

optical illusion

Love Child – « He's So Sensitive »
Love Child – « Diane »
Calamity Jane – « Car »
Beatnik Termites – « When She's Nearby »
Sun City Girls – « Voice Of America #1 »
Discharge – « The More I See »
Jad Fair[1] – « The Crown »
Jad Fair – « Take A Chance »
Jad Fair – « I Like Candy »
Mazzy Star – « Halah »
Didjits – « Under The Christmas Fish »
Bags – « Babylonian Gorgon »
Bags – « Survive »
Bags – « We Will Bury You »
Sebadoh – « Loser Core »
Duh – « Spaghetti And Red Wine »
TV Personalities – « I Know Where Syd Barrett Lives »
Axemen – « Mourning Of Youth »

Face 2
Daniel Johnston[2] – « Continued Stories »
Stinky Puffs – « Stinky Puffs Theme »
Hamburger
How You Make A Car
Baby A Monster

---

1. Surnommé « le plus grand des primitifs américains » en raison de son approche musicale candide et minimaliste à la Jonathan Richman, Jad Fair emmène également avec son frère David
le groupe Half Japanese, dont Cobain portait le tee-shirt au moment de son suicide. –
2. Chanteur, compositeur et multi-instrumentiste américain à la santé mentale fragile, Daniel
Johnston a longtemps enregistré seul chez lui des cassettes qu'il diffusait ensuite sur son propre
label, Stress. Devenu vers le milieu des années 80 un objet de culte dans le milieu alternatif, il
a collaboré entre deux séjours en hôpital psychiatrique avec des membres de Sonic Youth et…

C ourtney, quand je dis que je t'aime, je n'ai pas honte, et personne n'arrivera jamais, jamais, à m'influencer, à me persuader, etc., du contraire. Je te porte dans mon cœur, à la vue de tous. Je t'arbore comme les plumes d'un paon et avec la même envergure, mais trop souvent avec une attention aussi brève que l'impact d'une balle en pleine tête. Je pense qu'il est pitoyable que le monde entier considère les gens patients au comportement posé comme des citoyens modèles. Reste qu'il ne faut pas passer sous silence l'aptitude à s'expliquer d'un ton calme et neutre. Et je dois le dire : je suis ce qu'on appelle un garçon lent. La façon dont je me suis métamorphosé, hier hyperactif aujourd'hui figé comme un bloc de ciment est, à défaut de mots plus appropriés euh, ennuyeuse, exaspérante, déroutante – aussi compacte qu'un bloc de ciment. Le ciment ne contient aucun autre minéral. On n'y trouve même pas de pyrite. C'est entièrement fabriqué par l'homme, et tu m'as appris que c'était OK d'être un homme et dans le monde classique des hommes, je t'affiche avec fierté comme la bague à mon doigt, qui ne contient pas non plus de minéral.

Love Kurt

Courtney, when I say I love you I am not ashamed, nor will anyone ever ever comeclose to intimidating persuading, etc me into thinking otherwise. I wear you on my sleeve. I spread you out wide open with the wing span of a peacock, yet all too often with the attention span of a bullet to the head. I think its pathetic that the entire world looks upon a person with patience and a calm demeanor as the desired model citizen. yet theres something to be said about the ability to explain

oneself with a toned down, tune deaf tone. And I will say it! I am what they call the boy who is slow. how I metamorphised from hyperactive to cement is for lack of a better knife to the throat uh, annoying, aggravating, confusing as dense as cement. cement holds no other minerals. you can't even find fools gold in it. its strictly man made and youve taught me its ok to be a man and in the classic mans world I parade you around proudly like the ring on my finger which holds no ▬ mineral.
Also Love Kurt

273

Courrier des lecteurs.

Je pensais faire savoir au monde à quel point j'aimais les gens. Je pensais vouloir créer quelque chose que j'aurais personnellement envie d'écouter, parce qu'une grande partie de l'art mondial craint au-delà de toute description. Et pourtant je trouve que juger est une perte de temps. Et qui suis-je, bordel, pour me hisser au rang d'autorité certifiée, quelqu'un qui aurait le droit de critiquer. Je suppose que d'une certaine façon, quiconque ayant suffisamment d'ambition pour créer et non déprécier mérite le respect. Il y en a qui se débrouillent mieux que d'autres. Il y a ceux qui possèdent un formidable enthousiasme et, terriblement prolifiques, débitent un million de produits par an. Ouais, des produits. Ce sont ceux-là qui pondent habituellement 10 % de bons trucs et 90 % de daube.

Ensuite il y a ceux qui passent des années à étudier les œuvres des autres parce qu'ils n'ont aucune chance au monde de produire quelque chose qui soit traversé de la moindre étincelle de talent. Ouais, le talent. Mais comme je l'ai déjà dit, nul ne devrait être privé du privilège de créer et la plupart des gens n'ont certainement pas besoin d'être déstabilisés par la peur d'apprendre que leurs accomplissements sont meilleurs ou pires que ceux des autres. Ils sont capables de se rendre compte par eux-mêmes.

En y repensant, peut-être ai-je seulement essayé de faire savoir au monde à quel point je m'aimais, moi. Tel un hypocrite dans sa crypte hippie[1].

Je me déteste et je veux mourir.

Foutez-moi la paix.

Love Kurdt

1. Jeu de mots entre « hypocrite » et « hippie crypt ».

Vous avez absolument raison à 100 %. J'ai eu méchamment tort d'écrire « Pour moi le punk rock est mort ». Bien qu'il *soit* mort *pour moi*, les mots clés que j'ai écrits dans ces notes de pochettes tellement, eh oui, négatives et débiles. Le mot *for*[1] n'a pas été correctement saisi chez l'imprimeur quand ils ont retranscrit mes notes manuscrites. J'avais employé à la place le mot *to*[2], une bourde très ordinaire en période de bouclage, quand les gens s'excitent comme des coqs de combat mexicains afin d'obtenir un OK pour quelque chose d'aussi négligeable que les notes de pochette d'une compilation/vache à lait de faces B[3]. Oui mes amis. Le punk rock est mort pour moi.

Your All absolutely one hundred percent correct.
I was severely wrong when I wrote "For me
Punk Rock is dead. although it is dead
for me which were the key words I wrote
in those oh so negative and retarded linear
notes. The word for was miss printed
at the printing offices when they translated
my handwriting. The word to was
used instead of for which is a very common
occurance when deadlines are due and
people are scratching like mexican fighting cocks
to get an approval for something as non important
as liner notes to a B-side cash cow.
Yes friends. punk rock is dead for me.

---

1. Pour. – 2. Pour également. Dans ce contexte, « punk rock is dead for me » a exactement la même signification que « punk rock is dead to me ». – 3. « Incesticide », album publié chez Geffen fin 1992.

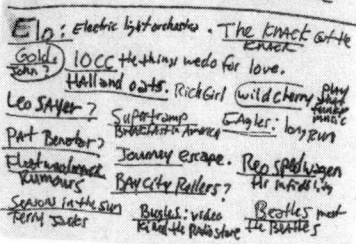

La nouvelle liste NIRVANA revue et corrigée d'albums qui ont affecté émotionnellement la personne qui écrit ces lignes, l'ont inspirée à résumer ses pensées sur un mode de vie qu'elle a peut-être déjà adopté pour avoir l'air cool et branchée.

Oh, et peut-être aussi au passage pour faire découvrir ces trésors obscurs à ceux qui ne sont pas blasés

ELO : « Electric Light Orchestra »
The Knack : « Get The Knack »
Gold : John ?
10 CC : « The Things We Do For Love[1] »
Hall And Oates : « Rich Girl[2] »
Wild Cherry : « Play That Funky Music[3] »
Leo Sayer : ?
Supertramp : « Breakfast In America »
Eagles : « The Long Run »
Pat Benatar : ?
Journey : « Escape »
REO Speedwagon : « Hi Infidelity »
Fleetwood Mac : « Rumours »
Bay City Rollers : ?
Terry Jacks : « Seasons In The Sun »
Buggles : « Video Killed The Radio Star »
Beatles : « Meet The Beatles »

1. Single extrait de l'album « Deceptive Bends » sorti en 1977. – 2. Single extrait de l'album « Bigger Than The Both Of Us » sorti en 1976. – 3. Single extrait de l'album « Wild Cherry » sorti en 1976.

J'ai été obligé de devenir une Rock Star recluse.

C'est-à-dire : pas d'interviews ni d'apparitions à la radio, etc. À cause des hordes d'autorités autoproclamées sur la musique, des gens qui ne sont pas musiciens et n'ont apporté aucune contribution artistique au Rock'n'Roll hormis peut-être quelques pavés ennuyeux et surtout, qui s'imposent dans toutes leurs formes d'expression comme les plus grands misogynes qui soient.

Depuis ma toute première révélation de la musique alternative, j'ai examiné en détail les débuts de la New Wave – ensuite le punk, puis des bandes de Rock Classique Contemporain. Jamais, depuis que j'ai découvert le sexisme, je ne l'ai vu envahir ma vie de façon aussi radicale et venimeuse que ces deux dernières années. Pendant des années j'ai scruté et guetté tel le vautour la moindre trace de sexisme et j'en ai détecté des doses relativement faibles comparées à l'état actuel du Rock'n'Roll, des chouchous des critiques à Samantha Fox, pour la simple raison que l'un des membres d'un groupe autrefois perçu comme tel[1] a épousé l'incarnation d'un succès[2] défini par l'institution des journalistes musicaux sans compétences musicales. Ça sent la corruption !

À présent, toutes les théories conspiratrices sont très, très réelles. Avec tellement de preuves qu'il n'y a même pas besoin de s'emmerder à les détailler. La bureaucratie prolifère comme un cancer, des entreprises les plus basiques, innocentes et artisanales – détaillants en crayons, mendiants, distributeurs de fanzines, hippies vendeurs de cookies bio – jusqu'aux (bâillement) professions médicales, organismes de protection liés au gouvernement, gardiennage, et, hum, industries du spectacle. Les journalistes devront maintenant se briser les phalanges après s'être mutuellement imprimé sur le sein gauche la marque d'un doigt accusateur, et s'incliner pour laisser les artistes se critiquer eux-mêmes et leurs semblables. Ceci est un fanzine écrit par des fans de musique. Nous savons que c'est vrai parce qu'ils sont musiciens. Peuvent-ils écrire aussi bien qu'ils jouent ? Mieux. Oui mais, que dire des Genres ? Un musicien heavy metal ne peut chroniquer un groupe dance/RnB/soul. Aussi simple que ça.

Élitisme = punk rock

Capitalisme =

Si tu étais un véritable fan de musique, tu écrirais dans un fan-zine.

Tu n'as pas le droit de poser la question : «Quel contrôle artistique avez-vous à présent que vous êtes signés sur une major?» Puisque tous les journalistes sont à la merci de leurs rédacteurs en chef.

Le deuxième choix brûle au troisième degré.

Si jamais nous remportons d'autres awards, nous chargerons trois sosies de les prendre pour nous, trois types assez proches de nous.

Concept pour vidéo : «Milk It» ou «Scentless Apprentice», moi bourré rétamé, homme dans une pièce remplie de gens lors d'une soirée. L'homme a un flingue et titube en menaçant de tirer.

L'homme a un regard vitreux de dingue.

Jouer «unplugged[1]» sous peu.

Sortir une cassette de chansons punk favorites avec une version vinyle de l'album.

Vidéo «Heart-Shaped Box»

William[2] et moi assis face à face à une table (blanc et noir), un max de Soleil Aveuglant irradiant de la fenêtre derrière nous, les yeux dans les yeux. Il commence à me tripoter le cul et tombe raide mort sur moi. Radiographies de sperme traversant un pénis. Une vapeur fantomatique lui sort de la poitrine et de l'entrejambe et pénètre mon Corps.

Pendant le solo. Plans de violon. Chris en claviers New Wave et quelques coupes très rapides de stroboscopes.

Image d'une petite fille de trois ans, blanche, aryenne, blonde, en tenue de Ku Klux Klan tenue par la main par un parent KKK. La même nuance de violet que dans la vidéo de New Order.

Séquences de poupées animées. Plan serré de lis étalés sur une table à dessin éclairée. Images de modèles d'anatomie provenant de la collection de Kurt[3]

---

1. Les concerts «Unplugged» (acoustiques) initiés par MTV. – 2. Burroughs (qui n'apparaît pas dans la vidéo). – 3. *Cf.* la «Visible Woman» qui illustre la pochette de «In Utero».

Pendant de nombreux mois, j'ai décidé d'arrêter de lire des magazines rock, essentiellement pour me reposer et me laver la tête du folklore journalistique qui s'accumule depuis que nous sommes devenus le sujet de potins préféré d'un tas de gens (si j'ose dire) du matin au soir.

Le mois dernier, je me suis dit que j'allais jeter un œil à quelques mags rock pour voir ce qui se passait et si ça s'était tassé.

Eh bien, d'après moi, beaucoup d'arbres ont été sacrifiés à cause de gens qui s'emmerdent et emmerdent tout le monde en continuant à gâcher de l'espace avec des foutaises sur NIRVANA. Il y a des années que je suis assez avisé pour ne plus croire que les articles racontent ce que nous avons besoin de savoir – les faits et rien d'autre, mec. Je sais depuis longtemps que les magazines, les journaux et les livres d'histoire laissent des choses de côté ou en embellissent d'autres conformément aux convictions politiques et morales des investisseurs ou des propriétaires de toute publication. Croyez-vous qu'un livre d'histoire publié dans le Sud contienne fondamentalement les mêmes informations sur la guerre de Sécession qu'un autre, imprimé pour les écoles du nord du pays ? Croyez-vous qu'un quotidien catho de droite raconte la même chose que *Mother Jones*[1] ? Bon, le monde de l'écriture rock est un petit peu plus déroutant. Pas aussi limpide que les références ci-dessus. Les gens qui écrivent pour les canards de rock forment une équipe en situation de conflit permanent.

C'est un cliché maintes fois rebattu, mais les journalistes de la presse musicale sont des gens payés pour dégoter autant d'anecdotes intéressantes que faire se peut sur la personnalité d'un musicien ; s'il n'en existe pas assez, il faut qu'ils pimentent un peu, et si le résultat n'est pas encore assez relevé, ce qui est presque toujours le cas, alors entre en scène le rédac chef. Le job d'un rédacteur en chef n'est pas de corriger des erreurs grammaticales. Son boulot consiste à vendre des magazines et pour ce faire, il faut un max de trucs bien épicés. Donc, encore une fois, un journaliste est presque toujours à la merci de son rédacteur en chef. Ironiquement, ce sont les journalistes qui essayent obsessionnellement de prouver que le musicien ne possède aucun contrôle sur sa créa-

---

1. Magazine bimensuel d'investigation sans but lucratif, fondé à San Francisco en 1976 dans la foulée du scandale du Watergate et consacré à dénoncer les dangers d'un monde corporate.   279

tivité, et obéit aux ordres de sa maison de disques. Le cliché le plus énorme et éculé concernant les journalistes, mais trop vrai pour qu'on puisse l'ignorer, c'est que la plupart d'entre eux n'ont aucune idée de ce que c'est qu'écrire une chanson, jouer d'un instrument, ou se produire sur scène devant un public.

La décision de devenir journaliste musical survient généralement chez une personne après qu'elle a compris qu'elle était musicalement arriérée. Mais entre-temps, cette personne a travaillé à Tower Records et possède plein de CD et de biographies rock.

for many months I decided to take a break from reading rock magazines mainly to rest and clear my head from all the folk lore and current affair journalism that had been piling up since we've become a lot of peoples (dare I say) breakfast lunch and dinner gossip. Last month I thought I'd take a peek at a few rock mags to see whats going on and if things have cooled down.

well, to my estimation many trees have been wasted on account of bored and boring people who still like to waste space with NIRVANA DRECK. years ago I knew better than to believe that every article in a newspaper reported everything we need to know as in all the facts man. I knew that newspapers, magazines and history books left out things or embellished based on the special interests of the political and moral beliefs of the shareholders or owners of all printed matter. Do you think a history book from the south has basically the same information on the civil war as a history book printed for the northern school districts? Do you think a right wing, christian owned newspaper reports the same as mother jones magazine? well the rock world is a bit confusing. Its not as cut and dry as the above references. people who write for music mags are a collective bunch who are at conflict every day.

As youve heard this cliche many times before music journalists are people who are paid to find as many interesting anecdotes of a musicians personality and if there isnt enough they must spice it up and if it isn't spicy enough which as almost always the case then In steps the editor. an editors job is not to correct grammatical errors. his or her job is to sell magazines and to sell magazines you need to have a cupboard full of spices. So once again a journalist is almost always at the mercy of the editor. ironically journalists are the ones who obsessively try to prove that the musician has no control over their own creativity and is dictated by the record company and the biggest and most overly used cliche of the journalist although is too time to ignore is the fact that most journalists have no idea of what its like to write a song, play an instrument or know what its like to perform on stage in front of people.

The choice to become a music journalist is usually after ones realization that they are musically retarded. but theyve worked at tower records and own a lot of cds and rock biographies.

J'ai découvert très tôt que les gens qui partageaient une même théorie du complot concernant la vérité qu'on nous cache pour des questions d'intérêt aiment généralement une musique politiquement orientée et tendant à inclure des éléments de vérité sans fard. Le *punk rock*, pour l'essentiel, entre dans cette catégorie. Quelques années plus tôt, j'avais le sentiment que la plupart des gens qui écoutaient du punk rock n'étaient pas dupes du sensationnalisme des magazines rock commerciaux et ne croyaient pas aussi facilement ce qui était imprimé dans ces canards ayant toujours ignoré l'underground ou les groupes punk rock, puisque le punk rock ne faisait pas vendre de magazines jusqu'à présent. Pareil pour la new wave. Les magazines commerciaux ont rebaptisé le punk rock « musique alternative » et, comme pour la new wave, seuls les groupes les plus vendeurs y figurent.

La façon la plus simple d'éviter d'être mal interprété est d'employer le format question/réponse. Preuve a été faite depuis des années qu'il s'agit là d'une manière sûre et efficace de rendre compte de la vérité, à condition que toutes les réponses soient imprimées dans leur intégralité. Quand Chris[1] a dit : « La plupart des gamins qui écoutent du heavy metal sont des crétins », ça a été imprimé. Ce qui ne l'a pas été, c'est le reste, c'est-à-dire : « Et j'étais l'un de ces crétins heavy metal. Ce n'est pas leur faute si des groupes heavy metal stupides continuent à propager le sexisme et l'homophobie dans le rock'n'roll blanc. » La chose la plus notable concernant nos supposées attitudes et déclarations contradictoires, c'est que ces interviews ont été réalisées dans l'espace de deux ou trois mois et que quiconque ayant la surprise d'accéder du jour au lendemain au statut de rock star contre son gré aura les mêmes pensées lui venant à l'esprit. Fondamentalement, nous ressentions un danger – la peur de perdre contact avec les gens dont nous pensions qu'ils partageaient les mêmes théories que nous sur le complot des magazines corporate/commerciaux. Mais par la suite des pages et des pages de lettres conspuant nos réactions négatives (rien d'autre que des mesures de précaution) se sont étalées dans tous les fanzines de ce côté-ci de la planète.

1. Novoselic.

En conclusion, les personnes que nous aimions sincèrement et avec qui nous nous sentions des affinités ont gobé à 100 % les exagérations et les fausses nouvelles. Ce qui nous a donné le sentiment d'avoir été trahis. Nous voulions simplement offrir à ces gamins heavy metal crétins (ceux que nous étions) une initiation à une manière différente de penser et quelque quinze années de musique émotionnellement et socialement importante, et tout ce qu'on a récolté, c'est de l'affabulation, des coups de poignard dans le dos et Pearl Jam.

I found at an early age that the same people who share the same truth withald due to special interests conspiracy theory are usually the same people who are fans of politically motivated or music that leans towards elements of out spoken truths. PUNK ROCK. for the most part falls under this category. Quite a few years ago I felt that most of these people who listened to punk rock were aware of commercial Rock mag sensationalism and knew better than to believe what was written in these magazines which have always ignored underground or punk rock bands because punk rock doesn't sell magazines, until now. Just like new wave, punk rock has been credited a new name by commercial magazines "alternative music" and just like new wave only the most commercial bands are featured in these magazines.

The easiest way to advert from the chance of misrepresentations is to use the question answer format. it has been proven for years that this is a safe and effective way to report the truth as long as all of the answers are printed in their entirety. When chris said "most heavy metal kids are dumb" that was printed, what wasn't printed was the rest of it which was," and I was one of those dumb heavy metal kids. Its not their fault because there are stupid heavy metal bands carrying on the legacy of sexism and homophobia in white boy rock and roll," "The most interesting thing about our supposed contradictory attitudes and statements made almost 2 years ago is that all of those interviews were conducted within a span of 2 to 3 months and anyone given the surprise of becoming instant rock stars against their will have the same thoughts running through their heads. Basically what we felt was a danger, the threat of losing contact with the very people whom we felt shared the same commercial/corporate magazine conspiracy theory as we did. But as it turns out pages and pages of letters bitching about our negative reactions (which were nothing more than precautionary) littered every fanzine this side of the world. In conclusion these same people who we felt an honest love and mutual bond with bought the current affair hype hook line and sinker. which has left us feeling betrayed. We simply wanted to give these dumb heavy metal kids (the kids who we used to be) an introduction to a different way of thinking and some 15 years worth of emotionally and socially important music and all we get was flack, backstabbing and pearl jam.

Durant les mois écoulés entre octobre 1991 et décembre 1992, on m'a volé en plusieurs fois quatre cahiers remplis de deux ans de poésie, d'écrits personnels et de paroles de chansons. Plus deux cassettes de 90 minutes avec les parties de guitare et de chant de nouvelles chansons ruinées par un accident de plomberie, ainsi que deux de mes guitares préférées et les plus chères. Je n'ai jamais été très prolifique aussi quand l'inspiration afflue, elle afflue. Là, je

me retrouve à gribouiller sur de petits blocs-notes ou des feuilles volantes, donc une toute petite partie de mes écrits atteindra un jour une forme définitive. C'est ma faute mais la violation la plus intense que j'aie ressentie cette année ne concerne pas les exagérations des médias ou les potins dégueulasses, mais le viol de mes pensées personnelles. Des pages déchirées écrites durant mes séjours à l'hôpital, mes voyages en avion, dans les hôtels, etc. Je suis tenu de dire, allez vous faire foutre, allez vous faire foutre à ceux d'entre vous qui n'ont absolument aucune considération pour moi en tant que personne. Vous m'avez violé plus durement que vous ne pourrez jamais l'imaginer, donc je le répète une fois de plus, allez vous faire foutre, même si l'expression a totalement perdu son sens

ALLEZ VOUS FAIRE FOUTRE !
ALLEZ VOUS FAIRE FOUTRE !

Travelin white trash couple

Il prend des bains à l'eau de Cologne
Il est rempli de testostérone
Elle embrasse sensuellement les verres de contact[1]
Ils parlent sans arrêt pour purifier leur ego

Ils ont un style de vie confortable
Ils bougent beaucoup pour se remplir la panse
Leur coupe de cheveux est démodée
Ils semblent proclamer qu'ils sont d'un autre État

Il garde ses cigarettes près de son cœur
Elle garde ses photos près de son cœur
Ils gardent leur amertume près de leurs cœurs

Elle voudrait se faire construire une jolie maison
Elle s'acquitte de ses tâches en restant ivre
Ils possèdent probablement un million de chats
Se fichant probablement d'où ils sont ou ce qu'ils font.

Ils vous arnaquent et ensuite quittent la ville
La brocante est leur champ de bataille
Elle l'aime plus qu'il ne le saura jamais
Il l'aime plus qu'il ne le montrera jamais

1. Autre « cobainisme ». Le mot du texte original est « lense », soit « verres de contact », visible-
ment écrit pour la rime plus que pour faire sens.

Travelin white trash couple
#1

He Bathes in Gallons of mens Cologne
Hes fillup full of testosterone
She kisses sensually into the lense
They spit their lingo to keep their egos
cleansed.

They keep a lifestyle that is comfortable
They travel far to keep their stomaches full
They have a Hairstyle that is out of style
They seem to claim that their from out of state date

He keeps his cigarettes close to his heart
she keeps her photographs close to her heart
they keep their bitterness close to their hearts

She wants to build herself a windchime house
she does her arts and crafts while staying soused
They probably own About a million cats
they dont care where their from or where their at

They Rip you off And then they leave your town
The local swap meet is their battle ground
She loves him more than he will ever know
He loves her more than she will ever show

En haut : collée sur l'une des pages de son journal, cette lettre de lecteur exprimant un avis pas spécialement positif sur Nirvana possède les éléments requis (« MTV va les avaler tout cru, leur carrière et leur vie privée ne seront plus qu'un cirque médiatique ») pour renforcer les sentiments paranoïaques de Cobain quant au succès et au battage médiatique entourant son groupe.

En bas : collée par Cobain sur l'une des pages de son journal, cette affichette est l'arrêté britannique d'un jugement de sorcellerie datant de 1593.

S ore Bahrre astray the Gouna[1] trouvé mort dans un (lit)
  N'aurait pas dû être alité !
Poète mort et boursouflé, barbu et gavé.

90 % de la population américaine adulte ne se sentait pas concernée et n'avait aucune envie de voir ou d'entendre quoi que ce soit à propos de Woodstock. 90 % de la génération Woodstock n'est pas constituée de vieux hippies désormais pourvus d'enfants et du privilège d'insuffler leurs idéaux libéraux jadis frais et neufs dans la nouvelle société dont ils sont maintenant responsables.

Ouais, tous nos parents sans exception aiment entendre les mêmes vieux tubes classés en première place des charts dans les années 60 et 70, et nous inciter à croire qu'ils ont participé activement à l'élaboration des méthodes de pensée révolutionnaires et au dynamisme idéaliste candide qu'ils étaient impatients de mettre en pratique dès leur arrivée au pouvoir.

La majorité d'entre eux était alors le produit de l'inflation fœtale causée par la peur et le choc de la guerre mondiale. Ils se sont fait blouser, sont restés à l'école, se sont souvenus des écrits de Donna Reid, ont passé leurs examens et fait des enfants. Les hippies sont les petits frères et sœurs des baby-boomers, un petit cheptel de bétail qui n'est jamais parvenu à enseigner aux siens ni à ses frères et sœurs aînés l'amour, la paix et l'abandon de tout préjugé. Je me souviens d'une seule chose sur ma perception des hippies quand j'étais enfant. Au fait, j'appartiens à la génération des enfants des frères et sœurs un peu plus âgés qui, histoire de poursuivre la tradition de la rébellion, deviennent républicains et ne prennent rien au sérieux pour faire enrager nos dégoûtants parents hippies, et aussi ces pathétiques individus sensibles qui portent le triste fardeau de prendre tout au tragique et de mettre tout le monde mal à l'aise. Je me souviens que je croyais que tous les hippies étaient des tueurs malfaisants de bébés comme Charles Manson. Je ne me souviens que de quelques trucs à propos de Jimmy Carter. Il avait une grosse bouche et il aimait les

---

1. Sans doute inspiré par le collage de la page précédente, Cobain s'essaie ici à la versification médiévale : intraduisible.

cacahuètes. Je sais maintenant que Jimmy Carter était et demeure un homme bien. Jimmy Carter est un homme intelligent, honnête et bon.

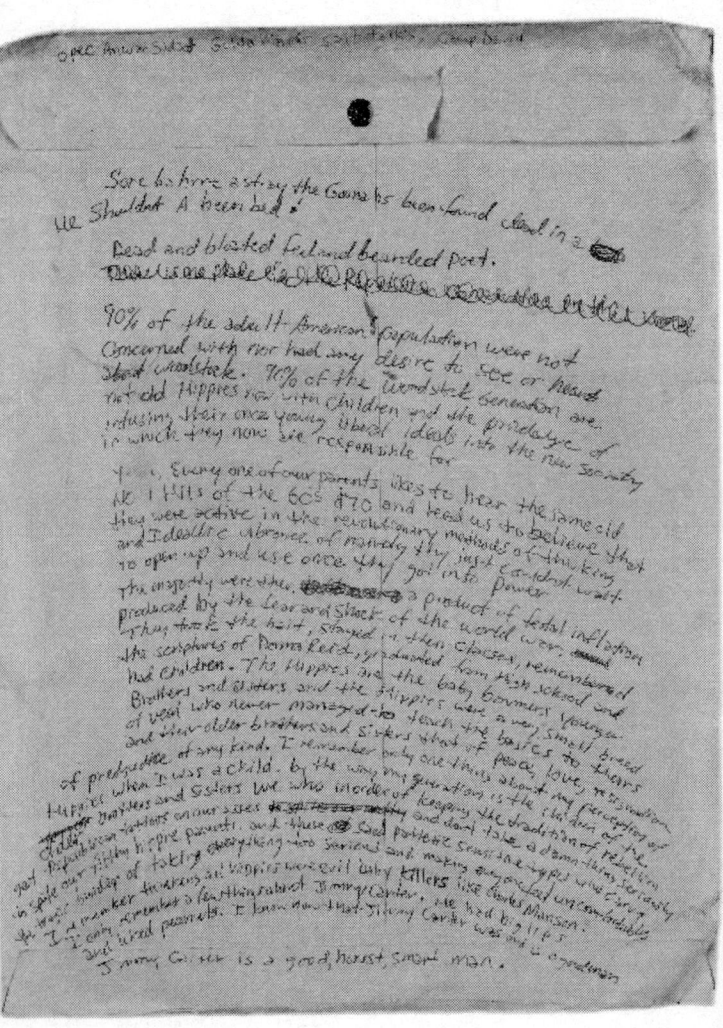

Salut, j'ai joué de la caisse claire dans le groupe de l'école du
CM2 à la troisième. Pendant tout ce temps, je ne me suis pas
emmerdé à apprendre le solfège, j'attendais seulement que le bino-
clard du premier rang apprenne chaque chanson, et ensuite je
copiais sur lui. Je m'en sortais pas mal sans jamais avoir à lire une
partition. Il m'a fallu cinq ans pour comprendre à quel point j'étais
limité comme batteur, aussi ai-je vendu quelques-uns des flingues
de mon père[1] pour acheter ma première guitare électrique. J'ai
appris tout ce que j'avais besoin de savoir en une semaine de
leçons, qui ont abouti à la maîtrise des fameux accords de « Louie
Louie »

   MI LA SI

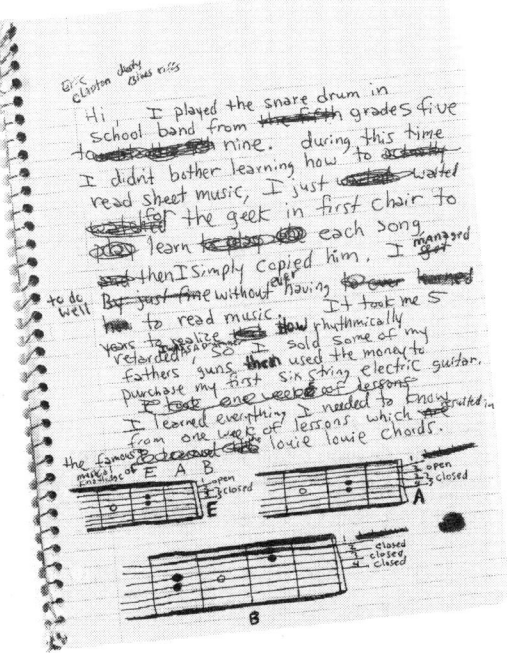

1. De son beau-père Pat O'Connor, en fait. Mais selon Charles Cross, auteur de la biographie *Heavier Than Heaven* où figurent des extraits de ce journal, l'anecdote aurait été largement « embellie » par Cobain créant sa propre mythologie.

J'ai remarqué que je pouvais utiliser les positions de doigt du *si* n'importe où sur la guitare, on appelle ça faire un «power-chord».

Donc, après avoir assimilé des chansons comme le «Louie Louie» des Kingsmen et le «Wild Thing» des Troggs, et aussi «My Best Friend's Girl» des Cars, j'ai décidé que pour devenir une grande rock star très célèbre, je devais écrire mes *propres* chansons au lieu de perdre du temps à apprendre celles des autres parce que étudier de trop près la musique d'autrui peut constituer un obstacle au développement de son style personnel. Quelqu'un m'a dit qu'il existait partout dans le monde des écoles de guitare où on vous apprend à devenir un médiocre juke-box humain sans originalité avec des reflets de l'étoile que vous ne serez pas dans les yeux.

Euh, bon, je suppose que ce que je suis en train d'essayer de formuler, c'est : la théorie est une perte de temps. Le mode dorien est réservé aux garçons bloqués au stade anal et affligés d'un système de valeurs erroné.

Fabrique ta propre musique.

Eric Clapton joue de minables riffs de blues poussiéreux.

Trop de pratique équivaut à trop de sucre.

Weird Al Yankovic[1] est le génie pop/rock moderne de l'Amérique.

Fais ton propre truc – les autres détiennent leur propre truc.

Si tu copies trop, tu finiras avec un groupe de reprises dans des bars à cocktails à jouer jusqu'à pas d'heure.

PS : La partie de guitare de «Come As You Are» est la même que celle d'une chanson de Killing Joke appelée «The Eighties» et «Teen Spirit» ressemble de façon troublante à «Godzilla» du Blue Oyster Cult et le Cult, c'est AC/DC.

---

1. S'est fait connaître par ses parodies de hits populaires, du «Beat It» de Michael Jackson (rebaptisé «Eat It») à «Smells Like Teen Spirit» de Nirvana (rebaptisé «Smells Like Nirvana») qu'il a repris en 1992 à la grande joie de Cobain.

La guitare a douze notes.

La guitare est basée sur les mathématiques.

Le rock'n'roll à guitares existe depuis plus de trente ans. Travailler à l'intérieur de la structure binaire classique du rock implique des restrictions. Aussi, considère ce manuel de musique comme une collection de capsules de bouteilles, des cartes avec des joueurs de base-ball dessus, un album de photos de famille – ou un exemple montrant comment s'y prendre pour, précisément, ne pas étendre ses capacités musicales.

Bonne ballade

Love Kurt

The Guitar has twelve notes
The Guitar is based on mathematics
Rock and Roll has been around
Guitar oriented For over 30 years and when working within
off standard 4/4 Rock this music
the limitation So just to
own book As something just to
like A bottle cap collection
or baseball cards or A family photo album
or an example of just exactly how
not to bridge your musical capabilities
Happy melodying
love kurt

Au bout du rouleau Au bout de l'arc-en-ciel
Black sheep Black mailed[1]

Le second avènement[2] est arrivé en dernière position et a fait son
coming-out
Les débris révolutionnaires jonchent le sol de Wall Street
Lourd[3] de honte
Sue est Sii contente
La sagesse lui fut arrachée des dents

J'étais si défoncé que je me suis fait saigner à force de me gratter
C'est le prix à payer pour ne pas travailler

Violoncelle sur «Something In The Way»

Atteinte à la piraterie[4]

Out Of The Blue Dennis Hopper[5]

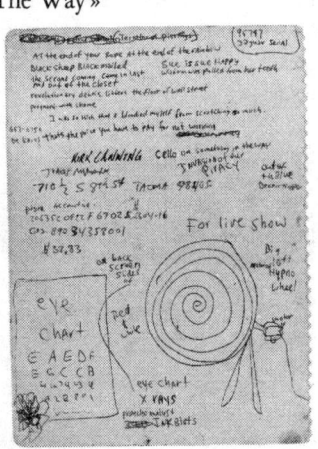

[NdE – LÉGENDES DESSIN]

Pour la scène

Grande roue hypnotique
motorisée de 30 mètres

Rouge et blanche

Écran fond de scène, panneau utilisé pour Test de vue, radiographies, taches d'encre pour examen psycho-analyste[6]

---

1. Jeu de mots entre «black sheep» (brebis galeuse) et «blackmail» (chantage), qui figure dans
les paroles de «Verse Chorus Verse » (page 176). – 2. Du Christ, soit la Résurrection. – 3. Jeu sur
les deux significations, en anglais, du mot «pregnant» : enceinte ou prégnant (sens français),
lourd de sens, gros de raison. – 4. Jeu de mots entre «piracy» (piraterie) et «privacy» (vie privée), qui
figure dans les paroles de «4 Month Media Blackout» (page 232). – 5. Dans ce film canadien
(l'un des favoris de Cobain) réalisé en 1980 par Dennis Hopper, une jeune punkette
autodestructrice évolue entre un père biker ex-taulard et une mère junkie. *Out Of The Blue*
emprunte son titre à une chanson de Neil Young, tout comme la BOF composée de larges extraits
de «Rust Never Sleeps». – 6. Le test de Rorschach, sans doute.

J'espère mourir avant de me changer en Pete Townshend.

À ce stade de notre, hum, *carrière*, avant les implants et les dettes, j'ai décidé que je n'avais aucun désir de faire une interview avec *Rolling Stone*. Nous n'en tirerions aucun bénéfice dans la mesure où le lecteur moyen de *Rolling Stone* est un quadra ex-hippie viré « hippiecrite » qui envisage le passé comme l'« âge d'or » et aborde le conservatisme libéral avec indulgence, modération, bref, en adulte. Le lecteur moyen de *Rolling Stone* a toujours nié les choix musicaux de l'underground, sauf quand ceux-ci deviennent des produits manifestement inoffensifs.

J'ai toujours pensé qu'il était nécessaire d'aider la génération actuelle[1] à détruire l'ennemi de l'intérieur en se faisant passer pour lui ou en l'utilisant. Mais la génération actuelle ne lit pas *Rolling Stone*, donc nous allons nous contenter d'attendre que la vieille école meure de faim comme un troupeau de dinosaures tandis que les jeunes pousses commenceront à recouvrir le sol de Wall Street des débris révolutionnaires de l'« amour authentique[2] ». Ça sent la trentaine[3].

Je n'accepterais de porter un tee-shirt « tie-dye » que délavé par l'urine de Phil Collins et le sang de Jerry Garcia.

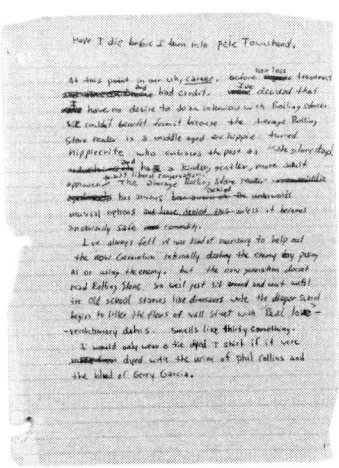

1. La « Now Generation ». – 2. « Real Love ». Référence ironique aux valeurs prônées par les hippies. – 3. « Smells like thirty something », clin d'œil à « Smells Like Teen Spirit ».

Le Top 50 de NIRVANA

Stooges : « Raw Power »
Pixies : « Surfer Rosa »
Breeders : « Pod »
Vaselines : EP rose
The Shaggs : « Philosophy Of The World »
Fang : « Land Shark »
MDC : « Millions Of Dead Cops »
Scratch Acid : Premier EP
Saccharine Trust : Premier EP
Butthole Surfers : « Pee Pee The Sailor »
Black Flag : « My War »
Bad Brains : « Rock For Light »
Gang Of Four : « Entertainment ! »
Sex Pistols : « Nevermind The Bollocks »
The Frogs : « It's Only Right And Natural »
PJ Harvey : « Dry »
Sonic Youth : « Daydream Nation »
The Knack : « Get The Knack »
The Saints : « Know Your Product »
Kleenex : Tout
The Raincoats : « The Raincoats »
Young Marble Giants : « Colossal Youth »
Aerosmith : « Rocks »
R.E.M. : « Green »
Shonen Knife : « Burning Farm »
The Slits : « Typical Girls »
The Clash : « Combat Rock »
Faith/Void : Split EP
Rites Of Spring : « Rites Of Spring »
Beat Happening : « Jamboree »
Tales Of Terror : « Tales Of Terror »
Leadbelly : « Last Sessions »
Mudhoney : « Superfuzz Bigmuff »
Daniel Johnston : « Yip/Jump Music »
Flipper : « Generic Flipper »
The Beatles : « Meet The Beatles »

Half Japanese : « We Are They Who Ache With Amourous Love »
Butthole Surfers : « Locust Abortion Technician »
Black Flag : « Damaged »
Fear : « The Record »
PIL : « Flowers Of Romance »
Public Enemy : « It Takes A Nation Of Millions To Hold Us Back »
Marine Girls : « Beach Party »
David Bowie : « The Man Who Sold The World »
Wipers : « Is This Real ? »
Wipers : « Youth Of America »
Wipers : « Over The Edge »
Mazzy Star : « Mazzy Star »
Swans : « Raping A Slave »

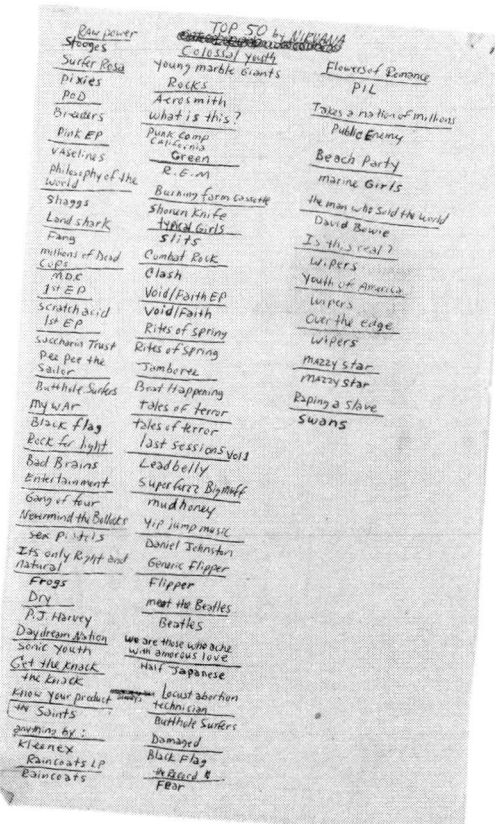

Idées :

Acheter un émetteur-récepteur radio Ham très puissant connecté à un satellite pour pouvoir capter toutes les stations radio « college rock » du pays. *Note* : il y en a un dans le grenier d'une maison à vendre avec un saule pleureur. Voir Joan of Landmark, agent(s) immobilier(s).

<u>Ideas :</u>

Buy a really powerful Ham radio system connected to A satellite dish in order to listen to any college rock station in da country. — House for sale with weeping willow has one in its attic. check into it! per Joan of Landmark realty

Quand je pense à la droite, je pense aux clones de Ronald Reagan occupant des postes de maires dans tous les États américains.

Quand j'entends le mot « droite », je pense à Hitler et Satan et à la guerre civile. Je pense aux terroristes qui complotent de tuer et terroriser les médecins du planning familial.

La possibilité de se faire avorter dans ce pays est actuellement très réduite, à cause de Terry Randell[1] et de sa Gestapo pro-life qui se réunissent dans des églises attifés de la meilleure tenue de camouflage possible (polyester passe-partout en provenance directe des entrepôts de vente par correspondance). Dans la maison de Dieu, les membres d'« Operation Rescue » (l'organisation à but non lucratif de Terry) mijotent une nouvelle action exemplaire de leur cru pour remplir leur devoir de bigots ordinaires. Ils entrent par effraction ou se pointent pendant les heures d'ouverture en se faisant passer pour des patients dans les cliniques pratiquant l'avortement et déclenchent des bombes libérant un gaz qui se répand partout et bousille tout le matériel. Ils sèment des clous sur le parking du personnel et des docteurs. Ils les harcèlent de menaces et d'insultes téléphoniques. Ils manifestent devant les cliniques pratiquant l'avortement, chaque jour, tous les jours, avec des pancartes, vociférant la sage parole de DIEU à quiconque se trouve à portée de voix, et empêchent souvent physiquement les patients d'entrer. Oui, ces gens ont des casiers judiciaires, ils ont le savoir-faire de tireurs d'élite et de terroristes. Leur adresse dépasse de loin celle de leurs ennemis. Ils volent des fœtus dans les bennes et les vide-ordures et récupèrent ainsi des centaines de fœtus mutilés qu'ils font circuler entre eux et stockent dans leur freezer et le garage familial, emballés dans des boîtes ou des housses en plastique. Les fœtus en voie de décomposition sont ensuite balancés à la figure de sénateurs, membres du Congrès ou plus simplement n'importe quel démocrate rattaché au gouvernement. Ces gens, qui sont des terroristes, partagent à la base les convictions des défenseurs de la suprématie de la race blanche qui prétendent également agir et penser au nom de DIEUU.

1. Ancien président du groupe d'action visant à l'abolition de l'avortement aux États-Unis. Ce guerrier du Christ a été démis de ses fonctions à la fin des années 90 suite à son abandon du domicile conjugal.

Ils divulguent les noms, les adresses et les numéros de téléphone des patientes inscrites pour un avortement et des docteurs devant pratiquer l'opération. Ils disposent d'un réseau informatique accessible partout aux États-Unis. Accuser quelqu'un d'être de droite est l'insulte la plus ignoble et répugnante qu'on puisse imaginer. Ces gens haïssent les minorités de toutes couleurs, ils veulent exterminer en masse quiconque n'est pas blanc, croyant et de droite. R = Républicain.

En ce moment même, dans l'État de Floride, il n'y a plus aucun docteur ni clinique pratiquant l'avortement. Le nettoyage ethnique est en marche dans les quartiers pauvres des villes américaines. Blacks, Hispaniques et autres sont éliminés avant même d'entrer au lycée. Les républicains de droite sont responsables de la propagation du crack et du sida dans les quartiers déshérités. Leur logique se résume à « mieux vaut tuer des êtres humains qui pensent et respirent de façon autonome que des cellules en développement, inertes et ignorantes, enfermées dans une chambre tiède ».

L'hippocampe mâle porte ses enfants et les met au monde.

the MALe
Seahorse
carries the
children
and
gives
them
Birth.

Les cartoons, les saxophones et la batterie jazz ne se mélangent
pas au rock'n'roll

Malfaisant

Grincheux petit juge-malfaisant autoproclamé
Oh la Culpabilité!
la Culpabilité!
les autographes
la gloire
les projecteurs
les flashs
les paillettes
la Culpabilité
la Culpabilité

Je ne sais ni chanter
ni
jouer
ni
rimer,
Je trouve que
c'est OK

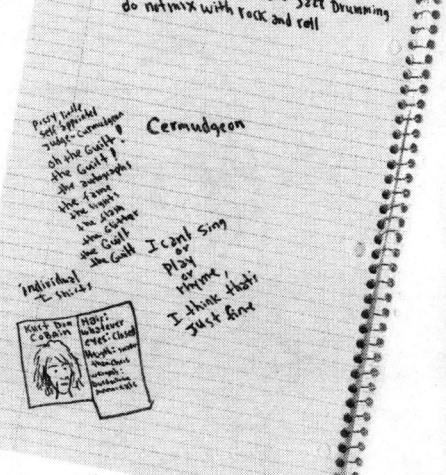

Tee-shirts individuels :
Kurt Don Cobain
Cheveux : n'importe
Yeux : fermés
Taille : plus petit que Chris
Poids : borderline anorexique

[NdE – DANS LA MARGE]
Demander à Robert de trouver une bonne photo d'hippocampe en train d'accoucher, si impossible d'en trouver un enceint(e), le dessiner.

[NdE – TEE-SHIRT HAUT]
NIRVANA
L'hippocampe mâle porte ses enfants et les met au monde

[NdE – TEE-SHIRT BAS]

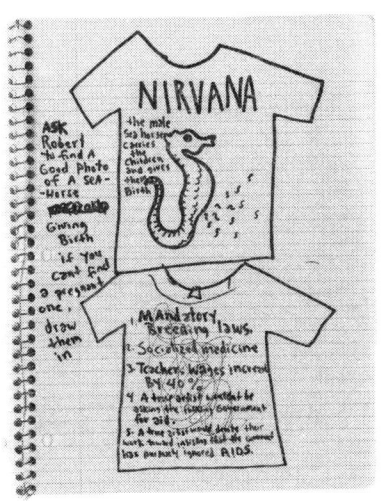

1) Lois sur la procréation obligatoire.

2) Médecine sociale.

3) Salaire des profs augmenté de 40 %

4) Un véritable artiste ne demanderait jamais de l'aide au putain de gouvernement.

5) Un véritable artiste devrait souligner dans son travail que le gouvernement a délibérément ignoré le SIDA[1].

À l'attention des garçons :
Étape numéro un :

Rappelez-vous que vos grands frères, cousins, oncles et pères ne sont pas vos modèles. Ce qui veut dire que vous ne devez pas faire ce qu'ils font, vous ne devez pas faire ce qu'ils disent. Ils viennent d'une époque où leurs propres modèles ont appris à leurs fils à être méchants avec les filles, à se croire meilleurs, plus forts et plus intelligents qu'elles. Ils leur ont aussi enseigné des choses telles que : tu deviendras fort si tu te conduis en brute et te bats contre les mauviettes et les puceaux.

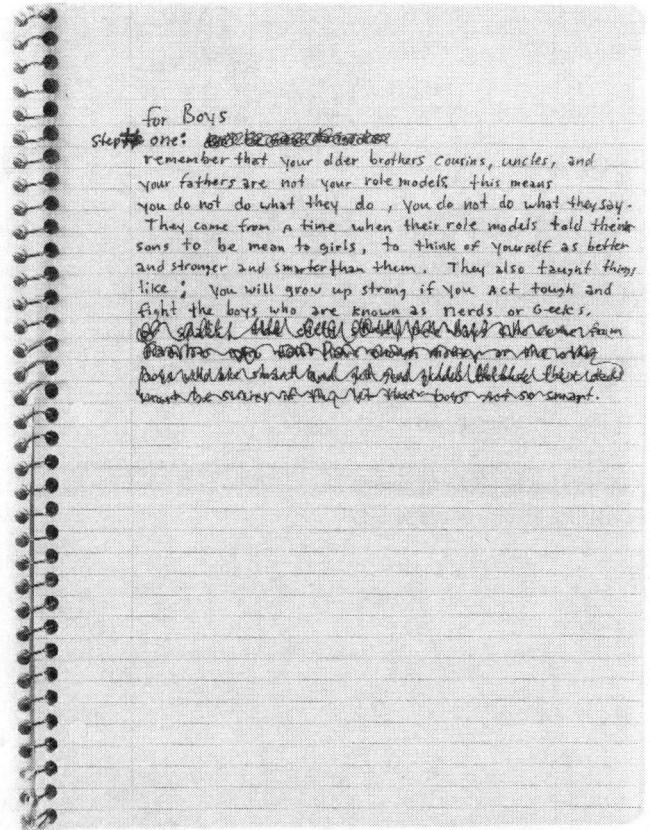

Le début des années 80 a vu les oppresseurs mâles, blancs et corporate accepter une nouvelle contre-culture musicale née avec le punk rock. Mais Clash, les Sex Pistols et même les Ramones avec leurs mélodies accrocheuses n'ont jamais réussi à toucher le grand public.

L'implication des gros labels s'est soldée par d'ex-groupes punk atteignant un tel degré de compromission que les seuls véritables succès de l'époque ont été, gasp! Billy Idol ou Kajagoogoo.

Quatorze ans plus tard, les voilà qui remettent ça. Les prétendus « groupes alternatifs » sont signés à tour de bras et les plus enclins au compromis, ceux qui visent le grand public, sont ceux qui auront du succès.

NIRVANA publiera encore un ou deux albums brillants et sans concessions après quoi, frustré à la pensée de faire quasiment l'unanimité et couvert de dettes, finira par sortir de la dance music invertébrée à la Gang Of Four.

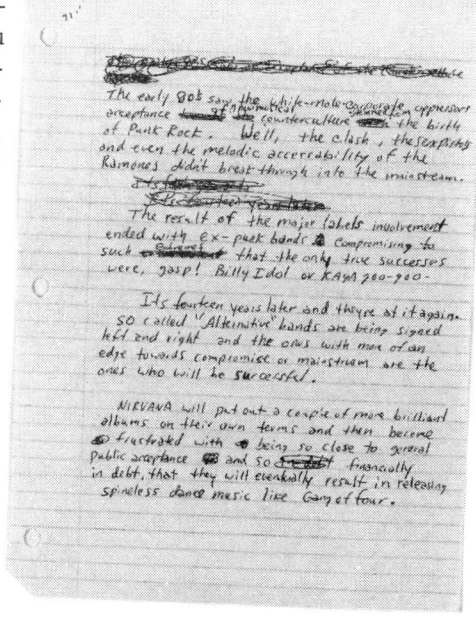

Opération « Rape Me »[1]
En noir et blanc

Salut Steve,

Le plus simplement du monde, voici : …

Rends-toi dans une ou plusieurs prisons pour y filmer les criminels les plus endurcis et horribles à disposition. De préférence chauves, énormes, poilus et tatoués. Filme au moins 20 spécimens de ces sympathiques jeunes mâles assis dans leurs cellules, à table et au parloir – en remontant à partir du torse. Il nous faut aussi 5 à 10 maigrichons, des salopes de sexe mâle avec une couche épaisse de fard à paupières, les manches de leurs chemises de taulards en denim relevées et le bas de la chemise noué sur l'estomac pour dévoiler l'abdomen.

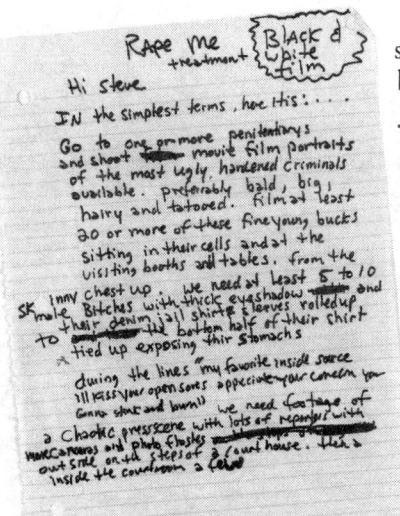

Pendant les paroles « Ma source proche préférée[2] Je baiserai tes plaies ouvertes J'apprécie ta sollicitude Tu vas empester et cramer[3] », il nous faut des images chaotiques d'un bataillon de reporters armés de caméras et d'appareils photo crépitants sur les marches d'entrée d'un tribunal. Puis, à l'intérieur du tribunal, quelques

---

1. Concept pour une vidéo de «Rape Me» jamais réalisée. – 2. «My favorite inside source…» en anglais : référence directe à l'article de *Vanity Fair* où Lynn Hirschberg citait sans les nommer des «sources proches» des Cobain s'inquiétant de la santé de leur enfant à venir. – 3. «You're gonna stink and burn» dans ce texte, «You'll always stink and burn» dans les paroles de «Rape Me» imprimées sur la pochette de «In Utero».

Opération « Rape Me »

Séquences-portraits en noir et blanc de criminels purgeant leur peine.

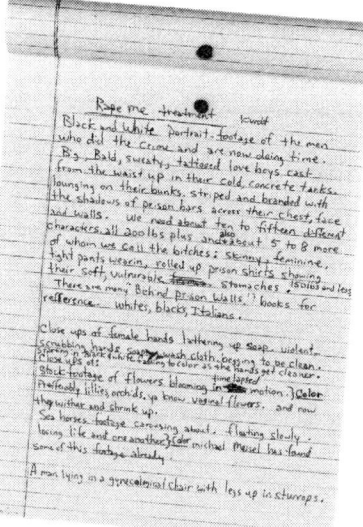

Un casting d'adorables garçons gros, chauves, suants et tatoués capturés à partir de la taille dans leurs blocs de béton froid. Affalés sur leurs couchettes. Rayés et marqués par les ombres des barreaux de prison se reflétant sur leur torse et leur visage – ainsi que sur les murs de la cellule. Il nous faut environ 10 à 15 spécimens différents, tous de 100 kilos et plus, ainsi que 5 à 8 autres que nous appellerons les salopes : maigres, efféminés, avec des jeans moulants et des chemises de taulards remontées pour laisser voir leurs abdomens tendres et vulnérables – 75 kilos maxi.

Il existe beaucoup de bouquins style *Derrière les barreaux* qui peuvent servir de référence. Blancs, Noirs, Italiens.

Gros plans sur des mains de femme frottant un savon. Vigoureux récurage des mains. Démarrer en noir et blanc et passer à la couleur au fur et à mesure que les mains deviennent propres. Torchon crasseux.

Gros plans :

Séquences de fleurs en train d'éclore. *Couleur.* De préférence lis et orchidées, des fleurs vaginales quoi. Qui maintenant se fanent et se ratatinent.

Séquences d'hippocampes s'ébattant gaiement, aimant la vie et s'aimant les uns les autres. *Couleur.* Michael Meisel[1] a déjà trouvé quelques-unes de ces images.

Un homme allongé sur une table gynécologique avec les pieds dans les étriers.

---

1. Assistant de John Silva, le partenaire de Danny Goldberg dans Gold Mountain, l'agence de management de Nirvana.

Salut Amis Advocates[1],

1993 est venue et repartie sans bruit.

En plus de finir un disque dont nous sommes plutôt fiers, même si on s'est fait traîner dans la boue par des gens criant au « suicide commercial » avant même que l'album ne soit sorti, je dois dire que, oui, 1993 a été une année des plus fécondes. Frances est un ange qui pousse comme un champignon et apporte plus qu'elle ne le saura jamais.

Elle nous a aidés à devenir plus relax et moins préoccupés par les tentatives avortées de ces cinglés de terroristes de droite pour

Hi fellow Advocatees,
1993 came and went without notice.
    Besides finishing a record in which we are quite proud of, yet getting shit from people claiming "commercial suicide" before its release. I must say yes, 1993 has been a most fruitful year. Frances is a sprouting, cherubic joy and has helped in more ways than she will ever know.
    She has helped us become more relaxed and less concerned with the way Right wing ~~constantly~~ terrorists failed attempts at

Scott

---

1. Lettre au principal hebdo gay américain *The Advocate*, à qui Cobain accorda une interview à la fin du mois de décembre 1992.

Je me suis fait environ 5 millions de dollars l'an dernier.
Et je ne filerai pas un seul cent à ce petit enculé élitiste de Calvin Johnson. PAS QUESTION !

J'ai collaboré avec l'une de mes seules idoles, William Burroughs, et je ne me suis jamais senti aussi cool.

Je suis parti à Los Angeles pendant un an et suis rentré pour découvrir que trois de mes meilleurs amis étaient devenus des héroïnomanes accomplis. J'ai appris à détester le mouvement Riot Grrrl[1], dont j'ai assisté aux tout premiers pas puisque j'ai couché avec la fille qui a publié le premier fanzine *Riot Grrrl*[2], et maintenant elle exploite le fait qu'elle a couché avec moi. Pas de façon démesurée mais assez pour se sentir utilisé. Mais c'est OK, j'ai moi-même choisi quelques années plus tôt de laisser des hommes blancs corporate m'exploiter et j'adore ça. C'est super. Et je ne donnerai pas un seul dollar au putain de régime indé facho sinistré, ils peuvent crever, qu'ils bouffent du vinyle. Chacun pour soi. J'arriverai bien à vendre mon cul sans talent ni génie des années durant sur la seule foi de mon statut d'artiste-culte.

I made about 5 million dollars last year.
And I'm not going a red cent to that elitist little fuck Calvin Johnson. NO WAY!
I've collaborated with one of my only idols william burroughs and I couldn't feel cooler.
I moved away to LA for a year and came back to find that 3 of my best friends have become full blown heroin addicts. I've learned to hate Riot Girl. a moment in which I was a witness to its very initial inception because I fucked the girl who put out the first Girl style fanzine and now she is exploiting the fact that she fucked me, not in a huge way but enough to feel exploited. but thats ok because I chose to let corporate white men exploiting a few years ago and I love it. it feels good. and I'm not gonna donate a single dollar to the fucking nerdy indie fascist regime, they can starve. let them eat vinyl. every crumb for himself. I'll be able to sell my untalented, very un genny ass for years based on my cult status.

1. Sans «i» comme l'écrit pourtant Cobain, la vaguelette féministe punk initiée par Tobi Vail et Kathleen Hanna de Bikini Kill connut une faveur d'autant plus brève au début des années 90 que certains des groupes s'en revendiquant, comme Huggy Bear, interdisaient leurs concerts aux hommes… – 2. Tobi Vail.

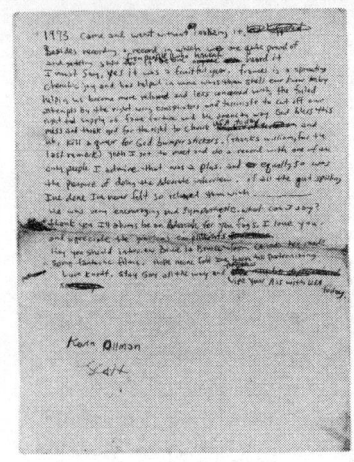

1993 est venue et repartie sans bruit.

En plus d'enregistrer un disque dont nous sommes plutôt fiers et de nous faire traîner dans la boue par des gens qui ne l'ont pas entendu, je dois dire que, oui, 1993 a été une année féconde. Frances est un ange qui pousse comme un champignon et apporte plus qu'elle ne le saura jamais en nous aidant à nous relaxer et nous préoccuper moins des tentatives avortées des conspirateurs et terroristes de droite pour nous enlever notre ration méritée de gloire, fortune et grande vie à l'américaine. Dieu bénisse ce gâchis et merci seigneur pour nous donner le droit d'opter pour l'Amérique d'Aujourd'hui[1] et, euh, des autocollants « Tuez un pédé pour le Seigneur ». (Merci William pour cette dernière expression[2].) Ouais j'ai eu l'occase de rencontrer et de faire un disque[3] avec l'une des seules personnes que j'admire. C'était un bonus, à l'égal du plaisir que m'a apporté l'interview avec *The Advocate*. De tous les déballages auxquels je me suis livré, je ne me suis jamais senti aussi détendu qu'avec _____[4]. Il s'est montré très encourageant et sympa. Que dire d'autre ? Merci je me ferai toujours l'Avocat des pédés. Je vous adore et j'apprécie vos gracieux compliments.

Hey vous devriez interviewer le Canadien Bruce LaBruce[5], il a fait quelques films fantastiques. J'espère qu'aucun d'entre vous ne m'aura trouvé trop condescendant

Love Kurdt.

Restez gay jusqu'au bout et torchez-vous le cul avec *USA Today*.

Kevin Allman

---

1. « USA Today » dans le texte : émission de télé, journal, etc. L'image même, pour Cobain, de l'Amérique bien-pensante. – 2. « Kill A Queer For God », en anglais, est de fait une formule de William Burroughs. – 3. « The Priest They Called Him », sorti sur Tim Kerr Records. – 4. Kevin Allman, comme Cobain le note plus bas. – 5. Cinéaste-photographe-écrivain utilisant le film porno comme une arme politique, LaBruce s'est d'abord illustré en fondant un fanzine dédié à la culture punk, *Manifeste homocore*.

Dans les films, le réalisateur essaie de représenter des moments de vie réelle. Les passages les plus intéressants sont prélevés sur une durée plus étendue. L'espace temps pendant lequel se déroule l'histoire est généralement bien plus long qu'un film ne pourrait le montrer et qu'un spectateur ne pourrait le supporter. Du coup, nous ne nous rendons pas compte du rôle énorme que joue le temps dans l'élaboration des événements. Deux personnes peuvent dîner pendant 2 heures et seulement les 30 secondes les plus passionnantes de la conversation seront utilisées. Je pense que le temps et la capacité à assimiler cette notion sont deux points très importants. C'est la seule façon dont je puisse vous expliquer la manière très réelle dont quelqu'un devient dépendant de substances toxiques. Si nous pouvons intégrer et nous rappeler que les choses se produisent sur une certaine durée, alors nous sommes en mesure de comprendre comment presque tous ceux qui touchent aux drogues dures, c'est-à-dire la cocaïne et l'héroïne, deviendront finalement littéralement esclaves de ces substances.

Je me souviens avoir entendu quelqu'un dire : «Si tu touches à l'héro ne serait-ce qu'une fois, tu deviens accro.» Bien sûr j'avais ricané, mais à présent je crois que c'est très vrai. Pas au sens littéral, je veux dire on ne devient pas instantanément accro après une seule fois. Il faut en général environ un mois si on en prend tous les jours pour devenir physiquement dépendant. Mais après la première fois, votre esprit se dit «aah, c'était très agréable, tant que je ne le fais pas tous les jours, je n'aurai pas de problème». Le problème est précisément que ça se produit sur une certaine période de temps. Commençons par le 1er janvier, allez je me défonce pour la première fois. Consciemment, vous ne recommencerez pas pendant peut-être un mois. Février, deux fois, mars, 3 jours d'affilée. Février, 3 jours d'affilée et une fois encore à la fin du mois, mars peut-être pas du tout[1]. Avril 5 jours de suite et arrêt complet pendant 3 jours. Mai, 10 jours de suite. Pendant ces dix jours il est très facile de perdre la notion du temps. Ça peut paraître 3 jours mais deux semaines se sont écoulées. Les effets sont encore plaisants et vous pouvez toujours choisir quels jours vous en prenez donc, naturellement, il ne doit pas y avoir de problème. Et puisque tout le monde connaît une sorte de crise au moins une fois par an, la perte d'un ami ou d'un copain ou d'un parent, c'est le moment où la drogue vous fait dire « et merde, tant pis ! ». Tous les drogués se sont dit « et merde, tant pis ! » plus de fois qu'ils ne peuvent le compter. Cet exemple tient sur une seule page, mais sur une année d'usage occasionnel, la personne comptabilise plus de jours sans qu'avec. Ça vous consume lentement et progressivement parce qu'une journée dure 24 heures et que personne n'a envie d'être accro. Ça n'arrive pas aussi vite que dans un film parce qu'un film doit montrer tous les trucs palpitants en 2 heures. Deux heures sur une année de défonce occasionnelle c'est rien du tout. Mais à partir du moment où vous vous êtes dit « et merde, tant pis ! » commence le long processus consistant à essayer de rester clean. Le premier essai pour décrocher est généralement facile si vous avez des médocs. En gros, on dort, ce qui selon moi est une mauvaise chose parce qu'on se dit « si c'est si facile, je peux replonger et décrocher ensuite pour le restant de mes jours ». À la deuxième puis la troisième tentative, ça devient très différent. Se désintoxiquer dure parfois cinq fois plus longtemps. Les facteurs psychologiques sont entrés en jeu et se révèlent aussi dévastateurs que les effets physiques. Et plus ça va, plus c'est dur d'arrêter. Même la personne la plus phobique des aiguilles peut éprouver un besoin irrésistible de se soulager en se plantant une seringue dans le bras. Il y a des gens qui s'injectent de l'eau, de l'alcool, du liquide pour les bains de bouche, etc. L'usage de drogues est une fuite en avant, qu'on veuille bien l'admettre ou non. Une personne peut avoir passé des mois, des années, à essayer d'obtenir de l'aide, tout ce temps n'est rien comparé aux années qu'il faut pour se désintoxiquer complètement. Tous les junkies que j'ai rencontrés ont ramé au minimum 5 ans et la plupart

---

1. Ce n'est pas une coquille : Cobain énumère deux fois février et mars dans sa démonstration des mécanismes de l'addiction.

d'entre eux se battent pendant 15 à 25 ans, jusqu'à se résoudre finalement à devenir les esclaves d'une autre dépendance : les 12 étapes[1] qui constituent en elles-mêmes une autre drogue/religion. Si ça marche pour vous, faites-le. Si votre ego est trop développé, commencez par le début et allez voir un psy. Dans tous les cas, vous avez au minimum 5 à 10 ans de lutte devant vous.

what days you do it so naturally there must not be a problem, with everyone. Some time at least once a year some sort of crisis happens to everyone, the loss of a friend or mate or relative this is when the drug tells you to say fuck it. every drug addict has said fuck it more times than they can count. This example has only taken one eye but within a year of casual heroin use the person has had more days off dope than on. It can slowly and gradually consume you because there are 24 hrs in a day and no one wants to be hooked. It doesn't happen as fast as it does in a movie because a movie has to show all the juicy stuff within 2 hrs. 2 hrs out of 2 years worth of casual drug use is nothing. by the time you've said fuck it the long process of trying to stay off begins. The first kick is usually easy if you have pills. You basically sleep. which is bad in my opinion because you think if it's that easy I could get hooked and kick for the rest of my life. by the second and third time it becomes very different. It takes sometimes 5 times longer. the psychological factors have set in and are as damaging as the physical effects. every time you kick as time goes by it gets more uncomfortable. even the most needle phobic person can crave the relief of putting a syringe in their arm. people have been known to shoot whiskey, booze, mouthwash etc... drug use is easier whether you want to admit it or not. a person may have spent months, years trying to get help - but the amount of time one spend trying to get help and the years it takes to become completely drug free is nothing in comparison. every junkie I've ever met has fought with it at least 5 years and most end up fighting for about 15-25 years until they finally they have to resort to becoming a slave to another drug the 12 step problem which is in itself another drug/religion. If it works for you do it. If your ego is too big start at square one and go the psychological rehabilitation way. either way you've got at least 5 to 10 years of battle ahead of you.

1. Du programme de désintoxication des Narcotiques Anonymes.

Il a dit « oui Larry », comme Larry King[1], « pendant le tournage on s'est aperçus que les indigènes d'Alaska étaient parmi les plus chaleureux qui soient, bla bla bla, etc. ». Un énième morceau de bidoche demeuré faisant dans le film d'action et d'aventures qui cherche à se dépeindre comme un acteur distingué. Son attaché de presse lui a gribouillé des rudiments d'anglais sur une feuille de papier et acteur-man Jean-Claude[2] doit avoir appris les réponses aux respectables questions que Larry posera pendant une semaine minimum. Ça c'est du divertissement : regarder Sylvester Stallone s'emmêler les pinceaux tout au long d'une interview avec son, geuh-beuh, accent de Fred Flinstone, tout en éructant des phrases que peut-être geuh, un type très intelligent pourrait prononcer tu vois, avec plein de « tout se passe comme si », « en termes d'appartenance à », etc. bla. Les indigènes d'Alaska ? Mais de quoi tu parles, putain ? Des Eskimos ? Ou des péquenauds bourrés qui ont émigré dans le coin, ne voient jamais le soleil et restent sur un bateau avec des tripes de poissons morts jusqu'aux couilles pendant 9 mois de l'année ?

1. Prestigieux interviewer américain et star de la chaîne CNN. – 2. « Jean Clod goddammne » dans le texte.

HOTEL EXCELSIOR
Roma

He said, yes Larry as in Larry King
when we were shooting the film we
found the indigenous people of ALASKA
to be some of the most warm friendly,
blah blah blah etc. Another retarded
action Adventure side of beef longing to
portray himself as a distinguished actor.
His P.R man transcribed a basic English
101 course on A piece of paper and
Jean Clod Clod Goddammne actor
man must have studied the Answers
to the hallowing Questions that Larry
will be asking for at least a week.
Now thats Entertainment: watching
Sylvester Stallone fumble his way through
An interview with that yo duh

Fred Flintstone accent while spewing out
sentences that maybe uh A really smart
guy might say ya know with a lot of
as well as 'pertaining to, etc. blah.
The indigenous people of ALASKA?
what are you fucking talking about?
the Eskimos? or the drunken
Redneck settlers who never see sunshine
who are up to their ball sacks with
raw dead fish guts on A boat
for 9 months out of the year.

L'Hôtel Excelsior de Rome est celui où Cobain a fait une ultime tentative de suicide le 4 mars 1994, soit un mois avant sa mort à 27 ans, le 5 avril 1994.

313

Dans la même collection

Impression réalisée sur Presse Offset par

BRODARD & TAUPIN

GROUPE CPI

La Flèche (Sarthe), 31432
N° d'édition : 3559
Dépôt légal : janvier 2004
Nouveau tirage : août 2005

Imprimé en France